KB260044

관응스님의 유식특강

김 성 규 엮음

도서출판 이사금

관응노스님을 생각하면서 · · · · · · · · · · · · · · · · 8

관응스님 행장 · 10

* 강의 : **관응스님**

* 날짜 및 장소 : **1993년, 직지사**

* 강의교재 : **유식론해설唯識論解說**

(심포정문저深浦正文著, 관응觀應번역, 1993년 판)

| 강의목차 |

제1강 불교에서 본 유식 · · · · · · · · · · · · · · · 15

제2강 청정법신, 마음은 하나 · · · · · · · · · · · · · 35

제3강 유식唯識 30송 해제 · · · · · · · · · · · · · · 51

제4강 성유식론成唯識論, 유식 삼십송唯識三十頌의 논서 · · 67

제5강 법성 · 87

제6강 유가설아법有假說我法 · · · · · · · · · · · · · 101

제7강 유식대강唯識大綱 · · · · · · · · · · · · · · 115

제8강 5위 100법 · · · · · · · · · · · · · · · · · 131

제9강 오직 식뿐인 세상 · · · · · · · · · · · · · · · 143

제10강 온 우주에 충만한 하나인 불성자리 · · · · · 155

제11강 능변能變과 소변所變 · · · · · · · · · · · · · 167

제12강 인연소생법因緣所生法 · · · · · · · · · · · · · 179

제13강 사분四分 · · · · · · · · · · · · · · · · · · 191
(견분見分 · 상분相分 · 자증분自證分 · 증자증분證自證分)

제14강 이숙식異熟識 · · · · · · · · · · · · · · · · 201

제15강 삼류경三類境 · · · · · · · · · · · · · · · · 213
(성경性境 · 독영경獨影境 · 대질경帶質境)

제16강 소의所依 · 능의能依 · 소취所取 · · · · · · · · 229
능취能取 · 소연所緣 · 능연能緣

제17강 유식상唯識相 · · · · · · · · · · · · · · · · 245

제18강 삼상문三相門(8) · · · · · · · · · · · · · · · 261

제19강 종자훈습種子熏習 · · · · · · · · · · · · · · 275

제20강 유식과 화두 · · · · · · · · · · · · · · · · 289

제21강 소연행상문所緣行相門(8) · · · · · · · · · · 303

제22강 심왕心王과 심소心所 · · · · · · · · · · · · 317

제23강 이숙능변異熟能變 · · · · · · · · · · · · · · 331

제24강 정법안장正法眼藏 열반묘심涅槃妙心 · · · · · · 351

제25강 사량능변思量能變 · · · · · · · · · · · · · · 369

제26강 전육식前六識과 말나식末那識과의 관계 · · · 381

제27강 불공의不共依 와 공의共依 · · · · · · · · · 391

제28강 소연문所緣門(7) · · · · · · · · · · · · · · · 401

제29강 계계분별문界繫分別門(7) · · · · · · · · · · · · 415

제30강 존재의 증명 · · · · · · · · · · · · · · · · · 433

제31강 유식공부와 도 · · · · · · · · · · · · · · · 441

제32강 유식과 법성게 · · · · · · · · · · · · · · · 453

제33강 호상연기互相緣起와 차제연기次第緣起 · · · · 461

제34강 법성게_구래부동명위불舊來不動名爲佛 · · · · 473

제35강 삼계(생유 · 본유 · 사유 · 중유) · · · · · · · 485

제36강 요경능변了境能變 · · · · · · · · · · · · · · · 499

제37강 정변유식正辨唯識 · · · · · · · · · · · · · · · 511

제38강 삼종자성三種自性 · · · · · · · · · · · · · · · 529

제39강 명유식위明唯識位 · · · · · · · · · · · · · · · 543

제40강 어떤 놈이 송장을 끌고 왔느냐? · · · · · · · 555

별책 · 568

관응노스님을 생각하면서

약 3년에 걸친 작업이 마침내 끝이 났다. 관응노스님이 84세 (1993년) 때 직지사에서 강의하신 유식을 녹취하여 윤문하고 책으로 다듬는데 걸린 시간이다. 노스님과 저와의 인연은 교수불자회를 결성하기 위하여 1988년 운문사에서 교수불자수련회를 하면서 시작되었다. 정명淨名이라는 법명도 이 때 수련대회를 마치고 노스님께서 주신 것이다.

이 유식강의를 정리하면서 내내 노스님은 한국불교의 보배라는 생각을 지울 수가 없었다. 불교교리의 황무지였던 이 땅에 분명 노스님은 한줄기의 빛이었다. 어쩌면 우리는 격동기의 한국불교에서 관응노스님의 역할을 잊고 있는 것이 아닌가 싶기도 하다.

이 유식특강을 통하여 스님은 유식을 이야기 하면서 어느새 선문에 들어 있고 또한 선문을 이야기하면서 유식을 강론하고 있는 모습은 유식강의 처음부터 끝까지 이어지고 있다. 이 유식특강은 선교의 교감을 회통하고자 한 노스님의 노력이 한국불교사에서 새롭게 평가되어야 할 부분이다.

만약 이 유식특강에서 교리에 어긋나는 부분 혹은 미진한 부분이 있다면 84세의 노스님의 특이한 억양과 목소리를 제대로 알아 들을 수 없었던 저의 불찰임을 이해하기 바라며, 전적으로 잘못은 저에게 있음을 밝혀둔다.

그리고 이 유식특강에 대하여 함께 토론하고 윤문해주신 운문사 진광스님의 노고도 숨어있는 보석임을 밝혀둔다. 또한 이 유식특강이 세상에 나올 수 있도록 배려해 주시고 격려해 주신 운문사 명성스님의 은공은 이 책이 있는 한 빛날 것이다.

불기 2557년(서기 2013년) 8월

정명 김 성 규

관응스님 (1910 - 2004) 행장

관응 스님은 1910년 경북 상주 출생, 1929년 상주 남장사에서 혜봉 스님을 계사로, 탄옹 스님을 은사로 사미계를 수지하였다. 1934년 금강산 유점사 불교전문강원 대교과 졸업, 1936년 선학원 일봉 스님을 계사로 비구계를 수지하였다. 1938년 중앙혜화전문학교(현 동국대학교) 졸업, 1942년 일본 교토 용곡대학교 졸업하고 한국으로 돌아왔다. 오대산 월정사, 가야산 백련암, 고성 옥천사 등 제방선원에서 안거하였으며, 1956년 직지사 조실로 추대되었다. 불교 정화 이후 1959년 조계사 초대 주지 겸 중앙포교사, 1961년 동국학원 이사, 1965년 도봉산 천축사 무문관 6년 결사, 1981년 직지사 주지, 1984년 원산 스님 외 9명에게 전강을 내렸으며 그후 전강을 받은 스님이 10여명에 이르며 한국불교의 교학을 이끄는 주춧돌이 되었다. 1985년 조계종 원로회의 부의장을 지냈으며, 2004년 세수 95세, 법랍 76년으로 황악산 직지사 중암에서 원적하셨다.

제 1 강

불교에서 본 유식

미리 말하는데 본 강에 들어가기 전에 예비지식을 가져야 하기 때문에 유식으로 본 불교가 아니고 불교에서 본 유식을 이야기 할 것입니다. 유식이라는 것은 불교 가운데 손톱만한 조각이지 불교를 대표 할 수 있는 학문이 아님을 먼저 알아야 됩니다. 다시 말해서 유식이라는 것은 불교 중에서 손톱만한 한 조각이지 전체가 아니라는 것을 여러분이 알아야 됩니다. 불교에서 본 유식을 말하는 것이지 유식에서 본 불교를 이야기 하지 않아요. 시간이 없어 그것 까지는 얘기 못하지만 다른 학문과 연관이 있어야 학문이 됩니다. 유식만 가지고 이야기 하면 유식이 안 됩니다. 집 하나를 봐도 화면이나 지면에 꽉 채워 두면 집을 알아 볼 수가 없어요. 어느 정도 공간을 두고 만들어야 집이 나타납니다. 학문이라는 것은 그 학문을 중심으로 이야기를 하되 옆에 것을 인정 하지 않으면 이해가 되지 않습니다.

선문을 주로 이야기 할 것인데, 나는 원래 경전을 가지고 공부하는 강사가 아닙니다. 직지사에서 출가했기 때문에 선을 만났고 평생 선에 대해서 고심을 했습니다. 선에서 보는 불교 일반, 통불교에서 보는 유식 정도로 이야기 할 것입니다. 특히 불교 밖의 다른 종교에서 이렇게 이야기 하고, 철학에서는 이렇게 이야기 한다 그런 이야기를 많이 할 생각입니다. 그래서 본문에 들어가기 전에 먼저 유식의 위치를 이야기해야겠습니다.

불교에서 유식이 어떤 위치에 있는가? 부처님의 일대 시교가 불교에서 어떤 위치에 있는가 하는 것을 서두에서 어떻게 시작해야할 지 잘 모르겠지만 부처님의 45년 설교에 대해서 여러 종파의 교판이 있습니다. 천태종에는 천태 교판이 있고 유식종에는 유식교판이 있고 화엄교에는 화엄교판이 있습니다. 부처님께서 45년 동안 설하신 경전을 어느 시기에 어떻게 설했는가를 연구하는 것을 교판이라고 합니다. 천태종은 부처님의 45년 동안 설하신 법문의 내용을 시기에 따라 5시로 나눕니다. 때를 5시로 나누는데 부처님은 깨달은 분입니다. 그러나 여러분은 교를 깨달은 것처럼 들으면 아무것도 모르는 무식쟁이입니다. 무식하니까 강의를 듣는 것이지 유식한데 강의를 듣는 것은 아니지요. 미迷하다는 소리는 아무것도 모른다는 소리입니다. 미迷와 오悟는 차이가 있는데 강원이나 선원에서 미와 오를 판단하지 않고 이야기를 합니다. 그러면 평생을 공부해도 헛일입니다. 미와 오는 확실히 다른 것입니다. 깨달으면 인생이 어떻게 보이고 깨닫지 못하면 어떻다는 것을 쉽게 이야기 해보겠습니다. 눈을 한 번 감아보세요. 또 떠 보세요. 눈을 감았을 때와 떴을 때 어때요? 보이는 것이 같습니까? 다르지요? 즉 눈을 감고 보니까 평생을 봐도 모르는 것입니다. 미한 생각으로 받아들이는 것입니다. 어떤 것이 미한 것인가? 미는 아무것도 안 보이는 것입니다. 몸뚱이가 어떻게 생겼는지 모르지요? 몸뚱이 뿐 아니라 생명자체가 사는 자리, 즉 자성 자리가 어떤 것인지 모르는 것입니다. 사는 자리를 모르면서 어떻게 살 수가 있어요? 사는 자리를 모르는데 어떻게 올바르게 살아갈 수 있겠어요? 불교에서 불자는 깨달았다는 것이므로 알고 사는 종교이지 모르고 살면 안됩니다. 생명의 당체를 알아야 됩니다. 아는 것이 가장 중요합니다. 여기 앉아 있는 사람 중에는 생명 당체를 아는 사람이 하나도 없어요. 그런데 여러분은 모르는 것을 가지고 모르는 것과 아는 것이 같다고 생각하고 있어요. 모르는 것과 아는 것은 비교가 안됩니다. 사람들은 모르는 것과 아는 것의 값을 똑 같이 계산하기 때문에 문제가 있는 것입니다.

깨달은 사람의 생각과 깨닫지 못한 사람의 생각은 하늘과 땅 차이입니다. 깨지 못한 사람은 몸뚱이를 생명으로 압니다. 몸 안에 생명이 하나 들었다고 생각합니다. 몸뚱이를 생명으로 알고 있거나 몸뚱이 속에 생명이 있다는 두 가지로 생각하고 있습니다. 부처님이 태어나시기 전에도 몸뚱이를 오온이라고 했습니다. 오온은 불교의 문자가 아닙니다. 인도에서는 오온이라는 말을 불교와 상관없이 사용합니다. 오온을 생명이라고 보는 학문이 있는데 그것을 오온아라고 하여 오온에 즉卽해서 나를 본다는 뜻입니다. 몸뚱이와 상관없이 몸뚱이 전에도 생명은 있었고 몸뚱이 후에도 생명은 있기 때문에 오온을 떠나서 내가 있다는 것을 이온아離蘊我라고 합니다. 부처님 나시기 전에도 이런 학문을 가지고 많은 종교와 철학자가 고민하였다는 말입니다. 전변설轉變說이라든지 적취설積聚說은 인도학문에 나오는 말입니다. 그것을 다 배우면 좋겠지만 사실 이것 한 가지라도 이해하려면 시간이 너무 많이 걸리기 때문에 여러분이 어느 정도 아는 것으로 여기고 강의를 하겠습니다.

부처님 나시기 전에 여섯 부류의 사상들이 있었습니다. 견해를 따지는 것은 여섯 이견이고 사람을 중심으로 하면 육사외도입니다. 그런데 부처님과 견주어 보니 외도들은 깨달은 것이 아닙니다. 학설로 볼 때는 여섯 이견으로 여섯 가지로 나누고 사람으로 볼 때는 여섯 사람이기 때문에 육사외도라고 하는 것입니다. 상당한 철학과 상당한 전도를 가지고 있었기 때문에 부처님 나기 전의 사상을 알아야 부처님 사상을 잘 알 수 있는 것입니다.

좋은 것을 알기 위해서는 나쁜 것도 같이 보아야 합니다. 좋은 것만 있으면 좋은 것을 모르고 또 나쁜 것만 가지고는 나쁜 것이 알아지지 않습니다. 그래서 강의라는 것은 반드시 당치도 않은 것을 가지고 비교를 하는 것입니다. 비유라고도 하는데 콩을 이야기할 때 콩을 아무리 설명해도 이해가 안되면 하는 수 없이 팥을 보여줍니다. 그럼 '팥과 비슷한 것이 콩이니라.' 하고 설명하면 쉽게 알아듣습니다. 콩이 팥과 비슷합니까? 그런데도 여러분은 다 안다고 생각합니다. 그렇기 때문에 학문에 진취가 없습니다. 콩이 팥과 비슷하다고 해서 다 설명 된 것도 아니고 다 알게 되는 것도 아닙니다. 그런데 다 아는 것으로 생각합니다. 이것은 확실하게 알지 못하기 때문입니다. 처음부터 배우지 않으면 끝에 가서는 모르는 것입니다.

내가 중노릇을 스무 살부터 해서 환갑을 지냈어요. 처음에는 설교한다며 여기저기 다니면서 본 것이 많았습니다. 여러분은 나보다 나이가 적으니까 본 것도 나보다 적습니다. 오뉴월 햇빛을 쬔 것도 내가 더 오래됐습니다. 그러니 내 강의를 들으면서 자신의 생각보다 못하다고 여기지 말고 여러분은 내가 무슨 이야기를 하는지 확실하게 파악하려고 해야지 말로만 따지는 것은 안 됩니다.

불교는 시간문제가 아닙니다. 말 한마디에도 깨칠 수가 있기 때문에 오래해야만 되는 것이 아닙니다. 예수교에서도 하느님 사상으로 그것만 알면 되지 자꾸 애쓴다고 되는 것이 아닙니다. 자꾸 닦고 수정을 하고 가미를 해야 훌륭하게 되는 줄 알며 또 선방에 가서 앉아 있다고 되는 것도 아닙니다. 중국 마조 스님의 경우에도 자꾸 앉기만을 주장합니다. 처음부터 입장을 바로 해 놓지 않으면 수레바퀴 같아지므로 천리고 만리고 바로 가지를 못합니다. 만약 서울을 가는데 수레를 부산 쪽으로 굴리면 어떻게 되지요? 서울에 갈 수 없듯이 학문도 똑 같은 것입니다. 처음부터 바로 배워야 합니다.

그래서 부처님이 깨치시고 나서 깨치지 못한 사람한테 설명을 해봐야 한마디도 알아들을 수가 없습니다. 부처님이 보리수 아래서 깨치고 나니 분명 다릅니다. 이것을 설해야 할까 설하지 말아야 할까 망설이기를 삼칠일을 고민했단 말입니다. 이것은 말이 안되는 것입니다. 부처님이 잰 자와 우리가 잰 자는 다릅니다. 삼칠일은 얼마의 시간입니까? 시간과 초를 따지면 계산이 나오지만 그런 계산이 아니라 깨친 것과 깨치지 못한 것의 차이 때문에 계산이 안되는 것입니다. 삼칠 일 동안 사유하고 고민하다가 녹야원에 가서 처음으로 5비구에게 불법을 설명했다고 했습니다. 또 화엄경도 삼칠 일 동안 설했다는 것입니다. 화엄경 설명할 때는 이런 말 안했는데 여기서 삼칠 일이라는 것은 우리 범부들에게는 어느 정도의 시간인지 알 수가 없는 것입니다. 부처님은 삼칠 일 동안이나 화엄경을 설했는 데도 중생이 못 알아들어서 경악을 했다는 것입니다. 이런 말이 있잖아요. 궁자경악화엄시窮子警愕華嚴時라고, 풀어보면 화엄경을 설한 것이 무슨 소리인지 몰라 깜짝 놀랐다는 뜻입니다. 그것은 화엄경시대라고도 합니다. 궁자에게 화엄경을 설한 것이 제1시이고 그 다음 녹야원에 가서 5비구들이 알아듣기 쉽도록 불법을 설했습니다. 부처님이 깨치신 것을 그대로 이야기 한 것이 아니지요. 부처님께서 깨치신 것은 그대로 두고 중생의 수준에 맞추는 것을 수기隨機라고 합니다. 중생에게 비유로 가르쳤는데 그것을 아함경 시대라고 부르는 것입니다. 12년 동안 부처님께서 깨치신 내용 그대로 나오는 것이 아니라 중생에 맞추어서 설하신 것입니다. 그러면 12년 동안 무엇을 설명했느냐 하면 즉 중생에게 맞추다 보니 자꾸 억지를 쓰는 것입니다. 중생의 눈에는 산이 보이고, 귀로 물소리가 들리고, 코로는 냄새를 맡고, 혀는 짜다 싱겁다를 알고, 몸뚱이는 촉각을 통해 좋다 나쁘다를 분명하게 알고 있습니다. 황악산도 보이고 낙동강이 보이는 것을 마치 보이는 것처럼 있는 것으로 보는 사람에게 부처님은 깨치고 보니까 그것은 없는 것인데 없다고 하니 모르는 것입니다. 그래서 없다고 하니까 안 통하는 것입니다. 내가 오늘 여기서 설명 하는 것도 마찬가지입니다. 12년 동안은 할 수 없이 있다고 가정하고 불법을 설한 것입니다.

그 다음 여러분이 아는 대로 불법을 설한 것을 제3시라고 합니다. 여기서는 시간과 공간을 설명합니다. 무상은 시간이고 무아는 공간입니다. 시간 공간인데 일반 사람들이 학문을 배워보니까 세상에서 가르치는 것은 물질을 중심으로 가르칩니다. 세상 학문을 두고 말한다면 눈에 보이는 것이나 귀에 들리는 것 등 물질뿐인 것으로만 보는 것입니다.

그러면 정신은 무엇입니까? 물질 속에서 우러난 물질의 기운의 움직임입니다. 그것을 유물론이라고 하는데 실제 있는 것은 물질뿐입니다. 정신은 단지 물질 속에서 우러나는 기운인 것입니다. 여러분은 불교를 그 정도 밖에 볼 수가 없어요. 정신은 어디서 나옵니까? 정신은 보지 못하기 때문에 옛날에는 정신이 가슴속 심장에서 나온다고 말했습니다. 지금은 해골 즉 뇌 속에서 나온다고 합니다. 이것은 유물론에서 하는 소리이지 철학에서 하는 소리가 아닙니다. 서양 사람들은 눈으로 보고 아는 것은 안식이라 하고 귀로 듣는 것과 표정이 전부 다르다는 것입니다. 밖에서 들리는 소리나 보이는 물질이 우리 눈에는 고요하게 보이는데 부처님 눈에는 고요하게 있는 것이 아니라는 것입니다. 이것을 먼저 알아야 합니다. 12년 동안은 고요하게 있는 것으로 보고 이야기를 했는데 그것을 자성자리라고 하고 법성이라고도 합니다.

그런데 그 밖의 학문에서는 이것을 유물론이라고 부릅니다. 그전에는 실제로 있는 것은 오직 유唯자로 유식에서는 이 유唯자를 써서 다만 '이것뿐' 이라는 의미로 사용되었습니다. 유唯자니 단但자니 하는 것은 '이것뿐이다' 하는 것입니다. 무엇 하나를 두고 나머지 아닌 것을 제除 하는 것, 무엇을 중심으로 하여 선택하고 다른 것은 하지 않는 것을 말합니다. '유단이자唯但二字는 불가타不假他라' 유자나 단자는 다른 것을 가정하지 않는 것을 이야기 합니다. '물질뿐이다' 하는 것은 하나에서 나온 것으로 이 세상에 물질이 아무리 많아도 물질을 시초에 놓으며 정신은 두번째로 나온 것이라고 합니다. 이론과 정신은 후천적인 것이며 물질에서 나온 것으로 근본은 하나입니다. 우리 눈높이로는 안 보이지만 이 우주에는 큰 생명체가 하나 있습니다. 생명체는 둘이 아닌데 여러분은 생명체가 몸뚱이 속에 하나씩 들어 있다고 생각하며 그렇게 알고 있습니다. 그렇게 알면 유식론을 알 수가 없습니다.

부처님은 깨치고 난 뒤에는 깨달음에 이르는 실천방법으로 팔정도를 가르쳤습니다. 팔정도 첫 머리에 정견이 나오는데 바로 보는 것을 말합니다. 인생을 바로 보는 정견을 가져야 바른생활인 정명正命이 나옵니다. 즉 처음 수레바퀴가 구를 때 잘 굴러야 하는데 잘못하면 엉뚱한 곳으로 굴러갑니다. 여러분이 지금 가고 있는 곳이 어딘지 알아요? 자꾸 지옥으로 가고 있습니다. 다 그런 것은 아니겠지만 천당이나 극락으로 가는 것이 아닙니다. 우리는 무엇이 문제인가 하고 생각하는 것이 죽을 생각밖에 없어요. 정치하는 사람들 보면 저렇게 하는 것이 옳은가? 하는 의심이 날 때가 있습니다.

다시 유식론으로 들어가 보면 이 세상에 눈의 감각 작용으로 보이는 산이나, 귀로 들리는 물소리 이런 것은 유식론이 아니란 말입니다. 본래의 생명체가 하나 있는데 다시 말해서 생물은 살아있는 것이니까 마른 나뭇가지처럼 굳어 있는 것이 아니라 살아서 움직이는 작용, 생명체가 움직이는 작용으로 인해 그것이 퍼져서 공간이 생기고 시간으로 변하는 것입니다. 시간과 공간이 실제로는 없는 것인데 생명체의 움직임인 파동으로 시간과 공간이 생겼다는 것입니다. 시간 공간이 따로 있는 것이 아니라 움직임에 의해서 생기는 것입니다. 실제로 시간 공간은 생명체의 요동에 따라서 퍼지는 파동으로 이것이 유심론입니다. 철학이나 종교는 유심론이며 일원론입니다. 물질이라는 것은 그림자일 뿐입니다. 물질은 곧 생명의 그림자인 파동으로 생긴 것이며 있는 것 같지만 없는 것입니다. 그래서 이 세상에 실제로 있는 것은 마음하나 뿐입니다. 그것을 기초로 해서 논설을 펴고 결론을 맺는 것이 유심론이고 물질을 일원으로 해서 정신이 퍼져 나온다고 하는 것이 유물론입니다.

깨달음이라는 것은 우리가 눈을 감고 아무 것도 안 보일 때에 본질이 담겨 있는 그릇이며, 안으로 향하여 아는 것이 안이비설신의의 육근이고 밖으로 향하면 육경인 색성향미촉법입니다. 귀로 듣는 고요함, 즉 고요하게 있는 것을 알기 때문에 법체를 공간적으로 보며 또 법체는 실제로 있는 것입니다. 과거 현재 미래를 삼세라 하며 이것을 법체라 합니다. 사실 법체라는 것은 공간인데 거짓이니 참이니 하면서 습관적으로 공간에 붙여서야 되겠습니까?

법화경에 보면 부잣집 아들이 어려서 가출을 하여 거지처럼 얻어먹다가 마침내 자기 집에 가서 아버지인 줄도 모르고 밥을 구걸하는데 아버지는 아들을 알아보고 머슴을 살게 하여 아들을 되찾는 이야기가 나옵니다. 부처님을 아버지에 비유한 것입니다. 거름을 치우고 하루에 몇 푼씩 품삯을 준 것은 바로 부처님이 녹야원에서 아함경을 설할 때를 비유한 것입니다. 그러니까 이런 실체가 지옥에 있으며 또한 극락에도 있다는 것입니다. 즉 좋은 것과 나쁜 것의 실체가 분명히 있다는 것입니다. 12년 동안 아함경을 설한 것이지 부처님의 일평생을 설하신 것은 아닙니다. 12년 동안 설한 아함경은 유치원 시기에 해당되는 것입니다.

극락에 가려면 어떻게 해야 되겠습니까? 좋은 일을 해야 하고 나쁜 짓을 하면 지옥에 가게 됩니다. 업과 행동으로 실제로 있는 극락과 지옥이 가까워진다는 것을 업감業感이라 하고 업으로 감득感得을 한다는 것입니다. 업감연기業感緣起라는 것은 내가 잘못해서 지옥과 극락에 있는 것이 아니라 원래부터 고요하게 있는 것을 나한테 가까이 하는 것입니다. 감은 업으로 감득感得함을 말합니다.

12년 동안 설법하고 난 후에는 방등시가 됩니다. 방등方等이라는 것이 무엇입니까? 공부를 잘하면 이치와 실행을 함께 잡아야 하는 것이 맞지만 보통은 한 가지를 하게 됩니다. 방등은 널리 장통별원藏通別圓 사교를 설하는 것입니다. 방자는 넓을 방方자로 강설을 사교로 해서 4 가지 장통별원을 설하는 것입니다. 등자는 겸할 겸兼자의 의미로 이둔지기利鈍之機라는 뜻입니다. 균등하게 골고루 입혀 준다는 뜻입니다. 여기서 둔기는 하근기를 나타내며 이근은 재주 있는 사람을 골고루 가르치는 것으로 방등교라 합니다. 방자는 원교로 널리 찾는다는 것이고 등자는 균등하게 골고루 입혀 준다는 뜻입니다.

부처님이 녹야원에서 아함시 다음에 설하신 내용이 바로 방등시입니다. 유식론은 방등시에 속합니다. 다시 말해서 부처님이 8년 동안 설법한 것을 유식으로 만든 것입니다. 유식을 누가 만들었는가는 다음에 나오겠지만 부처님이 일생 동안 설법한 시기를 요즘에 비교하면 유치원 다음에 초등학교인데 바로 그 정도 시기에 해당됩니다. 그래서 불교를 대표할 수가 없는 것입니다. 불교전체에서 2학년 정도의 수준을 설명한 것이지 불교전체로 설명했다고 생각하면 그것은 오해입니다. 여기에서는 시간과 공간이 실제로 있고 지옥과 극락도 있다고 했습니다.

여러분이 눈으로 보고 귀로 듣는 것인 안이비설신의의 육근과 색성향미촉법 육경이 없다는 것입니다. 식을 두고 안으로 주관되는 안이비설신의와 밖으로 육경인 색성향미촉법 그것이 없다는 것입니다. 식이 일어나면 안으로는 근이 되고 밖으로는 경이 됩니다. 식이 문제인데 여러분이 모를 뿐 있다는 것은 오직 식 뿐이고 밖인 색성향미촉법의 경계는 없습니다. 유식무경唯識無境으로 이것을 가지고 8년 동안 이야기한 것입니다. 8년 동안의 이야기인 방등경의 내용을 보면 잘 모르고 한 것 같고 대승경에서도 모르고 한 것이 많습니다.

불교의 입장에서 본 유식의 상황을 이제 이해하겠습니까? 유식은 불교를 대표할 능력이 없는 학문입니다. 왜냐

하면 유식은 성불하는 근기가 있고 성불 못하는 근기가 있기 때문에 불교를 대표할 수가 없습니다. 오성각별설五性各別說에서는 성불하는 사람이 있기도 하고 성불 하지 못하는 사람도 있다고 합니다. 그것은 말이 안되는 것으로 학문으로서 유식무경일 뿐입니다. 유식무경만 가지고 얘기하면 식도 없는 것입니다. 성불하고 난 다음에 식이 나오면 말이 되겠어요? 유식에서는 성불을 해도 식은 남아있다는 것은 말이 안되는 것입니다. 그래서 불교 전체에서 유식을 보아야 합니다. 일본이나 중국에서 나온 학설은 편당된 것으로 매우 중요한 것입니다. 유식무경을 잘 들으면 며칠 동안은 이익을 볼 것입니다. 잘 들으면 득이 되어 염소고기가 되지만 잘못 들으면 개고기가 되어서 못 먹게 됩니다.

유교에서 하는 소리인 '천지기대득생天地氣大得生'이라. 하늘과 땅이 생기고 기운은 사는 것입니다. 생이라는 것이 문제인데 바로 사는 것, 우주의 큰 기운은 사는 것입니다. 여러분이 잘 알고 있는 '대득우생大得偶生'은 공자님의 말입니다. 유교에는 그런 말이 많습니다. 불교에서 뿐만 아니라 어느 종교에서든지 일원으로 봅니다. 언제든지 우주의 근본은 하나이며 생명의 근본도 하나로 보는 것입니다. 그래서 여러분 몸에 각각의 생명이 하나씩 들어 있다는 생각은 잘못된 것입니다. 깨닫지 못해서 일으키는 생각입니다. 어떤 것이 생명입니까? 여러분은 몸이 생명이라 합니다. 곤충인 파리는 파리대로 그것이 모두 생명이라고 알고 있습니다. 지금도 그렇게 생각하고 있으니까 편할 리가 없습니다. 온갖 것을 다 갔다 놓고 또 자기들이 다 차지해도 상대적이니까 만족할 수가 없습니다. 절대적이 되어야 합니다. 유물론은 하나로 보아야 하고 또 생명도 하나로 보는 것입니다.

태극이라는 말이 나오는데 우주에 있는 모든 생명의 가장 극단되는 위치에 있는 원리를 태극이라고 합니다. 태극은 안으로는 고요하고 밖으로는 움직이는 동정動靜을 이야기 합니다. 태극기를 보면 윗부분은 빨간색이고 아랫부분은 파란색으로 그것은 동動하고 고요한 것을 표시 한 것입니다.

기독교에서의 십자가는 시간 공간을 죽인 것 밖에 안되지만 불교에서의 만卍자는 생명을 키우는 것입니다. 팔랑개비는 바람이 불면 돌아가서 동그랗게 보여 卍자가 된 것입니다. 기독교적 삶과는 다르지요? 하나는 동動적으로 보고 하나는 정靜적으로 보아 전부가 같이 나오는 것입니다. 하느님이 누군지는 모르겠지만 눈과 코 등은 인간과 같이 생겼는데 손재주가 대단한 사람이지요. 사람도 만들고 만물을 창조했다는 것입니다. 인간을 하느님이 창조했으며 하느님과 똑같이 만들었다는 것입니다. 오히려 하느님보다 부족한 것이 없어요. 부처님이 창조한 본 뜻을 모르는 사람들은 에덴동산에 들어가서 선악과를 따먹어야겠지요. 남녀가 아랫도리를 가리지 않아도 부끄러움을 모른다는 것입니다. 하나님이 똑같이 만들었는데 그것을 몰랐으니까 원죄라고 합니다. 모르는 것이 죄라는 것입니다. 생명을 모르는 것이 죄라는 말인데 도둑질 한 사람에게 물으면 도둑질 하는 것이 천하에 제일 좋은 직업이라는 식으로 남이 애써 해놓은 것을 좀 갖다 먹은 것이 죄인가? 라는 식입니다. 파리는 파리다운 생활을 하고 저 뛰어노는 노루는 배가 부르면 잠을 잘 뿐 제대로 구하는 것이 없습니다.

육조 혜능스님의 제자 하택은 생이라는 것은 다른 것이 아니라 '아는 것이다'라고 했습니다. 아는 놈이 사는 놈이라는 것입니다. 이 몸을 생명이라고 할 때 밥 먹는 생명 따로 있고 옷 입는 생명 따로 있는 그런 것이 아닙니다. 옷 입는 놈과 밥 먹는 놈 두 개가 아니라 하나인 것을 모르는 것입니다. 몸에는 생명이 여러 가지가 있는 것이 아닙니다. 하나인데 눈에 가면 보고 귀에 가면 듣는 것입니다. 내 몸인 다리도 마찬가지로 불에 들어가면 그 기운이 뜨거운 기운이 되고 나무에 들어가면 나무가 되고 돌에 들어가면 돌이 되는 것입니다. 그래서 생명체란 우주전체에 하나인 것입니다. 만물에 들어가서 하나로 작동하는 것입니다. 밤에 잠을 잘 때 코에 솜을 넣었다 뺐다 해도 잘 모르지요? 또 위장에 들어온 국이나 잡채를 소화시켜 피를 만드는데 A형인 사람은 같은 음식을 먹어도 A형의 피를 만들고, B형인 사람은 B형의 피를 만듭니다. 어째서 그렇게 되는지 잘 모르지만 도술이라는 말을 들어봤지요. 도술이 정확히 무엇인지 몰라도 '그렇게 되는거다'하고 이야기합니다. 원인을 모르니까 저절로 된다고 합니다.

불교는 자연설이 없습니다. 반드시 작은 일과 큰 일, 나쁜 일이든지 그 결과가 생길 때는 반드시 원인이 있어서 그렇게 된다고 합니다. 원인에 연을 보태서 작동한다고 알고 있습니다. 인연에도 비자연, 비인연으로 나와 있습니다.

유식불교를 선문과 연계해서 설명 할테니 잘 들어보시기 바랍니다. 오조 홍인대사가 육조 혜능 스님을 마지막 밤에 불러서 이야기한 것은 유명한 일화입니다. 육조 혜능이 출가하기 전에 어느 날 시장에 나무 팔러 갔다가 어느 집에서 금강경을 읽는 소리를 듣고 깨달았다고 했습니다.

제 2 강

청정법신, 마음은 하나

자 한 번 들어봐요. '응무소주이생기심應無所住而生起心'이라. 금강경에 보면 용심이 결론입니다. 처음에 부주색 부주성향미촉법으로 눈이 밖으로 육경을 거쳐 색, 즉 경을 거쳐 색에 머물지 말고 마음을 내는 것입니다. 색성향미촉법에 주해서 마음을 내지 말라는 것입니다. 주관 객관에 마음을 내지 않는 이것이 결론입니다. 마땅히, 응당히 하는 소리는 꼭 반드시 주하는 마음이 없이 그 마음을 내는 것으로 이 소리에 깨쳤다는 것입니다. 그래서 육조 혜능은 돈을 좀 얻어다가 어머니를 봉양할 수 있도록 해놓고 황매산의 홍인 밑으로 들어가서 8개월을 지냈습니다. 그곳에서도 후원에서 일만 했다는 이야기는 여러분이 다 알고 있는 사실입니다. 그 이야기를 무시해서는 안됩니다. 그것이 의미가 있어요. 그 속에 진리가 있는 것을 알아야 합니다. 운문사에 가서 이런 이야기 하면 학인스님들도 그렇고 강사들도 '저 늙은이 했던 소리 또 한다.' 하겠지만 난 그런 것이 아닙니다. 내가 햇빛을 봐도 그대들보다 더 많이 봤다는 것입니다. 이것은 중요한 사실인데 내가 몰라서 하는 소리가 아닙니다.

금강경을 놓고 이야기해도 어제 화두와 오늘 화두와 평생 드는 화두가 항상 하나가 되어야 하는 것입니다. 오늘 얘기를 했다가 내일 집어치우면 안 되는 것으로 한 가지를 해서 끝내야 깨달을 수 있습니다. 항상 금강경을 내 놓고 법문을 하는데 이 늙은이가 봐도 금강경의 '응무소주이생기심'은 최고입니다. 이 구절에서 깨친 혜능이 어찌나 기분이 좋았던지 다섯 마디를 읊었습니다.

어찌 자성이 본래 스스로 청정함을 알았으며
어찌 자성이 본래 생멸하지 않는 것임을 알았으며
어찌 자성이 본래 스스로 구족함을 알았으며
어찌 자성이 본래 동요가 없음을 알았으며
어찌 자성이 본래 스스로 만법萬法을 냄을 알았겠습니까?

그 때 오조 홍인대사가 혜능을 인정합니다. 이것이 유식론의 본문으로 6백자입니다. 이 6백자 속에 뜻이 다 들어 있습니다. 다시 말해서 이 몸 속에 생명이 하나 들었다고 생각 하는 것 그것을 파헤치는 것이 유식론이라는 것을 알아야 합니다. 오직 식 뿐입니다. 이렇게 내 몸뚱이가 중생으로 된 것은 식으로 됐다는 것입니다. 부처가 되면 식識이 없어지므로 부처에게는 지智라고 하지 식이라고 하지 않습니다. 지는 청정법신 비로자나불의 몸뚱이로 그것을 지혜로 메꾸어서 합친 몸이기 때문입니다. 그 이치가 명합이 되면 식이 없는 것입니다. 그런데 유식에서는 성불해도 식이 있다고 하는데 그것은 유식의 입장에서 아직 덜 깨쳤기 때문에 식이 있다고 말하는 것입니다. 그러니까 성불해도 식이 있다고 하는 일본학자들은 견성해도 식 속에서 파묻혀 살다가 죽을 수 밖에 없습니다.

묘한 것이 생生인데 여러분은 정情이 있어 정으로 살거든요. 여러분은 성품을 잘 모르는데 성품은 정이나 식이나 똑같은 것입니다. 정을 설명하면 어렵지만 마음이 하나 있어요. 우리는 마음이 무엇인지 모릅니다. 유심과 유식은 아주 다른데 그것은 나중에 듣기로 하고 글자로는 이렇게 쓰는 것입니다. 오직 유唯입니다. 빛깔은 형색 등을 말하는 것으로 청, 황, 적, 백 그리고 흑이 있어 오색입니다.

중국 사람들은 유식과 상관없이 청황적흑백(동서남북중) 5색으로 세상을 표현하는데 먼저 동방을 청이라고 하고 남방을 적색, 서방은 황색 그리고 북쪽을 흑색, 중앙은 백색입니다. 청황적흑백 이것이 빛깔인데 마음(心)에다 빛깔(靑)을 보태 놓은 것이 바로 정(情)(心 + 靑 = 情)입니다. 그와 반대로 세상에 물 안 들고 태어날 때부터 가지는 마음은 성품性品입니다. 태어날 때부터 가진 마음을 여러분이 지키지 못했기 때문에 법성자리는 수련을 해야 드러나는 것입니다. 성품이 본래 법성입니다. 법성이라고 했지만 본래 마음이란 표현은 말이 안되는 것입니다.

혹시 허공이 몇 개인지 알아요? 허공은 어떤 사람이 욕심을 내 자기 것으로 만들려고 나누어 자기 몸속에 넣을려고 해도 안되는 것입니다. 나눌 수가 없는 것이 허공입니다. 법성자리는 더 더욱 그렇습니다. 허공의 근본이 되는 것이 성품인데 성품은 하나입니다. 이것을 내 몸속에 넣으려고 할 때 안된다고 생각하는 것을 게으름이라고 합니다. 게으름은 원리하고 상관없이 뚱딴지 같이 자기 생각대로 하는 것입니다. 그 원리는 달라지지 않는데 그것을 모르고 엉뚱한 생각으로 나누는 것입니다. 나쁜 물이 들지 않은 본래 마음은 하나라는 것입니다. 그것을 깨닫지 못하면 정을 가지고 이야기 했을 때 산다는 말이나 안다는 말이 같다고 했습니다. 아는 대로 되는 것을 부처님은 지혜라고 했습니다. 지혜를 지키지 못하면 깜깜하여 모르는 것입니다. 이것은 명합明合으로 나아가야 하는 것인데 모르는 것으로 나가면 식이 되는 것입니다.

기신론에서는 우주의 생명은 하나인데 하나인 줄 모르는 것이 식입니다. 마음 심자를 중생심자라고 했어요. 여러 가지 생명인 '살타'라는 말은 인도의 보리 살타입니다. 깨닫지 못한 우리를 구마라즙은 중생이라고 하였으며, 현장은 유식의 유정有情이라고 하였습니다. 유정이라고 할 때는 살타의 의미를 천분의 일도 나타내지 못한 것입니다. 중생이라면 마음속에서 유정뿐만 아니라 나무나 풀도 생명을 가지고 있는 것을 모두 포함한 뜻입니다. 우리보다 감각작용과 지각작용이 부족할 뿐이지 그것들도 살아있는 것입니다. 내 몸뿐만 아니라 산 속의 소나무 잎사귀까지 유형 무형을 통해 하나인 그것이 지인 동시에 생이라는 것입니다. 그것을 알면 '청정법신 비로자나불'의 이치를 알게 됩니다. '지혜 지智'와 '이치 이理'가 보리 반야인 지혜를 가지고 이치를 덮어가야 합니다. '이'와 '지'의 폭이 같고, 질과 양이 같아지면 그것을 정이라고 합니다. 이것을 제대로 못 덮어서 미끄러지면 식이 됩니다. 우리가 정통으로 깨닫지 못하면 식이 되지만 깨달으면 다른 기운이 나오는데 그것을 '아뇩다라샴막삼보리'라고 합니다. 깨달으면 전부가 하나 되는 것입니다.

법화경에 보면 부처님이 미간 백호상에서 광명을 놓는 장면이 있습니다. 동방으로 일만팔천세계를 비춘다고 했는데 일만팔천세계는 육근 육경 육식을 곱하여 삼육십팔한 숫자입니다. 그 일만팔천세계가 없어져버리고 하나로 되는데, 하나로 된 것은 공간도 하나인 동시에 시간도 하나입니다. 과거에 어떤 스님이 보시를 했던지 지계를 했던지 간에 현재는 공부를 하는 스님으로 보인 것입니다. 또 미래를 현재에 믿어 과거 현재가 없어져 하나가 되는 것입니다.

지금 지구에 살고 있는 사람들이 얼마나 되겠습니까? 40억이나 됩니다. 40억의 낱낱은 몰라도 딱 합치면 부처가 되는 것입니다. 전기가 통하도록 꼽는 콘센트를 일본말로 사시꼬미라고 합니다. 거기에 끼우면 전기가 통하는데 들어간다고 해도 삐딱하게 들어가는 것입니다. 삐딱해서 10% 혹은 5% 밖에 전기가 안나오는 그것이 중생입니다. 세상에는 사람 외에도 60만 가지 생명체가 살고 있습니다. 그 생명체들이 어떻게 생겼느냐 하면 바로 사시꼬미가 잘

못된 것과 같습니다. 본질인 사시꼬미에 꼽히면 바로 나타나는데 나타나면 부처님이고 10도, 5도 삐딱하게 꼽혀서 제대로 전기가 나오지 않으면 모두 중생이 됩니다. 우리는 다 들어가지 않은 것도 모르고 전체인 줄 알아요.

누에를 치는 사람에게 한 번 물어 보십시오. 누에는 고치가 될 때까지 한 번 잠을 자는 것이 아니고 네 번 잠을 잡니다. 뽕잎 한 다발을 먹이면 누에 뱃속은 훤하게 투명 액체가 됩니다. 뱃속에 있을 때는 물 같이 액체지만 그것이 누에 밖으로 나와서 공기를 쐬이면 실이 됩니다. 이것은 바로 하나인 줄 모르는 그것이 밖으로 나오면 육경이 되는 것입니다. 따로 있는 것이 오히려 이상한 것입니다. 삼라만상이 따로 있는 것이 아니라는 것입니다. 액체가 공기를 쐬면 실이 되는데 실은 곧 육근과 육경으로 변합니다. 누에가 집을 지으면 여러분이 보는 것은 누에고치 속의 세계입니다. 사람은 육근 육경이 생기고 또 파리가 되어도 육근 육경이 생긴다는 것입니다.

그러니까 이 세상에는 끝도 없이 생명체가 생기는데 그것을 중생이라고 합니다. 이 중생은 사시꼬미를 바로 꼽지 못한데서 생긴 그림자인 것입니다. 이것을 전체인 줄 알면 안됩니다. 이것이 화두가 되든지 진언이 되든지 한꺼번에 무너지고 나면 하나가 되는 것입니다. 하나인 허공에서 과거 현재 미래가 생기며, 시간과 공간이 생깁니다. 흘러가지 않고 하나로 될 때 깨친 식에는 고락이 없어집니다. 파도의 행위로 사람들이 동요하지 않습니다. 깨치기만 하면 즉 견성한 사람은 잠을 자도 정신이 하나로 되는 것입니다. 깨치지 못한 사람은 미끄러집니다. 깨닫는 것이 불교의 목적인데 깨닫지 못하면 덮힌 것으로 정이나 식이나 같은 소리입니다. 전체를 모르는 것, 전체적으로 나가지 못하는 것, 한계가 생기는 것 그것을 공간적으로 식이라고 합니다. 파리는 파리만큼 식이 있고 사람은 사람만큼 식이 있는 것입니다. 깨닫지 못한 것 즉 사시꼬미가 제대로 안 들어간 것으로 이 상태를 식이라고 합니다. 그것을 바로잡아 생명의 본질을 나한테로 당겨오도록 만드는 것이 우리가 하는 공부입니다. 사실 어려운 것이 아닙니다. 실제로는 내가 없는데 내가 있는 것 같은 가아假我에 대한 문제입니다. 잘 아는 사람한테 가서 이것이 무슨 의미인가 하고 묻는 것입니다. 이미 그릇에 무엇을 담아 놓으면 다른 것을 담지 못합니다. 아무것도 없어야 다른 것으로 채울 수가 있습니다. 정식이 있는데 그것을 종자라고 합니다. 종자라는 말은 유식론과 같습니다. 눈으로 무서운 재앙을 본다면 감각이 깜짝 놀라게 됩니다. 한 번 본 것과 두 번 세 번 본 것은 놀라는 도수가 달라집니다.

여러분 몸에 세포가 몇 개인 줄 알고 있습니까? 쌀이나 콩을 빻으면 가루가 됩니다. 돌을 빻으면 돌가루가 나올 것입니다. 액체도 마찬가지입니다. 여러분의 눈은 어두워서 태평양은 큰 물이고 대서양은 작은 물로 보일 것입니다. 액체나 고체나 기체 모두 분자로 되어있다고 합니다. 다른 곳에서는 입자라고도 하지만 물을 끓여 공중에 뿌리면 다 증발해 버립니다. 김이 조금 올라가면 안개가 되고 안개가 올라가면 구름이 되고 구름은 올라가다가 무거워져 도로 떨어지면 비가 되어 순환하는 것입니다. 물은 1도에서 100도까지는 액체가 되고 100도 이상이 되면 기체가 되고 또 영하로 되면 고체가 됩니다. 고체가 되든 액체가 되든 그것은 탈바꿈일 뿐입니다. 마찬가지로 업은 사람도 됐다가 짐승도 됐다가 탈바꿈합니다. 가루가 되는 것을 분자로 본다면 우리 몸도 하나가 아닙니다. 이 세상 전부가 분자로 되어있다면 사람의 세포를 쪼개면 한 대접의 물이 나올 것입니다. 예를 들어서 여기에 물고기가 있어 대가리를 떼어버리고 꽁지를 떼어버리면 몸통만 남는데 그것을 최소의 단위로 보면 세포라 합니다. 우리 몸안에는 세포가 60조개가 있습니다. 그렇게 많은 것이 하루아침에 이루어졌겠습니까? 밥먹고 국 먹고 하는 동안에 눈으로 보고 귀로 듣는 이런 몸이 된 것입니다. 60조개나 되는 세포가 6년 동안에 만들어진다는 것입니다. 60조를 6년으로 나누면 일초에 만들어지는 세포 수의 계산이 나옵니다.

지금이라도 좋은 생각을 많이 하면 나쁜 생각은 없어지고 좋은 몸이 된다는 것입니다. 얼굴이 못생겼더라도 좋은 생각을 하면 얼굴이 반듯해집니다. 이 말은 거짓말도 아니고 웃으라고 하는 소리도 아닙니다. 찌꺼기를 종자라고 하는데 다른 말로는 식이라고도 합니다. 부모가 자식한테 주는 식도 마찬가지입니다. 자식이 부모를 대할 때는 훈습한 기분을 식이라고 합니다. 도둑질하는 사람, 노름 잘 하는 사람, 말을 잘 하는 사람들의 습관이 자꾸 미끄러지는데 그 미끄러지는 성질을 육취라고 합니다. 술을 좋아하는 사람은 술집으로 미끄러지고 여자 좋아하는 사람은 여자집으로 자꾸 미끄러지는데 그것을 취라고 하며 육도로 미끄러지는 것을 육취라 하며 종자라고도 합니다. 선택받은 부모에게 자식은 종자가 되는 것입니다. 불교에서는 종자라는 말이 많이 나옵니다. 종자는 집착인 것으로 몸으로 유식학 전체에 통하는 말입니다. 부처님의 45년 설법 가운데 12년 동안은 시간 공간이 있는 것으로 취급하여 중생에 따라서 비유를 한 것입니다. 중생은 안으로 생긴 몸과 밖으로 모르는 생각 하나에서 나온 것이며, 깨달음은 명明인 밝은 기운으로 어두움이 없을 뿐입니다.

대승기신론에 불각이라는 말이 나옵니다. 공진여에서 시각을 세 가지로 나누는데 불각과 상사각과 수분각입니다. 구체적인 설명은 다음에 하고 여기서 진여인 법자는 생명의 이치를 말하는 것으로 생명을 깨달으면 부처가 됩니다. 앞에서 12년 동안에는 밖에 있는 육경을 법이라 했고 유식에서는 8년 동안입니다. 그런데 육경을 법이라고 하지만 육경만을 법이라고 하지 않았습니다. 이것은 생명으로 중생의 중자는 많은 생명, 중대한 생명의 중심자리입니다. 기신론에서는 생명의 바탕자리라 했으며 이것을 알면 부처가 된다고 했습니다. 여러 가지 생명인 바탕자리는 사람뿐만 아니라 모든 생명을 하나로 보는 것입니다. 모든 종교와 철학에서는 생명의 본체를 하나로 보고 있습니다. 나에게도 본체가 하나 있고 너에게도 본체가 하나 있다고 하는 것은 생명의 본체를 모르고 하는 소리입니다. 이렇게 법문하는 스님들이 있는데 큰일 날 소리입니다. 그것은 생명의 본체를 모르고 하는 소리로 유치하기 짝이 없는 노릇입니다. 생명체는 하나일 뿐입니다. 언제든지 생명체는 정당한 생명의 중심입니다. 불각이라는 말은 깨닫지 못했다는 것으로 여실히 생긴대로 하나인 줄 알지 못하면 불각이라고 합니다. 기신론에서도 여실히 하나인 줄 알지 못하는 것을 불각이라고 합니다. 하나로 알면 각인데, 여러 개로 알면 상대가 되어 불각이 되는 것입니다. 하느님이 인간을 똑같이 만들었지만 그것을 모르니까 좋은 것을 먹고 영양가 있는 것을 먹어야 되는 줄 알지요. 에덴동산에서 아담도 그랬듯이 너도 하나, 나도 하나 상대가 되니까 만족할 수가 없는 것입니다. 하나인 줄 알면 그날부터는 덜 것도 없고 보탤 것도 없어집니다. 숨을 쉬려고 애를 써지 않아도 숨은 쉬어집니다. 그것을 제대로 알면 잠만 자더라도 정진이 됩니다. 알면 되는 것으로 깨치면 더 정확해집니다. 소크라테스도 바로 알면 행해진다고 했습니다. 모르니까 행하지 못한다는 것입니다.

청나라 때 왕양명은 지행합일설을 주장합니다. 아는 자는 실행한다는 좋은 소리입니다. 알기만 하면 마치 밤에 잘 때 숨을 쉬었다 마셨다 하는 것을 가만히 두어도 어디로 도망가는 것이 아니라 저절로 나오고 사용하지 않을 때는 살며시 숨어버린다는 것입니다. 그것을 육조스님이 알았다는 것입니다. 생사를 받지 않으려면 집착을 벗어나야 한다고 했습니다. 애초부터 집착을 떠나면 허공에 그림을 그리면 그려지지 않는 것처럼 거울에 사람이 오면 비치고 사람이 없어지면 저절로 없어지는 것과 같은 것입니다. 그렇게 마음을 먹으면 자꾸 보고 들어서 보는 것을 낳고 듣는 것을 낳고 이렇게 하는 것을 잔상이라고 합니다. 잔상이 모여지면 몸이 됩니다. 애초부터 들을 때나 볼 때나 또 시체가 남는 것을, 죽어도 시체가 없는 바람마냥 없어져버려야 살만합니다. 그렇게 되는 것이 바로 불교의 목적입니다.

오늘은 하나인 줄 모르는 것을 불각이라고 했고, 몸은 왜 생기느냐? 깨치지 못한 사람은 생명이 하나인 줄 모르는 것입니다. 그러니까 생명의 본질이 갖고 있는 빛의 도수와 그 사람에게서 나오는 도수가 맞지 않는다는 것입니다. 홀연히 이질의 생각이 떠돌아다니게 됩니다. 물에 기름이 뜨는 것과 같습니다. 동질이 아니고 이질이라고 하는데 홀연히 망상이 하나 일어나는 것으로 이것을 무명이라고 합니다. 무명이 일어나면 밝은 기운은 도망가고 어두운 기운만 남아 있습니다. 이것이 바로 중생의 근본이 되는데 여러분은 마치 콘센트를 꽂으면 전기가 들어오는 것처럼 우리 육도중생들은 바로 꽂지를 못했기 때문에 기운이 들어와도 절반도 안되는 천만분의 일도 들어오지 않는 것입니다. 적게 들어오면 축생이 되고 좀 더 많이 들어오면 인간이 되는 것입니다. 그래도 여러분은 얼굴이 반듯하여 괜찮습니다. 오늘 강의는 여기까지 하고 마치겠습니다.

제 3 강

유식唯識 30송 해제解題

설일체유부說一切有部와 경량부經量部

먼저 책 처음부터 24 페이지까지 설명하겠습니다. 부처님은 도를 이룬 뒤 설법을 시작한지 열두 해가 지나서 유식을 설합니다. 이 유식사상을 정리하여 체계화 한 사람은 무착과 세친인데 두 사람은 형제입니다. 무착은 형이고 세친 즉 바수반두는 동생인데, 세친은 부처님이 열반에 드신지 9백년 후에 태어났습니다. 형도 출가를 했지만 동생도 역시 출가를 했습니다. 그 당시는 보수주의였던 상좌부 계통과 진보주의였던 대중부 계통으로 나뉘어 20개의 부파로 나누어져 있었습니다. 상좌부上座部에는 설일체유부라는 부파가 있었습니다. 대중부大衆部 계통은 부처님의 깨달음으로 존재하는 모든 것을 공한 것으로 보는데, 설일체유부는 실상이 있는 것으로 보는 부파입니다.

인도에는 소원을 빌 때 큰 강에 기원하는 풍속이 있었습니다. 큰 대大 하늘 천天자를 쓰는 대천이라는 큰 강가의 높은 언덕에 사당을 지어놓고 오래 살게 해달라고 기도를 했습니다. 장수를 기원하는 그 곳에는 마하데바라는 신이 있습니다. 또 바수반두라는 신도 있습니다. 사당에 모시는 신인데 거기서 기도하면 아들 딸들이 장수를 한다는 것입니다. 실제로 동생인 세친을 오래 살라고 부모가 그곳에 가서 기도하고 바수반두라고 이름을 지었던 모양입니다. 세친은 북인도 간다라국에서 태어납니다. 처음에는 설일체유부로 출가하였으나 자국으로 돌아와 경량부의 스님이 됩니다.

대비바사론大毘婆沙論

상좌부의 설일체유부의 경전이 대비바사론입니다. 세친은 대비바사론을 공부하기 위하여 위장하여 설일체유부로 가서 공부를 합니다. 대비바사론이라는 장문의 논을 연구하는데 아무리 보아도 그 교리가 너무 방대하여 마음에 들지 않았습니다. 설일체유부에는 색건지라라는 큰 학자가 있었습니다. 학자의 이름을 한문으로 번역을 하면 오입悟入인데 깨달을 오悟에 들어갈 입入입니다. 오입존자가 수백 명의 학자 승려들을 데리고 강의를 하고 있었습니다. 세친은 설일체유부의 사상을 배우기는 해도 마음에 들지가 않았습니다. 그래서 설일체유부의 사상을 연구하면서 경량부사상과 절충하는 것을 오입悟入존자가 알았던 것입니다. 늙은 노장인 오입존자가 보니까 세친은 보통 사람들과 다르게 유부사상이 아닌 다른 사상을 가지고 공부를 하기에 그를 부릅니다. '그대가 하는 공부는 정당한 것이 아니며, 또 내 강의를 도청하면서 욕심을 내는 수행자한테는 가르칠 수 없다. 그대는 여기에 있지 말고 본국으로 돌아가라.' 고 했습니다. 세친은 4년 동안 그 곳에서 공부를 하고 있었던 것입니다. 이제 늙은 노장에게 쫓겨나 본국인 경량부로 돌아갑니다. 경량부에 돌아와서는 강의를 하는데 경량부 사상과 설일체유부 사상을 종합하여 강의를 하게 됩니다. 매일 강의를 하고 그 강의 내용으로 게송을 하나씩 짓습니다. 육백 일 동안 강의하여 6백 게송을 지었습니다. 그리고 그 게송을 오입존자한테 보냅니다. 세친은 자랑스럽기도 하고 조금은 건방진 생각으로 보냈던 것입니다. 오입존자 밑에 있던 제자들은 자신들의 학파를 선전하는 것으로 생각하여 좋아했습니다. 그러나 오입존자는 그런 것이 아니라는 것을 알았습니다. 오히려 자신들과 반대되는 사상이니 주의를 해야겠다고 생각합니다. 그래서 경량부로 사람을 보내서 6백 송에 대하여 주석을 달아 보내라고 합니다. 하루에 한 송씩 해서 6백 송이나 되는 것에 주석을 달라고 한 것입니다. 그것을 번역한 것이 아비달마구사론입니다.

아비달마구사론阿毘達磨俱舍論

아비달마구사론은 대비바사론을 요약, 절충하여 강의를 하면서 6백 송을 지어 그 게송에 대한 해석을 덧붙힌 논입니다. 아비라는 말은 대한다는 뜻이고 달마는 법이라는 뜻입니다. '대법전對法典'이라고도 합니다. 법은 앞에서 설명할 때 무엇이라고 했습니까? 육경六境만을 법이라고 했습니다. 객관만을 가지고 법이라고 했는데 그 객관이 색성향미촉법 입니다. 법을 대하는 것은 주관이니까 지혜로 번역이 됩니다. 그래서 아비달마구사론은 '지혜를 간직한 논'으로 번역됩니다. '구사론'을 보고 오입존자의 제자들은 손뼉을 치며 좋아했지만 오입존자의 생각은 달랐습니다. 오입존자의 제자중에 한 사람이 12년 동안 '구사론'을 반박했는데 그 논이 '구사박론俱舍雹論'입니다. 그 때 세친은 이미 나이가 많아서 논박을 못하고 말았습니다. 그러나 세친은 구사론을 반론한 그 논을 자신의 구사론을 더 충실하게 해준다고 하여 '구사증의론俱舍證意論'또는 '아비달마순정이론阿毘達磨順正理論'이라고 이름을 부칩니다.

그런데 세친의 형인 무착이 난처하게 되었습니다. 엄밀하게 말해서 대승 경전들은 부처님 당시에 생산된 것이 아니라 불멸 후에 만들어진 불교 경전들입니다. 그래서 형이 안타까워서 동생을 오라고 했습니다. '내가 병이 들어서 죽을 때가 되어 너가 보고 싶어서 불렀다'고 하면서 '사실은 네가 대승을 비방하는데 유래한 때문이라.'하였습니다. 이에 세친은 크게 깨달은 바가 있어서 먼저 대승을 비방한 죄를 뉘우치고 그의 혓바닥을 끊으려고 하였습니다. 이에 무착은 '이제까지 비방하던 그 혀를 가지고 앞으로는 길이 대승의 묘법을 찬탄하라'고 하였습니다.

세친의 대승으로의 전향

형의 간곡한 부탁으로 세친은 소승에서 대승으로 전향하

게 됩니다. 세친이 볼 때 진정한 참회는 대승을 찬탄하는 것이므로 그때부터 대승을 믿기 시작하며 대승을 찬탄하게 됩니다. 소승에 몸 담고 있을 때 논이 6백부나 되었으며, 그 후 대승으로 전향한 후에도 논을 더 하므로, 세상사람들이 세친을 천부논사千部論師라고 부르게 됩니다. 대승을 거듭거듭 칭찬한 것은 아주 간단합니다. 유식에 대한 논으로 유식이십론唯識二十論과 유식삼십송唯識三十頌이 있는데 이십론은 4백자 밖에 안되며, 삼십송은 6백자입니다. 이십론에는 게송이 21개인데 그 중에 한 송을 뺀 스무송의 내용은 교리를 설명한 것입니다. 삽십송은 전부 교리를 설명한 것입니다. 이십론은 우리들의 마음속에 생명이 들었다는 것을 설명하고 있으며, 삼십송은 근본사상을 설명하고 있습니다.

유식이십론에 대해서 생각해야 할 것이 앞에서 탈선된 사시꼬미 얘기를 했지요. 탈선되어 어긋난 사시꼬미는 어긋난 것을 이야기 할 때는 딱 들어맞는 것입니다. 어긋난 사시꼬미는 전기가 변해서 그렇게 될 수도 있고, 제대로 안 들어온 삐딱한 전기일 때도 그렇게 될 수 있습니다. 그러므로 어긋난 사시꼬미는 삼매에서 생기는 것을 바로 받아들이지를 못합니다. 제자리에서 생명의 본질에 합하지 못한 탈선 된 그 빛깔이 여러분 몸뚱이인 것을 알아야 합니다. 생명을 생긴대로 바로 드러내면 삼매라고 하는데, 이러한 상태가 되면 부처가 되는 것입니다.

태양계에는 태양 하나가 빛을 발하며, 지구나 금성과 같은 다른 혹성은 태양빛을 받아서 빛을 발하는 것입니다. 물속으로 비치는 빛이나 강에 비치는 빛이나 유리에 비치는 빛은 물자체나 유리자체가 빛을 얼마나 흡수하느냐의 차이이지 태양은 어디에나 똑같이 비출 뿐입니다. 태양은 똑같이 비추지만 더 받고 덜 받는 것입니다. 이것을 대승기신론에서는 업으로 인한 업상이라고 합니다. 이것이 들어있는 창고를 장식이라고 하는데 업이 가득 차 있습니다. 그래서 우리는 업이 나타내는 습관을 자꾸 자신이라고 집착을 합니다. 업상을 모르는 것이 우리들입니다.

햇빛은 식물도 잘 자라게 합니다. 똑같은 사과나무 100그루를 심어도 곧게 자라는 사과나무가 있고, 비뚤게 자라는 사과나무가 있습니다. 정상적으로 바로 받는 것과 바로 받지 못하는 것이 있는데 바로 못 받으면 중생이고 바로 받으면 부처인 것입니다. 바로 받으면 생명이 하나뿐이라는 것을 알게 됩니다. 유물론에서는 하나가 없습니다. 절대를 잊어버리고 상대로 싸우는 것입니다. 함께 앉아 있으면서

도 있지도 않은 인간에 대해서 주의해야 합니다. 이것을 불교에서는 무아라고 표현합니다. 무아를 모르고 공부하는 사람은 자신의 잘못을 알지도 못하며 용서하지도 못합니다. 자신을 용서하는 것을 충忠이라 하며 남의 허물을 용서하는 것을 서恕라고 합니다. 내가 부족한 것을 느끼면서 다른 사람이 잘못한 것을 용서하는 것은 대단한 것입니다.

여기 재미있는 얘기가 하나 있습니다. 일본에서는 스님도 가정을 이루고 승려생활을 할 때였습니다. 김이라는 스님이 하루는 출장을 갔다가 오니까 그 절에 같이 있던 박이라는 스님이 김이라는 스님의 마누라하고 한 이불속에 있는데 주인이 와도 모르고 놀고 있었습니다. 그래서 박을 아침에 일찍 깨워서 절로 보내고 평생 동안 그 일을 입 밖에 내지 않았습니다. 그런 일이 있고 부터는 남편은 자기 부인하고 한 번도 잠자리를 하지 않았는데 친한 친구인 박이라는 스님이 자기 입으로 그 기막힌 이야기를 해서 소문이 퍼졌다는 것입니다. 또 어떤 스님은 처녀가 애를 낳았는데 스님이 데리고 와서 자기가 낳은 아이로 키운 이야기도 있습니다. 이처럼 인간을 구제하는 힘은 먼저 자기자신을 구제하는데 있습니다. 자기 몸을 못 건지는 사람은 남도 건질 수가 없습니다. 물에 빠진 사람은 물에 빠진 사람을 못 건지며 물에서 나온 사람이 물에 빠진 사람을 구하는 것입니다. 승려들의 결혼 문제뿐만 아니라 모든 문제에 다 적용되는 것입니다.

우리 생명체는 법성인데 법성에 어긋나면 파계고 어긋나지 않으면 지계입니다. 원리에 어긋나는 것은 파계가 되고 어긋나지 않는 것이 지계이며, 원리를 어기지 않는 행위를 하는 것은 물이 가라앉는 것과 같습니다. 물이 가라앉으면 본래 지혜가 나오는 것입니다. 물의 본질에 들어가는 것은 처음부터 시작해야 합니다. 그런 것을 모두 무시하고 성불한다는 것은 불가능한 것입니다. 본질을 이야기해보지 않으면 알 수가 없는 것입니다. 동전을 멧돌에 세우려고 할 때 줄만 당기면 서는데 똑 바로 세우는 방법은 요령을 알아야 가능합니다. 세우기 위하여 그냥 붙이려고 하면 아무리 세우려고 해도 세울 수가 없는 것입니다.

결국 근본을 알아야 합니다. 자꾸 몸밖에, 생명밖에, 마음밖에 무엇이 있다고 생각하는데 유식에서 말하는 법에는 그런 것이 없다는 것입니다. 자기 몸안에 생명이 하나 있다는 것은 다른 것이 아니라 바로 부처님의 열반 밖에 없습니다. 엉뚱한 소리로 설법을 하면 안됩니다. 부처님 소리는 별로 안하고 자기 소리만 하는 것은 설법이 아니며, 부처님 사상도 아닙니다. 머리를 깎고 팔십 년이나 구십 년 동안 절에서 살아도 불교를 모르면 스님이라고 할 수 없는 것입니다. 근본을 바로 알아야 하는 것입니다. 근본을 알려면 중도가 되어야 하는데 부처님이 팔정도를 이야기할 때 중도가 처음으로 나옵니다. 바른 생활은 뜻이 몸과 행동하는 것과 정견이 합해져서 나오는 결과입니다. 팔정도는 정말 묘한 것입니다. 팔정도가 하나로 통해야 합니다.

유식이십론과 유식삼십송에 있어서 이십론이 높은 법당이라고 하면 삼십송은 높은 법당의 행위를 표현한 것입니다. 즉 나쁜 것을 제하는 것이며 이것은 적극적으로 자격을 내세우는 것입니다. 세친은 젊은 시절에 육백부 논을 지었고 대승으로 전향해서 많은 논을 저술하여 천부논사가 되었습니다. 그 중 가장 중요한 것이 유식이십론과 유식삼십송입니다. 이십 글자씩 한 게송으로 하는데 삼십송이면 육백 자가 됩니다. 삼십 송에서 본론을 지어놓고 해설문을 지어야 했는데 못하고 열반에 듭니다. 이렇게 되니 후세 사람이 이것이 무엇인지 알 수가 없었던 것입니다. 후에 삼십송에 대한 28명의 주석가가 해석을 했습니다. 나중에 16명이 또 해석을 했습니다. 마지막으로 유식삼십송에 대해서는 십대 논사들이 나와서 한 사람이 열권 씩 백권을 가지고 유식삼십송을 해석하였습니다. 그 때 중국에서는 십대논사들이 해석한 것을 받았던 스님이 서른두살에 죽어버렸습니다. 요절한 그 스님은 친분이 있던 한 거사에게 죽을 때에 자기가 가지고 있던 논서 백권을 주면서 '나는 운명을 다 하였으니 이 다음에 정견이 있고 능력이 있는 사람이 있으면 이것을 주고 유식을 잘 펴도록할 것'을 당부하였습니다. 불행하게도 그 후에 인도에는 유식을 잘 하는 스님이 없었습니다. 그래서 중국 스님이 인도에 유학왔다가 그것을 중국으로 가지고 가서 한문으로 번역하였습니다. 중국에서 많은 번역이 나왔습니다. 문제는 원래의 뜻이 정확하게 번역되었느냐 하는 것입니다.

현장스님도 인도에 건너갔습니다. 17년을 연구하고 중국으로 돌아와 많은 경전을 번역하였습니다. 반야경을 번역하였는데 이 반야경은 600권으로 분량이 매우 많습니다. 부처님은 반야경을 설하기 전에 8년 동안 방등경 계통을 설하였는데 여기에 포함된 경전의 내용들을 요약하고 체계화하여 만든 것이 유식삼십송입니다. 현장법사는 이것을 네명의 제자들에게 맡겨 번역을 하자고 했는데 그 가운데 규기라는 스님이 현장법사에게 독대를 청하여 여러 사람이 번역하면 논이 통일되지 않고 복잡해지니 스승의 감독하에 혼자서 번역을 하겠다고 합니다. 앞에서도 열명이 번역을 하니까 내용이 범벅이 되더라는 것입니다. 범벅이라는 음식을 아는지 모르겠습니다. 범벅은 이것저것을 섞어서 만든 것인데 현장이 가만히 생각해보니 여러 사람의 의견이 복잡해지면 번역이 어려울 것 같아서 규기에게 100권을 번역하라고 주었는데 규기는 100권 중 마음에 드는 것을 골라 10권으로 번역을 했습니다. 이 열 권이 유식삼십송의 중심 내용이 된 것입니다.

이제 본론에 들어가야 하는데 내용이 많습니다. 삼십 송은 중요한 것입니다. 십대 논사들이 어느 정도 정리하였는데 그 후에도 많은 내용을 떼어내고 번역하였던 것입니다. 이렇게 정리한 것은 유식사상을 전하는데 있어서 아주 잘못된 것입니다.

진시황은 봉건제도하에서 정치를 개혁할 때 모든 책을 태워버렸습니다. 당시 권력을 잡은 사람들한테 필요한 것 빼고는 모든 책을 불에 태워버렸던 것입니다. 또 진시황은 정치가 마음대로 안되니까 육백 명이나 되는 학자들을 한 구덩이에 묻어버리고 모든 책을 불태우는 분서갱유를 일으켰던 것입니다. 현장이 한 행동은 분서갱유보다 더하면 더했지 못하지 않았던 것입니다. 그 후에 우연히 프랑스인 세

르반네이는 인도를 돌아다니다가 안혜가 번역한 것을 발견했습니다. 그것을 불기 2525년에 도서관에서 모두 발췌해 두었는데 안혜의 번역이 옳다고도 하고 그르다고도 했습니다. 이제까지 이십론과 삼십송에 대한 역사를 어느 정도 설명했습니다. 유식삼십송에 대해서는 다른 번역이 없는 줄 알았는데 다행히도 이란 사람이 '전식론'으로 번역한 것이 발견되었습니다.

제 4 강

성유식론成唯識論, 유식 삼십송唯識三十頌의 논서

유식삼십송의 구조

유식론에 대한 설명은 부처님께서 아함 12년 다음으로 8년 동안 설한 방등경 계열에서 유래합니다. 그런데 유식론의 소의경전인 유가사지론瑜伽師地論에서 추려내어 체계를 세웠다는 유식삼십송은 성유식론의 근본입니다. 91페이지 중간쯤에 보면 제 7장 유식론의 주소註疏라는 말이 나옵니다. 유식삼십송이 600글자인데 이것을 잘 해석하여 100권으로 만듭니다. 다시 100권을 줄여서 10권으로 만들었는데 그것을 이해하는 사람은 현장법사와 규기법사 둘밖에 없었어요. 자기들끼리 쑥떡 쑥떡 하고 만들어 놓았으니 다른 사람들은 이해하기가 어려웠습니다. 그러니까 유식 내용과 체제가 범벅이 되었는데 어떤 대목이 누구의 학설이고, 어떤 것이 옳고 그릇 된 것인지 판정하기가 어렵게 된 것입니다. 더욱 안타까운 것은 그 짓을 해놓고는 원본을 태워버렸으니 어떻게 하겠습니까? 이렇게 탄생한 것이 성유식론 10권입니다. 이것은 세상에서 둘도 없는 좋은 책으로 중국 당나라 때 현장과 규기한테 직접 배운 사람으로부터 소개되고 번역된 것입니다.

일본에 가면 우리나라 사람이 건너가서 지은 법륭사라는 절이 있습니다. 그곳에서 성유식론을 연구하는데 세상에 이렇게 좋은 책은 없었습니다. 1000년을 연구한 것에 전부 주석을 달아놓았습니다. 세상에 이렇게 잘된 책은 없습니다. 세친보살이 지었다는 유식삼십송 원문을 여기다가 써놓고 다시 주석을 달았던 것입니다. 성유식론 10권을 만들고 보니 그래도 모자라는 부분이 있어서 규기가 성유식론에 대해서 부족한 것을 보충해서 요의등了義燈 13권을 지었습니다. 처음부터 13권을 지은 것이 아니라 처음에는 장중추요掌中樞要4권을 지었습니다. 장중추요라 하는 것은 감춰놓고 혼자서만 본 것을 의미합니다. 장중이라는 뜻은 손바닥 안에 놓아두었다는 뜻으로 다른 사람에게는 안 보이고 자기만 보는 것입니다. 그것이 4권으로 되어 있었던 것입니다. 그 다음에 신라에서 건너간 원측이라는 스님이 있었는데 세속 이름이 대영이었습니다. 원측이 오히려 중국 사람들 보다 낫다는 것입니다. 현장은 성인에는 못미치는 사람이라 자기네 족속인 중국사람 규기에게만 가르쳐주고 신라 사람인 원측에게는 안 가르쳐 준 것입니다. 순전히 오랑캐 속성이지요. 그래서 원측은 문지기에게 돈을 주고 몰래 마루 밑에 숨어서 규기에게 하는 강의를 도청했다는 것입니다. 원측은 유식강의를 듣고 더 좋은 방향으로 유식강의를 서술하였습니다. 원측은 성기론에 바탕을 두고 있는 기신론起信論을 먼저 보았으니 법성학法性學을 배우고 나중에 법상학法相學을 배웠습니다. 그래서 원측의 융통성이 더 낫다는 것입니다.

중국에 가면 성의삼탑이 있는데 현장과 규기와 원측을 모셔놓은 탑입니다. 중국 사람들이 우리나라 사람인 원측을 더 따랐다는 것입니다. 어쨌던 규기는 대단한 사람으로 성유식론을 지은 것을 보면 보통사람이 아닙니다. 굉장히 치밀한 사람이었어요. 현장법사가 십삼 년 동안 인도에 있다가 중국으로 돌아와서 우연히 길에서 어떤 청년을 만났는데 청년의 눈이 중동重瞳이었습니다. 서양 사람에게 간

혹 그런 눈이 있는데, 눈동자가 맑으면 사람이 둘로 비치고 물건도 둘로 보이는데 그것을 중동이라 합니다. 옛날에 항우가 그랬고, 순임금이 중동이었습니다. 눈이 중동인 사람은 아주 대단한 것입니다. 규기가 중동이었으니 난리가 난 것입니다. 현장법사가 청년을 불러서 '그대는 중 될 생각이 없는가?' 하니까 '나는 중노릇을 못합니다. 술 안 먹고 고기 안 먹고 여자 가까이 안 하면 못 삽니다.' '그럼 그런 것을 허락할테니 중노릇 할래?' 해서 중이 된 것입니다. 규기는 스님 중에서도 호걸이었던 것입니다. 인물도 잘났고 외출을 하면 술 한 수레 싣고, 경 한 수레 싣고, 여자 한 수레를 싣고 다녔다고 하여 삼거법사三車法師라고도 합니다. 현장법사는 그래도 규기에게 중노릇을 시켰다는 것입니다. 규기도 나중에는 그 버릇을 고쳤습니다. 그래도 유명한 사람이니까 삼장법사라고 불렀습니다.

재미있는 일화가 있는데 당시에 남산에 도선율사가 살고 있었는데 한 번은 규기법사가 도선율사를 찾아 갔는데 점심을 먹고 가라고 청했습니다. 도선율사는 손수 밥을 지어서 먹는 것이 아니라 때가 되면 하늘에서 천녀가 밥을 올리는데 그것을 천공이라 합니다. 천공 받는 것을 자랑하려고 규기법사를 불러 놓고 점심 대접을 하겠다고 한 것입니다.

그런데 공양 때가 되어도 천공이 안 들어오니까 그만 규기법사가 가버렸습니다. 규기법사가 가고 나니까 천공이 오는 것입니다. 그래서 좀 더 빨리 가져오지 않고 왜 지금 가져오느냐고 하니까 조금 전까지는 화엄신장이 지키고 있어서 들어올 틈이 없더라고 한 것입니다. 이렇게 술 마시고 여자를 좋아했지만 규기법사는 법력이 대단했던 사람입니다. 도선율사는 천공을 받아먹지만 천녀가 규기법사 때문에 들어 올 수가 없었던 것입니다.

그 다음에 사기가 있는데 자기 혼자만 보는 것이 사기私記입니다. 공공연히는 못 내놓고 혼자서 남을 가르칠 때 사사로이 기록해놓고 참고 한다고 해서 사기라고 합니다. 사기를 한 사람이 죽으면 그것을 강당 앞에 펴 놓고 연구를 했는데 조선시대의 동화사에 계셨던 인악스님이 그랬습니다. 전라도에 있었다는 연담스님 같은 이가 모두 사기의 주인입니다.

또 요의등了義燈이라 한 것은 앞에서 원측이나 규기같은 개인의 사상을 말할 때 개인의 소견은 부처님처럼 활달하지 못하고 좁은 소견이므로 개인의 좁은 소견과 사상을 깨뜨려 부셔버리는 것을 말합니다. 요의등이라는 것은 원래 밝은 등잔이라는 뜻입니다. 규기 자신은 밝은 등잔과 같고 원측의 사상은 개뿔에 불과하여 아주 미미한 것으로 비하해서 자신을 내세운 것이 요의등입니다. 규기법사의 제자인 혜소慧沼가 요의등을 지었는데 13권이나 됩니다. 혜소의 제자인 지주智周스님의 연비演秘라고 한 것이 있습니다. 지주는 현장의 증손쯤 되겠습니다. 규기법사의 제자인 혜소가 손자상좌이며 지주가 증손상좌가 됩니다. 손상좌인 혜소가 고건법당론을 지었습니다. 고건법당론 외에 제파사상론除破邪相論이 있는데 요의등에서 비판을 한 것입니다. 성유식론은 이것들 속에 다 들어있습니다. 100권을 10권으로 줄였지만 그 10권도 대단히 많은 분량입니다. 이것을 처음에는 연배하여 요의등을 하고 또 장중추요 4권에서 베낀 것이 다 들어있습니다. 600자 중에서 우선 300자만 해석했는데도 이렇게 내용이 많습니다. 이제 600자가 얼마나 소중한지 알겠지요. 600자를 해석한 성유식론을 다시 보충해서 해석한 것으로 삼개소가 있습니다. 규기법사가 지은 장중추요와 혜소가 지은 요의등과 지주가 지은 연비를 삼개소라고 합니다. 지금 여러분이 공부하고 있는 이 책에 자세하게 설명이 되어있습니다.

우리나라에도 600자를 해석한 것이 이렇게 많은데 일본에는 수도 없이 많습니다. 동학초同學抄는 68권이나 됩니다. 이런 잘못된 오류가 중국에도 많지만 일본에서는 더 많습니다. 일본 법륭사에 가면 예전에 한 것을 토씨 하나를 고치지 않고 지금까지 1200년을 고수하고 있습니다. 중국에서는 지주智周까지 내려오다가 그 이후 당나라에는 유식론이 없어져버립니다. 명나라 때에는 지욱법사가 유명합니다. 연루법사와 같은 사람은 자기 소견대로 해석했기 때문에 정통성이 없습니다. 그런데 이렇게 복잡할 이유가 없습니다. 사실 600자도 많은 것으로 처음에 몇 줄만 보면 다 알 수 있습니다. 첫 대목에서 유식사상을 밝히고 있기 때문입니다.

석난파집釋難破執

119페이지를 보면 거기서부터 유식상을 밝히는 것입니다. '유가설아법由假說我法 유종종상전有種種相轉'이라는 열 개의 글자가 있습니다. 스무 자가 한 게송인데 반 게송밖에 안되는 열 개의 글자속에 유식사상이 다 들어 있습니다.

유성내하종有性來下種 인지과환생因地果還生 무정역무종無情亦無種 무성야무생無性也無生이라. 성性이 있는 데서 씨가 내리어, 원인되는 곳에 과가 도로 나네. 뜻이 없으면 또한 씨도 없나니, 성품 없으므로 또한 남도 없느니라.

오조 홍인대사가 육조 혜능에게 써준 게송으로 이 내용 속에 유식사상이 다 들어 있습니다. 다만 여러분이 몰라서 그렇지 이것을 제대로 알기만 하면 유식삼십송을 안 배워도 염주 하나 들고도 유식삼십송을 다 얘기할 수 있습니다. 모르면 못하고 알면 다 할 수 있는 것입니다. 어떤 경전을 들고 와도 연관지어 다 말 할 수 있는 것입니다. 뜻을 아는 사람은 문자를 떼어놓고 그것의 대의를 얘기 할 수 있다는 것을 짐작할 수 있습니다. 중요한 것은 법성자리인 생명체입니다. 이것을 유식에서는 원성실성이라 합니다. 원성실성圓成實性과 의타기성依他起性과 변계소집성遍計所執性을 삼성이라 하는데 삼성을 다 알면 유식을 다 알아 버리는 것입니다. 이것은 나를 통해서 누구한테든지 다 통하는 것으로 나한테만 통하는 것이 아니라 저기 앞마당에 있는 소나무의 솔잎 끝부분까지 법성자리가 통한다는 것입니다. 그래서 이 세상에는 모양이 있는 것과 모양이 없는 것에도 다 법성이 꽉 차 있습니다. 경전에는 아주 좋은 소리로 꽉 차 있습니다. 여러분이 매일 아침 저녁으로 외우는 경전에도 다 들어있습니다. 유식에도 들어있고 화엄경에도 들어 있습니다. 법성은 태양의 빛이 산에도, 골짜기에도, 물에도, 돌에도, 다 빈틈없이 비추는 것과 같은 이치로 만물에 들어있습니다.

받는 물건은 업의 덩어리로 업상業相이라 합니다. 이것은 자증분自證分이라고 하는데 유식에서 자증분은 '식' 당체인데 작용만 하면 안으로 육근이 생기고 밖으로 육경이 생긴다는 것입니다. 여기서 근과 경은 식에서 나오는 것으로 모든 중생은 근과 경을 깨치지 못해서 법성 속에 파묻힌 근경을 깨뜨려 버리지 못하는 것입니다. 근경에 화두를 대면 녹아 내립니다. 근경이 녹아들면 세 개가 하나로 보이는 것입니다. 아직 하나로 못보았기 때문에 거짓말이라고 하는 것입니다. 여러분이 못 보았을 뿐입니다. 현장법사가 책에 써놓은 것을 한 번 보세요. 형탈근진사비상迴脫根塵事非常이다는 말입니다. 육근과 육경을 멀리 벗어나는 것 그 일이 심상한 일이 아니다는 뜻입니다. 보통으로 되는 것이 아닙니다. 긴파승두주일장緊把繩頭住一場이라, 노끈머리 이것은 화두로 선두를 잡아서 죄일 때에는 한 번에 바짝 죄여 무명을 멈추게 해야한다는 것입니다. '불시일번한철골不是一番寒徹骨'이라. 때에 한 번 찬 기운이 뼈에 사무쳐 삼동을 지낸 뒤 봄에 피면 생기가 있거든요. 한 번 삼동을 지내고나야 바짝 고양이 되는 것입니다. 고양이라고 하면 안 되고 바짝 정진을 해야 되는 것입니다. 그러면 한 번 매화 밭에 삼동의 차가운 기운이 뼈에 사무치지 않았던들 '쟁득매화박비향爭得梅花撲鼻香'이라, 어찌 매화의 코를 찌르는 은은한 향기를 얻을 수 있었겠습니까? 그런 뜻입니다.

신찬선사가 백장한테 가서 무엇을 배웠겠습니까? 다음과 같은 이야기가 있습니다. 신찬이 몇 년 동안 스승을 떠나 백장 밑에서 공부하고 돌아와서 은사스님을 시험했습니다. 하루는 은사스님이 신찬을 불러 목욕을 하겠으니 목욕물 좀 데우라고 합니다. 은사스님과 신찬은 목욕탕에서 같이 목욕을 합니다. 신찬이 은사스님의 등을 밀면서 '법당은 썩 좋지만 그 속에 부처가 영험치 못하구나.'합니다. 은사스님은 속으로 이 놈이 또 엉뚱한 소리를 하는구나 하고 생각합니다. 목욕을 다한 은사스님이 옷을 갈아입고 의관을 갖추고 앉아서 경을 보고 있습니다. 그 때 마침 벌 한 마리가 날아들어서 봉창에 부딪혀 못나갑니다. 그 벌을 보고 신찬이 한마디 하는데 '공문불긍출空門不肯出'이라 문이 한 쪽에 훤하게 비었는데 못나가고, '투창야대치透窓也大痴'로다 창을 툭툭 부딪치는 것이 크게 어리석도다. 벌이 100년 동안을 문을 뚫는다 해도 무슨 수로 나가겠습니까? 그것이 이상하다는 것입니다. 그러자 은사스님은 신찬에게 '네가 이번에 어디를 다녀왔느냐?'하니 '백장스님한테 다녀와서 뭘 좀 알았습니다.' 하는 것입니다. 그러자 은사스님이 신찬에게 옷을 갈아입히면서 '종을 치고 법상을 차려라.' 합니다. 종소리를 듣고 대중들이 모여들자 신찬을 법상에 올려놓고 백장스님한테 얻었다는 것을 내놓아라고 합니다. 법문의 내용이 다음과 같습니다. '영광독로靈光獨露'하야, 신령스러운 광명이 홀로 비추어 '형탈근진迥脫根塵'이라, 멀리 육근과 육경을 벗어났다.'는 것입니다. 우리 마음이 그런 것입니다. 우리는 근진속에 파묻혀서 사는 것입니다. 앞에서 설명했듯이 누에가 자기 입으로 실을 토해서 넓은 허공을 막고 고치 속에 들어앉아서 고치속이 전부인 줄 알듯이 우리도 육근과 육경속에 들어앉아서 그것이 전부인 줄 아는 것입니다.

누에고치 속에 든 것은 번데기로 나중에 고치를 뚫고 나와서 나비가 되어 날아다닙니다. 우리도 육근 육경의 고치를 뚫고 나와야 견성하는 것입니다. 그 속에 앉았으면 그것이 전체인 줄 알아요. 그 속에 들어앉아서 '저 사람 저러는 것 같구나.' 하면 그것은 불성이 아니고 아뢰야식일 뿐입니다. 다음 시간에 아뢰야식이 나옵니다. 그렇게 앉아 있는 것이 불성인 줄 알고 있습니다. 요즈음 견성했다고 도인

노릇하는 스님이 너도 불성이 하나 있고 나도 불성이 하나 있다고 가르치고 있습니다. 그렇게 가르치면 안됩니다. 불성은 여러 개가 아닙니다. 성품은 하나일 뿐입니다. 우리가 업상으로는 깨치지 못해서 제 7식을 쓰는 것입니다. 불성이라는 마음을 쓰는 것을 진여자리라 합니다. 진여자리와 상응이 되는 기운이 부처님의 행동이고 부처님의 말씀이 되는 것입니다. 그런데 우리는 깨닫지 못해서 무명 속에 있는 것입니다. 무명이 아뢰야식입니다. 중생은 무명 속에 있는 기운을 참 기운으로 아는 것입니다. 그것을 참 기운으로 알고 불성으로 알기 때문에 너도 불성이 하나 있고 나도 불성이 하나 있다고 말도 안 되는 소리를 하는 것입니다. 경전이라도 제대로 좀 봤으면 그런 소리는 안 할텐데 말입니다. 가르치는 사람은 알고 가르쳐야지 마치 자신의 생각이 맞는 것처럼 하면 안되는 것입니다.

누에의 액체가 입 밖으로 나오면 실이 된다고 했습니다. 천태지의가 지은 천태사교의에 보면 군화라는 벌레가 있습니다. 요즈음으로 치면 검은 벌레 같은 것입니다. 있는 것도 아니고 없는 것도 아닌데 단지 소리가 납니다. 그렇게만 알면 단박에 깨달을텐데 그것을 못 알아듣습니다. 혹시 귀를 막고 들은 것이 아닌지 모르겠습니다. 대부분 알아들을 수 있는 것이고 어려운 소리가 아닙니다. 자꾸 특별한 것이 있는 줄 착각합니다. 몸뚱이 속에 내가 하나씩 들어있다는 것은 깨닫지 못한 소리입니다. 이것을 오온이라고 하는데 법 법法자 하나가 있어 나중에 가면 백법으로 나누어져 오온의 범위를 가지게 됩니다. 나무면 나무 풀이면 풀로 나무 중에 밤나무란 것이 있는 줄 어떻게 알겠습니까? 밤나무라는 것이 밤나무 속에 들어있는 것이 아니라 생명 하나가 밤나무로 통할 때 밤나무 행세를 하고, 소나무로 통할 때 소나무 행세를 하는 것입니다. 생명 하나가 눈으로 통할 때 보는 것이 되고 귀로 통할 때 듣는 것이 되는 것입니다. 이것은 나누어지는 것이 아니란 말입니다. 허공을 나누어 넷으로 만들려고 해도 안되는 것입니다. 법성자리를 나누어서 나의 소유물로 만들려고 해도 안되는 것입니다. 이것이 쪼개져서 사용되는 성질은 업으로 되는 것으로 몸뚱이가 한덩어리로 붙은 것입니다. 나누어진 조각 하나를 가지고도 모든 성품을 알 수 있습니다. 성품 하나를 나눈 것은 분자가 됩니다. 나누면 분자가 되며 여럿을 모으면 덩어리가 되어 몸뚱이가 됩니다. 그래서 관련된 것으로 받는 것인데 그것은 업상으로 받는 것이지 본래는 그런 것이 없습니다. 잘 알아듣는 사람은 첫 마디에 알아듣습니다. 그러면 다시 배울 것이 없습니다. 지행합일론은 앞에서도 말했습니다. 확실히 알아버리면 하지 말라고 해도 잘 합니다. 알고 깨닫게 되면 내 마음 가운데서 항상 지혜가 나온다는 것입니다. 아무리 앉아 있어도 깨닫지 못하는 것은 법성이 현전이 안 되니까 없는 줄 압니다.

무상대도인 열반이란 말을 잘 알고 알지요? 열반은 원명상증조圓明常證照라. 둥글게 훤히 비추어 항상 저렇게 된다고 그랬습니다. 이승二乘을 구하는 소승들은 그것을 무작이라 하는데 제대로 알지 못하기 때문에 아무 것도 없다고 합니다. 모든 것이 계속 업을 증진시키는 기교에 속하는 것입니다. 육식이 육식의 의견대로 하는 것입니다. 불자들은 그렇게 해서는 안 되는 것입니다. 진리의 세계에 들어가려면 계속 정송하라고 되어 있습니다. 정으로 기억하는 것을 송하는 것입니다. 육식이 경근을 통하여 육식으로 나타내는 의도도 소견밖에 안 된다는 뜻입니다.

복잡한 이 책을 다 봐서 무엇합니까? 600자 그것도 많습니다. 우수수 넘어가고 119페이지에 보면 유가설아법由假說我法이 나옵니다. 그래서 중생들은 안으로 육근이 생기고 밖으로 육경이 생기니까 내가 있는 것 같고 법이 있는 것 같습니다. 그러나 실제로는 실아실법이 없다는 것입니다. 없는데 실아실법이 있는 것처럼 되어 있습니다. 몸속을 살펴보니 몸 속에서 무슨 소리가 나는 것처럼 들립니다. 가假로 아와 법을 설한다고 했습니다. 그러니까 여러 상대에게 모양을 설하는 것이 있다는 것입니다.

귀경송歸敬頌

이 부분은 다음 시간에 이야기하고 오늘은 뒤로 한 장 넘겨서 116페이지를 보십시오. 제 5장에 귀경송이라고 나옵니다. 그런데 600자 되는 유식삼십 송은 서분序分, 정종분正宗分, 유통분流通分 순으로 되어 있습니다. 삼십 송에는 간단하게 3분으로 나누어 600자로 해석이 되어 있습니다. 600자 속에는 몸뚱이인 몸체만 있지 머리도 없고 꼬리도 없는 것입니다. 특히 중국 사람은 옛날 얘기를 하든지 글을 만들 때 대개 그 모양을 따서 말이나 글을 만들었습니다. 이것은 대추씨라고 그린 것인데 대추씨 같습니까? 대추씨는 뾰족한데 중간이 벌어져 있습니다. 글이 마치 대추씨 같이 되어야 한다는 것입니다. 경전을 보면 전부 다 이런 식으로 쓰여 있습니다. 표석결標釋結로 되어 있는데 무엇을 표한다, 무엇을 해석한다, 무엇을 매듭짓는다 식의 표석결 방식으로 한 것입니다. 사람도 생긴 것으로 보면 머리가 있고 몸통이가 있고 발이 있고 짐승은 꼬리가 있습니다. 여러 가지 모양을 나타내어 사람 속이는 것이지 그것에 무슨 진리가 있는 것이 아닙니다. 말장난에 놀아나는 것으로 올바르게 진리를 깨달은 사람은 삼세제불과 역대조사의 혓바닥에 놀아나지 않습니다. 혓바닥을 파는 사람은 시원찮은 사람입니다. 남의 말에 귀가 얇은 사람은 주관이 없는 사람입니다. 승해勝解가 없으면 그렇게 됩니다. 그래서 우리는 언어에 팔려 사는 사람입니다.

서분, 정종분, 유통분 3분의 표석결이 있어야 되는데 600자에는 서론이 없고 또 끝에 결론도 없습니다. 단순히 정종분뿐입니다. 성유식론의 앞부분에는 서분 비슷한 내용을 붙여놨는데 한번 봅시다. 앞에 귀경송이라 되어있습니다. 성유식론에만 그렇게 되어 있고 유식삼십송에는 없습니다. 성유식론은 유식삼십송을 해석한 것인데 서분도 있고 유통분도 있습니다. 그런데 이것을 열 사람이 제각각 해석하고 있습니다. 결론으로는 귀경송 보다는 석결해석본이 있는데 열사람이 각각 해석했으니 제각각 귀경송이 있는 것입니다. 논을 짓던지 글을 지을 때나 우리가 편지를 쓸 때도 반드시 서론 본론 결론이 있습니다. 그런데 누가 했는지 몰라도 용하게 귀의삼보로 해놓았습니다. 모두 귀의삼보로 친구한테 편지를 쓸 때도 삼보에게 귀의한다고 합니다. 좋은 소리입니다. 귀의삼보도 마찬가지입니다. 서론인 서문을 지을 때에도 열 사람 제각각 귀경송이 있는데 이것이 귀의삼보 하는 것입니다. 결론은 강의가 끝나는 마지막 날에 할 것입니다.

이 책의 귀경송은 안혜송입니다. 안혜송은 합유를 한 것이 아니면서 열 사람 가운데 귀경송이 제일 낫습니다. 그래서 귀경송을 대표로 뽑은 것입니다. 안혜송이지만 성유식론 앞 부분에 갔다 놓은 것을 보면 성유식론을 해석한 열 사람을 대표한 글입니다. 귀경이라는 것은 삼보에게 돌아가서 공경히 예배한다는 뜻입니다. 유식성이라 할 때 유식이란 오직 식의 성은 원성실성으로 마음의 본성을 의미합니다. 유식에서 성이라 하면 원성실성으로 법성자리인데 만滿으로는 부처님이요, 분신들인 분分으로 하면 보살들로서 청정한 자들입니다. 만과 분은 원성실성으로써 표현됩니다. 청정하다는 것은 깨달은 것이며 깨닫지 못하면 무명이 됩니다. 유식성에서 만으로 분으로 청정한 자에게 머리를 조아리는 것이 삼보입니다. 동양 사람은 머리를 조아리고 입으로 얘기를 합니다. 서양 사람은 손을 이렇게 올리면서 인사합니다. 아프리카에서는 서로 엉덩이로 한다는 것은 형식으로 하는 예식입니다. 형식은 다르지만 상대방을 공경 하는 것은 마찬가지입니다. 유식성에 만滿으로 분分으로 청청한 사람을 일컬을 때 만은 부처님이고 분은 보살입니다. 성유식론을 놓고 열 사람을 대표로 하여 각각 잘 났다고 하는 것입니다. 유식삼십송은 세친이 지었습니다. 세친의 학설이 삼십송입니다. 삼십송을 해석한 목적은 모든 유정을 이롭고 즐겁게 하는 것입니다. 아주 멋진 송입니다. 내일부터 정설에 들어가기로 하고 오늘 강의는 이것으로 마치겠습니다.

제 5 강

법성法性

지난 시간에도 대강 얘기했지만 600자에 담긴 뜻이 유식입니다. 첫 시간에 얘기했지만 우리의 역사는 오천 년입니다. 서양과 동양에는 많은 학문이 발달하였고 또 종교와 철학도 발달하였습니다. 그 많은 학문 중에 유식론과 유물론이 있습니다. 유식론을 알려면 먼저 유식이란 두 글자의 뜻을 알아야겠습니다. 유식이란 의미는 무경無境입니다. 경계가 없다라는 말은 경계에 실물이 없다는 뜻입니다. 우리 몸뚱이는 육신이라고 해서 물질로 보는데 물질은 오온이라고 하며 다른 말로는 명색名色이라고 합니다. 귀로 듣는 것과 산, 들, 바다 등 눈으로 보는 것의 모양은 육근으로 압니다. 우리의 눈하고 귀는 신성합니다. 그것을 명색名色이라 하는데 오온을 줄여서 명색이라 합니다. 명색의 명이라는 것은 오온 가운데 즉 수상행식受想行識으로 모양이 없습니다. 이름만 있지 실물은 모른다는 말입니다. 색은 명색에서 색인데 형상이 있는 것입니다. 식이 있음을 아는 것을 유식이라 그랬습니다. 식은 천태종의 교상판석 5시에서 8년 동안 설명했다고 했습니다. 8년 동안 설명한 경전은 있는데 8년이 지나고 나서는 경계는 없고 있는 것은 식 뿐이다라는 것입니다. 경계는 없고 있다면 오직 식이 있다는 것은 이야기가 조금 달라지는 것 아닙니까? 공부 시작한지 하루가 지났고 어제까지는 경계가 있다고 했는데 오늘 부터는 있다면 식이 있다고 했습니다. 조금 달라졌는데 반야심경에 가면 식도 없다고 합니다. 유식의 첫 부분에는 식이 거론되지만 경계에는 식도 없다고 합니다. 이제까지는 식이 있다고 배웠지만 이것은 반만 아는 것으로 부처님의 가르침에 비교하면 손톱만한 것입니다.

여러분도 알겠지만 부처님께서 45년 동안 설한 내용 중에 밀교라는 것이 있습니다. 밀교와 불교는 다릅니다. 밀교에는 부처님께서 깨달은 것이 다 들어 있습니다. 모든 것이 들어있는 밀교에 비하면 현존하는 불교는 손톱위에 먼지 앉은 것 밖에 안되는 것입니다. 팔만대장경을 아무리 얘기해

봤자 손톱 위의 먼지 밖에 안되는 것입니다. 부처님께서 깨달은 내용은 어마어마한 것입니다. 법화경은 내용이 얼마 안 되지만 화엄경에 들어가 보면 약본인데도 삼만 화엄경이 있다고 했습니다. 삼천대천세계를 알고 있지요? 삼천대천세계를 계산 해보니 세계가 천개가 모여 소천세계가 되고 소천세계가 천개가 모이면 중천세계가 되고 중천세계가 천개가 모이면 대천세계가 됩니다. 나는 계산을 잘 하지 못해서 시자보고 해 보라고 하니까 영(숫자0)이 아홉 개로 영이 아홉 개가 나오면 십억 개가 됩니다. 태양계와 같은 일월이 십 억개나 있다는 것입니다. 만약에 삼천씩 백 억개면 대천세계입니다. 즉 삼천대천세계를 제대로 알아야 하는데 우주가 바로 대천세계라고 합니다. 대천세계에는 천씩 곱하는 세계가 3개 있어 삼천대천세계라고도 하는 것입니다. 쌀 한 톨을 부수어 쌀가루 내는 것처럼 세계를 잘게 부수어 마치 쌀가루처럼 만들면 삼천대천세계가 되며 우주에는 세계가 그렇게 많다는 것입니다. 부처님이 깨달은 것은 우리에게는 불가해입니다. 한 부분의 시기를 나도 연구해봐서 아는 일이지만 경전에도 있는 얘기인데도 사람들이 안 믿어주는 것입니다. 진실을 믿지 못하는 것을 아집이라 합니다. 이것을 불각이라고도 하고 무명이라고도 하여 여러 가지 이름이 붙어 있습니다. 깨닫지 못해서 불각이라고 하는데 밝은 기운이 없기 때문에 어둠속에서 사는 사람들입니다. 사시꼬미(전기 코드를 꼽는 구멍) 얘기를 했는데 코드에 바로 꽂으면 전기가 들어오는데 삐딱하게 꽂으면 들어오긴 해도 잘 안되는 것입니다. 그래서 바로 꽂으면 정상이 되고 바로 꽂지 못한 것은 그림자로 그것이 삼천대천세계입니다.

요즘 생물학자가 우리 중생의 수를 계산해 보니 육십 만 종류나 된다고 합니다. 이 숫자는 색심을 가진 것만 이야기 한 것인데 색심을 가지지 않은 귀신은 포함하지 않은 숫자입니다. 그런데 육십 만 가지로 사는 중생을 개수로 세면 류類가 되어 육십 만 가지지만 지구에 사는 사람의 수는 40 억이나 됩니다. 바다의 물고기는 이것 보다 더 많지 않을까요? 남녀가 결혼하여 보통 아들 하나, 딸 하나를 낳는데 좀 더 낳으면 세 명까지 낳습니다. 그런데 미국에서는 어떤 여인이 아이를 서른 몇 명을 낳았다는 뉴스가 있습니다. 고등어나 청어는 뱃속에 수백 개 수천 개의 알이 있어 한꺼번에 수백 개를 낳습니다. 새는 알을 둘 이상 낳는 것도 있지만 두 개 밖에 낳지 않는 새도 많습니다. 그런데 생명체의 종류가 육십만 가지가 되고 사람 숫자만 해도 40억 명 입니다. 물고기의 숫자를 센다면 훨씬 더 많습니다. 사람, 물고기를 류라고 하며 종이라고 합니다. 그리고 종자라는 말도 있습니다. 류라는 것은 여러 개를 뭉친 것입니다. 인류라고 하는 것은 사람 하나가 아니라 전부 합쳐서 인류라고 합니다. 종이란 것은 황인종, 백인종 흑인종 등을 합해서 종이라 하는데 즉 인종이란 말은 합한 것입니다. 백인종 황인종하는 것은 분류이고 합하여 류라고 하는데 이것이 육십만이나 됩니다. 백인종, 황인종등으로 나누면 그 숫자가 더 많아집니다. 그런데 인류뿐만 아니라 세상의 모든 생명체가 하나의 법계 속에서 생명을 받고 못 받고 하는 것은 법성 속에서 결정이 됩니다. 법성은 생명인데 생명을 깨치지 못한 것 즉 깨치지 못한 생명이 더 나타나고 덜 나타난 모양새가 바로 각각 다른 사람이 되는 것입니다.

이것을 유식이라 하는 것입니다. 여러분은 유식을 알면 다 아는 것으로 착각하는데 다 아는 것이 아닙니다. 이것은 그 법성에 온전한 기운이 들어오지 못한 것입니다. 일백 개 모두가 우리에게 전달되는 것이 아니라 부분만 전달된 것입니다. 예를 들어서 곤충인 모기나 파리는 말을 못합니다. 인식 작용이 사람만큼 못 합니다. 그러니까 하나인 법성 속에서 깨닫지 못한 도수에 따라서 몸이 달라지는 것입니다. 이해가 되겠습니까? 하나의 몸속에서 나오는 것을 모르고 따로따로 너도 하나 있고 나도 하나 있다고 생각하는 것입니다. 너도 하나 있고 나도 하나 있다는 것은 식으로 이야기 하는 것이지 법성문에 들어가면 하나로 두 모양이 없다는 것입니다. 법성에 대한 상대로 그것을 아집이라고 하는데 글자 몇 자 알았다고 해서 다 알았다고 하면 되겠습니까? 선문에 보면 유식은 아주 사소한 이야기입니다.

나의 심한 사투리를 여러분은 잘 못 알아들을 것입니다. 내가 21살에 출가를 했는데 출가하기 전에 남장사에 살고 있었던 혜봉 스님(이광우의 아버지)이 쓴 육조단경을 읽어 보았는데 참 재미있었어요. 육조 스님이 시장에 숯을 팔러 갔다가 우연히 금강경 독송하는 소리를 들었는데 바로 '응무소주이생기심'을 듣고 견성을 했습니다. 그 날로 가사를 정리하고 금강경을 가르친다는 오조 홍인대사를 찾아갑니다. 홍인대사 밑에서 공부를 마치고 떠나는 날 밤에 스승인 홍인대사가 법문을 하는데 '응무소주이생기심'에서 다시 깨치고 나서 '무지랭이가 누구지?' 하고 바로 육조 자신을 고백한 것입니다. 아주 솔직한 고백으로 무지랭이가 변방에서 왔기 때문에 사투리가 심했던 것입니다. 스님이 법을 청해 정법을 듣고 나니 사투리가 없어졌다는 것입니다. 신기하게도 육조 스님의 사투리가 없어졌습니다. 정법인 본성을 깨면 모든 것이 달라지는 것입니다. 그런데 나는 아직도 사투리를 깨지 못하니 육조 스님만 못한 모양입니다. 깨치고 나면 사투리가 없어지고 정법을 깨치면 삼십이상三十二相 팔십종호八十種好가 나옵니다. 제불여래의 모습이 육체적인 모습과 육체를 떠난 모습이 같으며 삼십이상에 다 들어있다는 것입니다. 법성자리는 모기나 사람에게 똑같이 있지만 깨치는 법에 따라서 성인이 되는 것입니다. 저나 여러분의 몸 속에는 부처가 다 들어 있습니다. 유정무정인 법성자리는 모두 가지고 있습니다. 충만하다는 것은 꽉 찼다는 소리입니다. '원응선심圓應善心'은 유식에서 나오는 말인데 공부하고 있는 책 뒤편에 나옵니다. 생물을 낳는 방법은 여러 가지인데 여러분은 똑같다고 생각하고 있습니다. 생물의 분류를 보면 벌레가 있는데 사람도 같은 분류로 봅니다. 생물하면 오충五蟲을 얘기하는데 오충은 모든 생명체에 다 들어갑니다. 오충五蟲할 때 충은 나는 짐승을 말합니다. 용 같은 것은 인충이라고 하는데 불교 이야기는 아닙니다. 우충은 날개 달린 것이고, 털이 있는 것은 모충이며, 비늘 달린 것은 인충이라 하고 딱딱한 껍데기가 있는 것을 갑충이고 또 바다 가운데 있는 것을 나충이라고 합니다. 인충, 우충, 모충, 갑충, 나충이 오충이며 이것은 몸을 가진 동물로서 생물에 다 포함됩니다.

법성은 다른 곳에서 구할 수가 없습니다. 이 자리에 사용할 때에는 나오고 사용하지 않을 때에는 없는 것 같지만 사실 어디에 숨어있는 것도 아닙니다. 눈에 보이고 안 보이는 것을 꼭 눈으로 찾으려 하니까 안되는 것입니다. 찾으려고 하면 가히 알 수가 없습니다. 찾는 것과 찾지 않은 것 즉 찾으면 하나인데 찾는 명이 생기고 찾는 눈이 생기는 것입니다. 만약 38선으로 가릴 수 있으면 끝이 풀린 것입니다. 이 말은 깨치면 된다는 것입니다. 굳이 도망갈 것이 아니라 아는 것입니다. 쓰면 나오고 버리면 어디로 가는 것이 아닙니다. 그런데 전체가 드러난다고 했는데 캄캄하여 불확실할 때 즉 깨치지 못한 때는 도무지 전체를 알지 못합니다. 그래서 없는 줄 알고 자꾸 찾고 있는 것입니다. 우리 몸이 안 찾는다고 해서, 안 쓴다고 해서 죽어버리거나 없어지거나 하는 것이 아닙니다. 눈으로 찾으려고 하면 안됩니다. 눈으로 귀로 다 나오는 것입니다. 눈으로 보면 보는 것이 자꾸 나오고, 알면 아는 것이 자꾸 나오는 것을 지혜라고 합니다. 능엄경에 보면 지혜를 지우면 무명이 근본이 되고 지혜를 없애면 열반이라 했습니다. 여러분은 자꾸 무엇을 찾고 있는데 그것은 공부가 아닙니다. 찾으면 찾아지는 것도 있고 아닌 것도 있어서 38선처럼 동강이 나는 것입니다. 실제로 아집이 있으면 그렇게 되는데 아집이 없으면 그렇게 되지 않습니다.

여러분은 출가를 해서 경을 보고 참선을 합니다. 그래서 참선을 조금만 하면 모든 것을 알 것 같고 다른 사람은 모른다고 생각합니다. 불교는 한 사람이나 두 사람이 전매 특허를 낸 것이 아닙니다. 다른 사람은 모른다고 여기고 자기만 안다고 생각합니다. 간혹 선방에서 병신이 되는 사람이 있습니다. 다 그런 것은 아니지만 분명 잘못된 것입니다. 선방에서도 마찬가지입니다. 내가 유식강의 때문에 운문사에 며칠 있어보니까 한 이불속에서 잠은 자는데 38선이 있어 용납이 안됩니다. 우주전체는 하나의 생명임을 깨달아서 알아야 하며, 그 속에 낱낱의 몸인 나와 모든 생명 개체가 있다는 사실은 정말 중요한 데 그것은 모르고 있습니다. 불교에 그런 것이 없다는 것입니다. 그래서 앞으로 일주일 동안은 이 부분에 대해서 얘기를 할 것입니다.

우스운 이야기를 하나 하겠습니다. 상문에 가면 '아자설몽啞者說夢'이라는 것이 있습니다. 남의 집 종으로 있는 여자를 비婢라고 합니다. 한 여종이 있는데 벙어리입니다. 그 여종이 간밤에 꿈을 꿨습니다. 어린애를 낳는 꿈을 꾸고는 꿈 얘기를 다른 사람에게 해야겠는데 벙어리라 말을 할 수 없었습니다. 그래서 애기 낳는 것을 손동작으로 표현하는 것입니다. 내가 말하는 불교이야기도 벙어리 여자가 아이 낳는 꿈 이야기하는 것과 비슷한 것입니다. 바르게 이해가 되지 않습니다. 지식의 문제와 아집 때문에 올바른 이해가 되지 않는 것입니다. 여러분이 어느 정도로 내 강의를 알아 듣는지 나는 모릅니다. 내 방식대로 이야기 하는 것이 '아자설몽啞者說夢'입니다. 아자가 설몽을 해서 자꾸 쓸데없는 이야기를 했지만 이것도 유식에 관한 이야기입니다. 벙어리의 꿈 얘기를 계속 하겠습니다. 꿈 내용은 아무리 손으로 표현해도 안되고 몸 전체로도 표현되지 않습니다. 그러나 꿈꾼 사람은 자신있게 표현하는 것이고 나도 자신 있게 하지만 제대로 되지가 않습니다. 나도 꿈을 꿔봤습니다. 사십이 되었을 때 답답하고 도대체 알 수가 없어 한 달 정도 씨름을 하고 나니까 자신이 생겼습니다. 그때 부터는 책을 안 봤습니다. 책을 보지 않아도 자신이 있으니까 아무리 사람들이 많이 모여도 자신있게 이야기를 할 수 있었던 것입니다. 아자설몽 밖에 안되는데 자신있게 말한 것입니다. 알아듣는지 어쩐지 나는 모릅니다. 육조 스님은 깨치고 나니까 사투리가 없어졌다고 했는데 나는 사투리가 그대로 있는 것 보면 아무것도 아닌가 봅니다. 사투리도 안 없어지고 다시 말이 잘 안 나오는 것입니다. 그런 것을 눌訥이라고 하지요? 어떤 선생이 있었는데 혀 짧은 소리를 해서 말이 안 통했습니다. 바람풍을 하면 바담풍으로 밖에 안 나오는 것입니다. 그래서 '얘야 나는 바담풍 해도 너는 바람풍 해라'하는 우스운 이야기와 같은 것입니다. 유식이란 것은 그 벙어리 계집종이 애 낳는 꿈을 꿨지만 꿈이야기를 제대로 표현할 수가 없는 것과 같은 것입니다. 몸으로 표현해도 잘 안 되는 것은 곧 일체중생과 일체물체가 충만해서 벙어리한테 더 표시 되는 것은 일체 중생에게서 법성자리가 차별이 생긴 때문입니다. 모든 철학에서 본체는 하나인데 끝에 가서 차별이 생긴다는 것입니다. 솔잎에서 나온 생명의 기운과 내 혓바닥에서 나온 생명의 기운은 다릅니다. 차별이 되는 것입니다. 사람과 짐승한테 '이체유전무전異體有轉無轉'으로 표시되는 것이 법성인데 지혜있는 사람은 법성이 충만해서 벌레속에서도 모두에게서도 법성이 있다는 것을 압니다. 부처님은 중생을 무시하지 않고 똑같이 섬깁니다. 조주스님도 중생을 결코 무시하지 않았습니다. 충만한 법성계 그 자리가 그런 것입니다. 불교는 중생이 깨치지 못하면 깨치게 하려고 불보살의 자비로 중생을 안내합니다. 깨치지 못한 사람이 선방에서 며칠 배운다고 깨치는 것이 아닌데 오기를 부리는 것입니다. 바로 잡아야 합니다.

이야기를 하나 하겠습니다. 내가 처음에는 얼굴이 삐딱했습니다. 뒤통수도 튀어나오지 않았는데 부처님 법을 깨치고 나니까 얼굴이 좀 반듯해지는 것 같았습니다. 올바른 신앙생활은 하루 아침에 되는 것이 아니지만 깨치면 팔십종호가 되는 것은 분명합니다. 수행하는 사람들 얼굴을 보면 모두 다릅니다. 수행한 만큼 달라지는데 아주 못한 사람은 벌레나 짐승 같은 모습입니다. 뱀 같은 모습을 여러분은 좋아합니까? 남이 싫어하는 독을 품고 악심을 품고 진심嗔心을 내면 잘못되는 것입니다. 진심을 내면 다음 생의 몸은 뱀이 되는 것입니다. 몸은 하나인데 업에 따라서 천태만상으로 동물도 되고 사람도 되는 것입니다. 이제 봄이 오니까 꽃이 땅을 수 놓고 달이 하늘에 가득하더라. 모두 좋은 소리입니다. 봄이 오니까 꽃이 땅을 덮고 구름이 깨끗해지니 달이 하늘에 가득하더라. 이것은 선사들의 선시에서 나오는 소리로 아주 멋이 있습니다. 그런데 유식은 꼬부장해서 얘기가 아주 지루합니다.

제 6 강

유가설아법 由假說我法

내 손에 들려있는 이것이 사시꼬미인데 들어갈 때 바로 들어가면 그 기운이 충만해지지만 삐딱하게 되면 탈선이 되어 옳은 몸을 못 받습니다. 전부 그 자리에 각자 부동입니다. 잡념이 일어나지 않고 번뇌 망상이 없어지면 각자 부동입니다. 동動하고 나면 업이라고 하는데 이 업의 이야기를 유식에서는 유唯자와 식識자로 표현 한 것입니다. 유식의 의의에 대한 해석을 보면 유자는 간별簡別한다, 간택이라는 뜻입니다. 간택이라고 할 때는 좋은 것을 취하고 나쁜 것은 버리는 것입니다. 혹시 택리를 알아요? 택리는 좋은 것은 가지고 나쁜 것은 버리는 것으로 간택이라고도 합니다. 유자는 오직 간택하는 것으로 경계가 없다는 것입니다. 그리고 식자의 뜻은 내심이 있다는 것으로 여러 가지가 있습니다. 내기하는 것과 같이 유자에서 유라는 것은 경계가 있는 것을 막아버리는 것으로 경계가 없다는 뜻입니다. 또 유를 집착한 자는 그 진정을 어기는 것입니다. 그래서 다 헛 것입니다. 산과 들, 식물이 실재하는 것이 아니라 우리가 깨끗하지 못하기 때문에 때 묻은 생각으로 만들어지는 것입니다. 그 때 묻은 생각 때문에 있어 보이는 것입니다. 산천을 실물로 생각하는 사람은 꿈을 꾸는 것입니다. 꿈이 실물입니까? 꿈안에 꿈을 깬 다음에야 헛 것인 줄 압니다. 그래서 식이라는 소리는 꿈이라는 소리와 같습니다.

꿈꾸는 사람이 꿈 생각을 하면 꿈속에 자기 몸이 있어 보입니다. 육근이 있어 보이고 육진이 있어 보입니다. 꿈에 자기 몸이 다니는 것과 산천이 실물은 아니지만 식이 있기 때문에 또 꿈이 있기 때문에 있어 보입니다. 몸 하나가 꿈속에 있기 때문에 몽신입니다. 이제 꿈에 보이는 몽신과 몽경을 이해하겠지요. 꿈을 꾼 것은 허망한 것입니다. 우리가 법성을 깨치지 못하면 불각이라고 하고 무명이라고도 합니다. 그런데 꿈에서 보는 것을 실물로 압니다. 꿈과 몸 그것은 허망한 것인데 있는 것으로 알면 꿈속에서 꿈이 흘러가지를 못하고 몽상이 몽경을 따라서 뒹굴지 못하여 전기가 됩니다. 내려가야 하는데 전기가 되어 꿈속에서 구멍이 생겨 무너져버리고 마는 것입니다. 꿈이 흘러가지 못하고 전기가 되면 꿈은 구멍이 나버리게 됩니다. 유를 집착하는 사람은 식을 정합니다. 식이란 것은 마음에 공이 막 같은 것에 가려서 없는데 있는 것처럼 가진다는 것입니다. 시공자는 만약 공을 깨치지 못하고 공을 취하면 어기는 것입니다. 그래서 우리에게 공이 유효한데 막혀버린 것입니다. 스스로의 길에 빠져버린 것입니다. 깨달아 버리면 없어지는 것을 제대로 알아야 합니다. 공이 이렇게 어려워서 누가 알겠어요?

여러분 눈에 공기가 보입니까? 안 보이지요. 공기가 돌이나 나무처럼 모양이 있으면 부딪칠까 봐 겁이 나지만 눈에 안 보이니까 공기 속을 자유롭게 걷는 것입니다. 물고기도 물이 안 보입니다. 그래서 물속에서 자재를 얻는 것입니다. 공기도 안 보이니까 공기 속에서 자재를 얻는 것입니다. 바꿔 말하자면 오온이 우리 눈에는 보이는데 부처님 눈에는 안 보인단 말입니다. 그것은 육근이 없다는 소리고 육경이 없다는 소리입니다. 육식이 없다고 보면 우리는 자재를 얻을 것입니다. 물고기에게 물이 안 보이니까 물속에 잘 돌아다니고 사람도 공기가 안 보이니까 공기 속을 잘 다닙니다. 깨치지 못하면 있는 것으로 보입니다. 거듭 말하지만 육진과 육근이 없다고 하면 참으로 자재를 얻게 됩니다. 이런 것은 글로 설명하면 재미가 없기 때문에 재미있는 이야기를 하나 하겠습니다.

300년 전 묘향산에서 대부양이라는 스님이 수행하고 있었는데 무식해서 글자를 몰랐습니다. 낫을 놓고 무슨 글자냐고 하면 기역자라고 하는데 이 사람은 낫 놓고 기역자도 모르는 사람입니다. 한자의 곰배 '정丁'자가 우리 말의 기역자와 같습니다. 중국사람이 곰배 정자도 모르는 것과 우리나라 사람이 낫 놓고 기역자도 모르는 것과 같은 소리입니다. 그런 사람이 중이 되어서 누구한테 물으니까 참선을 하면 좋다고 했습니다. 그리고 참선을 어떻게 해야 합니까 하고 물었던 것입니다. 그러니까 '무無'를 하라고 합니다. 워낙 둔하여 '무無'를 송하는 것으로 알아들었던 것입니다. 입으로 무하고 또 무할 뿐 정말 무자를 화두로 드는 것이 아니었습니다. 참이라는 것은 앞에 것이 안 보이도록 뚫고 나가는 것인데 워낙 무식해서 송을 했던 것입니다. 뇌에는 대뇌가 있어 앞뒤가 얽혀요. 고막이나 줄이 대뇌로 통하여 얇은 대나무 속에 좁쌀 같은 것이 있어 두 개가 고무줄 마냥 탁 부딪치면 대뇌가 판단하는 것입니다. 그런데 우리는 기억력이 좋지 않아 자주 잊어버립니다. 대부양스님은 무하고 또 무하고를 3,4년 하고 나니까 보이지 않던 앞뒤가 보이는 것이었습니다. 이 이야기는 여러분이 공부할 때 참고가 되라고 한 것입니다. 공부를 하다가 보면 몸이 경안輕安함을 느낄 때 도움이 될 것입니다. 우리는 몸에 집착하면 무거워집니다. 공부하는 사람은 몸이 있다고 생각하면 안 되는 것입니다. 몸이 있는 것이 아니라 색은 몸인데 식으로 있다고 생각하는 것입니다. 원래 몸이 없는 것으로 보는 것입니다. 몸이 없으니까 '무'로 살필 것이 없습니다. 무하면서 무에 몰두하고 나니까 이것과 저것에 마음이 팔리지 않습니다. 무하고 또 무하니까 몸이 가벼워진 것입니다. 나중에는 몸이 안 보이고 또 벽이 안 보이는 것입니다. 벽이 안 보이고 산이 안 보이고 마침내 마음만 먹으면 서울도 가는 것이었습니다. 마음은 가는데 몸은 못가는 곳이 있습니다. 나중에는 몸과 마음이 한꺼번에 갈 수 있게 됩니다. 이때 몸을 비행자라고 합니다. 우리는 공기 속을 마음대로 통해도 괜찮습니다. 나중에 대부양스님이 깨달았다는 이야기가 있는데 그 정도는 되어야 겠습니다. 이런 내 얘기를 참선하는 사람은 애초부터 듣지 않을려고 합니다. 그저 멍텅구리처럼 앉아만 있다고 공부가 됩니까?

문경 대승사 선방에서 대중이 밥을 잔뜩 먹고 큰방에서 잠을 잤습니다. 그런데 갑자기 스님이 와서 깜짝 놀란 것입니다. 공부는 점검을 받아야 한다고 했지만 제대로 공부하는 방법을 모르기 때문에 놀라는 것입니다. 스님이 공부를 물으면 대중은 '소지경계'가 자꾸 들린다면서 밤낮으로 '무'를 한다고 한 것입니다. 그래서 정말 그런가 싶어서 한 번 시험을 해 보았던 것입니다. 절에는 큰 독이 있는데 사람이 들어가도 될 만큼 큰 독으로 쇠로 된 것이었습니다. 독 안에 사람이 들어가고 솥뚜껑을 딱 덮어버리고 나서 나와보라고 하니까 바로 독 밖에 나와 있었던 것입니다. 적어도 그 정도로 공부를 해보고 무슨 소리를 해야 남을 업신여기는 생각이 없어집니다. 그 정도도 안되는 사람들이 남을 업신여기면서 앉아 있는 것입니다.

여기서 문제는 깨치지 못하면 식에 갇혀버립니다. 마치 누에가 입으로 실을 토해가지고 넓은 허공을 막듯이 우리에게는 18계라는 장소가 있어서 그 속에서 눈을 반짝거리면서 들어앉아 있는 것입니다. 앞에서 몽경夢境을 설명했는데 유식을 이해하기 쉽게 몽경에 대한 이야기를 하나 더 하겠습니다. 이백 년 전에 김대현이란 사람이 있었습니다. 호가 월창거사인데 꿈 이야기를 백 개 정도 써 놓은 것이 있습니다. 그 중에 유명한 것 하나를 내가 알고 있는데 들어보십시오.

열 명이 동침을 합니다. 즉 열 사람이 한 방에서 잠을 잡니다. 법으로 말하면 일체 중생이 한 법성 속에서 산다는 말입니다. 물고기가 아무리 많더라도 한 바다 속에서 살고 있습니다. 우리 중생도 아무리 많더라도 한 법성 속에서 사는 것을 비유하는 것입니다. 열 사람이 함께 잠을 자면서 같은 꿈을 꾸는 것인데 일체중생이 깨치지 못하고 꿈을 꾸는 것입니다. 그래서 부처님의 가르침은 꿈에서 깨어나는 것을 비유한 것입니다. 정확한 것은 아니겠지만 꿈을 깬다, 그릇을 깬다 할 때 '깬다' 소리는 어원이 같습니다. 꿈을 깼다, 그릇을 깼다 하는 것은 같은 뜻에서 나온 소리입니다. 그러니까 어근은 우랄알타이어에서 생긴 것입니다. 거란족이나 우리 한족이나 일본사람들은 어근이 같다고 했습니다. 이것은 연세대학교에서 국문학을 가르치던 교수님의 말씀입니다. 열 사람이 한 방에서 잠을 자는데 한 가지 꿈을 꿉니다. 사람은 사람 꿈을 꾸고 벌레는 벌레 꿈을 꾸고 물고기는 물고기 꿈을 꾸고 새는 새 꿈을 꾸는 것입니다. 앞에서 한 다섯 가지 벌레 이야기는 득통상자로 일체중생인데 우리 중생은 마치 동부콩 일백 개가 자라서 진주를 흩어놓은 것과 같다고 그랬습니다. 어쨌든 '십인 동침은' 열 사람이 같은 꿈을 꾸어 일체중생이 한 법규 속에서 깨지 못한 것을 꿈이라고 합니다. 깨지 못한 것은 각각의 꿈입니다. 유명한 규기 스님은 곧 부처님입니다. 규기스님의 기운을 바로 받으면 우리도 부처가 됩니다. 우리는 절반은 커녕 백억분의 일도 못 받고 사는 것입니다.

요즘 생물학자 이야기를 들어보면 어떤 생물은 정면 밖에 모른다고 합니다. 측면은 감각을 못 느끼는데 그런 생물이 있답니다. 정면 밖에 몰라서 측면으로 오는 것은 알지도 못하고 보지도 못하는 그런 감각을 가지고 사는 생물을 일차원에 사는 생물이라고 합니다. 정면도 알고 측면도 알고 평면을 아는 생물은 이차원에 사는 생물입니다. 대표적으로 거미가 있는데 거미가 거미줄을 치고 나중에 보니까 알이 하나 둘 없어지는 것입니다. 이것은 홀연히 없어진 것이 아니라 평면만 알고 입체를 모르기 때문에 일어난 일입니다. 평면만 알면 이차원에서 사는 생물이고 삼차원에서 사는 생물은 입체까지 아는 것입니다. 시간까지 생각하면 사차원이라고 합니다. 사차원에서 사는 것은 사람들입니다. 일차원에서 사는 생물은 제 아무리 연구를 하고 꾀를 써봐야 이차원을 알지 못하고 이차원은 삼차원을 알지 못합니다. 우리는 사차원을 알면 신통을 부린다고 합니다. 우리가 모르는 것은 생각할 수 없고 입으로 얘기할 수 없는 것을 부사의不思議라고 합니다. 사람은 그래도 사차원에 사는 생물이기 때문에 곤충보다는 낫습니다.

아미타불 석가모니는 말을 할 수 없지요? 그래서 우리가 불법을 알기가 쉽지 않습니다. 그런데 세친은 유식은 초지에도 못들어간다고 이야기 했습니다. 초지에 들어가기 전에 태란습화의 사생에서 난생卵生인 상태에서의 중생은 깨달음이 무엇인지도 모릅니다. 그래서 중생은 깨닫지는 못해도 의식의 체제를 이해하는 것이 유식임을 알아야 합니다. 깨달은 것이 아니라 중생이 잘못된 것을 알아야지 고친다고 해서 되는 것이 아닙니다. 유식을 육백 송으로 나타냈지만 깨친 것은 아닙니다. 그래서 중생은 불교전체를 안다고 하면 안됩니다. 몇 사람이 같이 잠을 자는데 각각 같은 꿈을 꾸면 그 꿈속에는 제각기 천지만물이 있어 어떤 사람은 꿈속에서 좋은 꿈도 꾸고 나쁜 꿈도 꿉니다. 꿈속에서도 우리는 인간의 꿈을 꾸기 때문에 꿈속에서 인간으로서 대통령을 할 때 그것을 령이라고 그래요. 잘못을 해서 남한테 잡혀가 맞으면 욕이라고 합니다. 령과 욕과 수는 부족한 사람의 경지로 그런 것을 요라고 합니다. 수와 요는 꿈속에서도 있습니다. 제각기 꾸는 꿈속에는 천지만물이 있고 령과 욕과 수가 있단 말입니다. 생각해보면 꿈을 꾸는 장소는 방 한 칸이며 시간으로 따져 봐도 한 두 시간입니다. 하룻밤 꿈이 백 년 동안을 날아다닙니다. 그런데 '개별십식開別十識'으로 열 가지가 열려 있는데 그 가운데서도 차별이 있어서 꿈속에서는 갑은 을이 있는지 알지 못하고 을도 갑이 있는지 알지 못합니다. 환幻이란 헛것을 보는 것입니다. 꿈은 실물이 아니므로 깨보면 별 것 아닙니다. 꿈을 깨면 없는 것인데 꿈속에서는 있는 것으로 인식이 됩니다. 갑의 몸은 을의 몸을, 을의 몸은 갑의 몸을 알지 못해서 헛것을 보는 것입니다. 실물이 아닌데 헛것인 줄 모르는 것입니다. 헛것을 보는 것이므로 꿈 밖으로 나가질 못합니다. 꿈속에 사람은 꿈 테두리인 육경에 꽉 막혀서 그것 밖에 못 봅니다. 18계가 바로 꿈 테두리입니다. 이제 유식이 무엇인지 이해가 됩니까? 유자가 자꾸 나오는데 그것이 참 복잡합니다. 대개 헛것을 보는 것은 꿈이므로 실물이 아닌 것을 보는 것입니다. 불출경不出境이라, 우리는 경계 밖에 경계가 있는 것으로 알기 때문에 집착을 합니다. 경계가 있는 것으로 집착하는 것을 법집이라고 합니다. 이 몸 가운데에 오온덩어리가 들어있음을 아는 것이 아집이지만 법집도 아집도 결코 없습니다. 세상 사람들이 삼천대천세계가 없다는 것을 알지 못한 것은 어쩌면 당연할 수도 있습니다. 오늘 공부는 꿈 가운데 몽경이 불출경하는 이야기를 했습니다.

제 7 강

유식대강唯識大綱

5위 100법 五位百法

지난 시간에는 110페이지 유식에 대한 이야기를 하다가 꿈 얘기를 하게 되었는데 인간은 인간의 꿈을 꾸고 있고 벌레는 벌레의 꿈을 꾸고 있고 축생이나 지옥이나 전부 자기의 꿈을 꾸고 있습니다. 지금 당장 그 꿈을 깨뜨려야 합니다. 오늘은 책을 중심으로 공부할까 싶은데 이 책은 내용이 잘 된 것입니다. 내가 대학에 다닐 때 이 책으로 배웠습니다. 성유식론이라는 책을 가지고 강독하고 나서는 그 뒤로 다시 그 책을 보지 않았습니다.

나는 직지사에서 출가해서 선 공부를 해보려고 스님이

되었습니다. 그런데 해인사에서 강원을 졸업하고 김용사 가서 3년 동안 강사를 했습니다. 불교 종단에서 만든 능인 중고등학교에서 선생을 하려면 일본에 가서 공부하고 오라고 했습니다. 그래서 일본에 갔습니다. 그곳에서 마침 유식을 배울 수가 있었습니다. 아주 잘 배웠던 것입니다. 일본에서 돌아와 유식을 했다고 하니까 나를 유식학자라고 얘기하지만 난 아닙니다. 그리고 나서 유식공부는 그만 두었는데 그 후에 여러 곳에서 유식을 강의 해달라고 해서 강의를 시작한 것입니다. 그때는 이런 책도 없었고 유식삼십송이라는 책이 나오기 전에는 삼십 송만 강의했습니다. 삼십송을 잘 들으면 그만이지 다른 책은 볼 것도 없다고 했습니다. 유식은 본뜻이 무엇인가가 중요하지 문자는 중요하지 않습니다. 뜻을 알면 그만입니다. 글자는 도를 실은 기구일 뿐입니다. 그래서 팔만대장경도 도를 실은 기구일 뿐입니다. 글자를 평생 따지면서도 유식의 본래 뜻을 알지 못합니다. 이렇게 공부하다가 잘못되어 문자에 팔리면 안됩니다. 불교를 알려고 해야 합니다. 글쟁이가 조금 배웠다고 해서 불교를 아는 것이 아닙니다. 뜻을 알아야 되는 것입니다. 주제넘은 소리지만 나는 평생을 책보는 것에 크게 열중하지 않았습니다. 참선한다고 앉아 있는 것으로 평생을 보냈습니다. 다른 사람들이 나를 강사로 취급하여 선을 모르는 스님이라고 생각합니다. 내가 유식만 알지 다른 것은 모른다고 생각합니다. 내원사에서 법당을 다 짓고 낙성 법회를 할 때 한달 동안 화엄경을 강의했습니다. 하루에 세 번씩 속인도 포함하여 오백 명이 모였는데 그 때는 기운이 있어서 잘했습니다. 지금은 늙어서 소리가 잘 안 나옵니다. 한 달 전에 금정사에서 한 달 동안 강의를 했는데 중요한 것은 말에 있는 것이 아니라 뜻만 알아 취하면 됩니다. 난 안경을 평생 쓰지 않았습니다. 안경을 쓴다고 해도 더 밝아지는 것은 아니니까요.

자 다시 책 111페이지 둘 째 첫마디부터 읽어봅시다. 식이라는 것은 유식이십론에 이르기를 심心, 의意, 식識, 요了 명지차별名之差別이라고 했는데 이것을 또한 심心이라고 해도 괜찮습니다. 심이라고 할 수 있고 의意라고 하여도 틀리지 않으며 혹은 요了라고 하여도 가능하며 실은 이것은 모든 식識에 통하는 말입니다. 명칭으로서의 식만을 가르치는 것이 아닙니다. 유식이란 식을 설명하는 것으로 그 속에는 제 8식을 식이라고도 하고 제 7식을 식이라고 하기도 합니다. 육식은 전육식前六識이라 하여 다른 식과 구별하기도 합니다. 모든 식이 각각 그 뜻을 응하는 것에 지나지 않습니다. 여기서 유식론에서의 유자는 이와 같이 구별을 하지 않고 모든 식을 종합한 보조명사로 쓰여지고 있습니다. 유식론이란 명사는 심의식을 나누어서 8식, 7식이 다른 것을 통칭으로 사용한 것입니다.

이 책이 보통 정확한 것이 아닙니다. 한 글자를 빼도 말이 안되고 더 넣어도 안되는 책입니다. 번역이 잘 되었는지 못 되었는지는 모르겠습니다. 교정은 제대로 봤는데 인쇄하는 과정에서 한 두 글자가 빠진 것이 있습니다. 책을 받아놓고 서울 갔다 왔다 하느라고 아직 한 번도 제대로 읽어보지 못했습니다. 500페이지인데 어제 저녁에 400페이지까지는 읽어보았습니다. 잘못된 것은 강의하면서 고치도록 하겠습니다. 오늘은 조금 늦더라도 강의 진도를 다 마치도록 하겠습니다. 자 다시 공부하는데 유물론과 유심론에 대해서는 앞 부분에서 설명했는데 이제 유물론과 유심론이 무엇인지는 이해했으리라 믿습니다. 유물론과 유심론 이야기는 유식을 이야기 하기 위해서 한 것입니다. 세상 전체를 보통 물질로 보는 것이 학문인데 정신이라는 것은 물질에서 우러나오는 것 밖에 안됩니다. 유물론은 물건에서 퍼진 것입니다. 유심론에서는 그런 것이 아니라 이 세상에는 사는 기운인 날 생生자인데 다른 말로 바꾸면 알 지知자로 나타낼 수 있습니다. 설명하는 방법이 경에서 보면 몇 가지 안됩니다. 모든 경전의 해독방법은 최상승법으로 해야 됩니다.

집성제集聖諦가 무엇인지 알겠어요? 이 집은 형상을 이루고 있는 것이 무엇으로 되어 있는가? 하는 말인데 책상은 나무로 되어 있습니다. 안경알은 유리로 되어 있습니다. 체라고 하는 것은 바탕을 말하는데 성품 성性자를 쓰고 학문적 용어로 바꾸면 본질이라고 합니다. 물질의 바탕은 본질의 이해입니다. 바탕은 몸 체體자를 쓰는데 이 지구는 체로 되어 있습니다. 모양은 납작하고 둥글게 되어 있습니다. 그런 것이 모양 상相입니다. 지금 내 손에 들려 있는 이것은 찻잔 받치는데 사용하는 찻종으로 용도가 밝혀진 것입니다. 이제 알겠어요? 사용 용도가 나온단 말입니다. 결국 체상용의 내용입니다.

그러면 사람은 무엇으로 되어 있습니까? 생명의 본체는 무엇으로 되어 있습니까? 본질은 청정합니다. 중생은 욕심내고 지저분한 짓만 하는데 오탁汚濁이라고 합니다. 하나만 알아도 다 들어옵니다. 다섯 가지 탁한 것으로는 번뇌망상이 으뜸으로 탁이라 쓴 것은 둘이 아닙니다. 평등과 반대되는 소리로 둘이 있는 것이 아니라는 것입니다. 모양은 곧 평등하다는 것입니다. 평등하다는 소리는 둘이 아니라는 소리며, 똑 같다는 소리입니다. 상은 평등하고 체는 청정하다는 것은 우리의 마음을 두고 한 소리인데 그러면 용은 어떠합니까? 쓰임새가 무엇인지 알아야 합니다. 용은 자재하기 때문에 벌레도 되고 사람도 되고 모든 것이 다 될 수 있습니다. 견성을 한 다음에 보림을 해야합니다. 하나 둘은 별 것 아닙니다. 아침에 한 번 듣고 알면 팔만대장경이 한마디에 다 들어있음을 알게 됩니다.

복은 어떻게 됩니까? 복이 천진한데 천진은 청정한 것으로 체가 됩니다. 천진은 청정하고 체가 되는 이것은 누가 만든 것이 아니라 본래 부터 있는 것입니다. 보림이란 보호할 보保자 맡길 임任자로 자재가 요인이라고 했습니다. 그 천진한 자리에 체를 어기지 않고 보존하고 상은 그대로 유지하는 것이며 용은 자재하는 것에 맡겨두면 됩니다. 그런데 자꾸 붙들어서 가두려고 하는데 그러면 보림이 되겠습니까? 법성은 중요한 것이니까 맡겨두세요. 번뇌가 일어나는 것을 일부러 끊으려고 하지 말고 그대로 둡니다. 우리가 참선을 하다가 무기無記에 빠지면 뒤에 생각과 맞추어서 이으려고 애쓰는데 그것은 공부가 아닙니다. 그렇게 자재를 해야 되는데 모두 하는 짓이 외도의 짓을 하고 있는 것입니다. 외도의 짓을 하는데 공부가 되겠어요? 우리나라에서는 처음부터 선방에서 참선을 하려고 하는데 서장과 선요등을 통하여 참선하는 법을 배워서 해야합니다. 중국 선방에서는 그렇지 않습니다. 선방에 들어가면 화두를 가지게 됩니다.

조금 전에 법이라는 것이 무엇이라 했습니까? 사는 기운이라 했습니다. 사는 기운은 뜻에도 안 나오고 말에도 안 나오고 참말만 되는 것입니다. 복되는 소리가 나와야 하는데, 깨치지 못한 아집을 가진 사람은 남한테 입만 열면 마음 아프게 하는 말만 합니다. 여러분은 그런 말하면 안됩니다. 행동도 남을 열 받게 하면 안 되는 것입니다. 사는 자리가 법인데 그것을 깨쳐서 마음으로 가면 지혜가 됩니다. 입으로 나오면 거짓 없는 진언이 되고 몸으로 가면 남한테 이익이 되는 행동을 하는 것을 신통이라고 합니다. 남한테 아내같이 하면 마누라 같이 되고 부모 같이 하면 아들 같이 됩니다. 우리는 아침에는 이 놈한테 욕하고 밤에는 저 놈한테 욕하고 그런 천백 억 화신을 하고 있습니다. 얘기가 자꾸 엉뚱한 곳으로 흘러갑니다.

유식이라는 식識자하고 화엄경에서 일체유심조라 할 때 일체유심조라 하는 마음 심心자를 알 필요가 있습니다. 유심과 유식을 이렇게 말하며 또한 밑으로 조금만 내려가면 의意자가 있습니다. 즉 심의식心意識이 있습니다. 심과 의와 식과 요는 다릅니다. 사람들은 심과 식을 한 가지 뜻으로 생각하고 식을 대신해서 심을 써서 유심이라고 해도 지장이 없는 것은 아닐까 하는 생각을 할 수도 있습니다. 본래부터 식과 심이 동의인 것은 유식을 대신해서 유심을 쓸 때 가능한 것 같지만 유식이란 말은 인위유루因位有漏의 의미로써 말한 것이 됩니다. 내가 어제 강의 할 때 분명히 깨친 다음에 식이 나오는 것은 거짓말이라 했습니다. 심이라는 것은 깨쳤을 때나 미했을 때나 통하는 것입니다. 다시 말해서 화엄경에는 인과가 깨쳤을 때나 미했을 때나 통하는 것은 심이라고 했습니다. 확실히 범주가 생기는 것입니다. 통은 유심唯心이라 했고 논설은 유식론과 같은 논서에서 하는 것입니다. 경이라고 하는 것은 삼계유심三界唯心의 설을 가리킨 것입니다. 유심론에서 설한 정분淨分연기는 다 알고 있잖아요. 정분연기보다도 염분染分연기를 하기 때문에 유식이라는 것은 중생이 어떻게 해서 중생이 되었는지를 얘기하는 것이지 깨닫는데 대한 이야기는 하지 않았습니다. 그렇게 알아야 합니다. 한 마디 한 마디가 책에서 나온 것이지 내 말이 아닙니다. 그것을 믿으면 강의가 잘 되는 것입니다. 그래서 심과 식은 통하는 말입니다. 그런데 유식론이 정한바 염분연기를 주로하기 때문에 유심이라 하지 않고 유식이라 말하는 것입니다. 이 또한 유심이라고 말하면 마음 심자가 보통 법 법자로 아함시대에는 객관으로 육진 혹은 육경만을 말하는 것입니다. 법을 설한 뒤에 그것을 논한 지혜를 모아둔 것이 구사론인데 일명 대법론이라고도 합니다. 유심이라고 말하면 일심一心의에 의해서 제법을 개발한 것으로 기신론 등에 진여연기眞如緣起라 표현한 말과 공통된 명목이므로 마땅히 유식론은 현상식인 유식이라고 해야 할 것입니다.

앞에서 법이라고 했는데 만유는 삼라만상을 말하는 것이며 마음 심心자의 뜻입니다. 우주 전체에 퍼진 것을 법이라고 합니다. 법이라는 것은 앞에서는 객관이라 하고, 오늘은 객관과 주관이라 하는데 주관과 객관을 한꺼번에 모아둔 것을 법이라고 합니다.

법을 다섯 가지로 나누어 전체를 5위 100법으로 설명합니다. 구사론에서는 5위 75법으로 설명하고 있습니다. 구사론에서는 색이 먼저 나와서 마음이 일어날 적에는 색이 밖에 있으면서 고요한 것으로 바뀝니다. 고요한 것은 변행遍行이라는 심으로 심소心所를 읽으니까 색이 먼저 나와서 심이 됩니다. 심소는 나중에 나오는 것으로 전체 유식의 높은 뜻은 법을 좇는 것으로 색의 뜻이 따로 있어 법이 아닌 것이 없습니다. 생명체 즉 움직이는 것은 시공간으로 퍼져 빛깔이라는 만물이 생기게 됩니다.

이만하면 유식에 대한 설명은 다 된 것입니다. 그 도수를 몰라서 생명이 아닌 것을 생명인 줄 알고 자꾸 파헤치고 있습니다. 이것을 인지하면서 식이 생기니까 자타自他가 생기고 주관과 개관이 생기는 것입니다. 주관이 생긴 것이 견분見分이고, 객관이 생긴 것이 상분相分입니다. 기신론에서는 업상業相이 하나 더 있어 전상轉相과 현상現相이라고 합니다. 전상은 견분과 같은 것이며, 현상은 상분이라는 말과 마찬가지입니다. 논을 어떠한 관점에서 설명하느냐에 따라 다를 수 있지만 내용은 같은 것입니다.

존재를 설명하는 법은 여러 가지가 있습니다. 첫째는 사상事相이 있고, 둘째는 이성理性이 있습니다. 사상이라는 것은 의타기성에서 나오고 이성은 원성실성에서 나옵니다. 사상이라는 것은 우리의 눈과 귀에서 드러나는 것을 말하며, 눈과 귀를 통하여 인식되는 것으로 현상이라고 말합니다. 실물이 있어 나타난 것을 현상이라고 합니다. 요즘 사람들도 눈앞에 무엇이 나타났다 하면 현상이라고 말합니다. 눈에 나타난 것과 귀에 나타난 것과 코에 나타난 것은 육근을 통해서 드러나는 것으로 같은 현상이라고 합니다. 이 때는 실물이 아닙니다. 사람은 육근이 있어 육경이 보이는 것이고, 벌레는 벌레 나름의 육경을 가지게 됩니다. 다시 말하면 우리가 본 것이 벌레에게도 똑같이 보이는 것은 아닙니다. 실물이 있다면 사람이나 벌레가 보는 것이 똑같아야 합니다. 실물의 인식은 실체가 없는 것을 내 업으로 인하여 보는 것일 뿐입니다. 바로 업식業識 때문입니다. 자신의 저장창고에 들어있는 업이 나타나는 것을 식이라고 합니다. 그 기준에서 업상이라는 것이 생기는 것입니다. 업의 기운으로 그렇게 되는 줄 모르고 실물이 있는 것으로 압니다. 이태백이 읊은 싯귀를 보면 '천지天地는 만물지역려萬物之歷旅요' 하늘과 땅은 만물이 지나가는 여관과 같다고 자신의 생각을 표현했습니다. 우주를 객관으로 표현한 명문장으로 어린시절에 읽었을 때는 대단히 좋다고 생각했는데, 지금 보니 그런 것도 아닙니다.

이성이나 사상에서 우주만법을 현상이라고 합니다. 눈으로 보고 귀로 듣는 것을 현상이라고 말합니다. 모양상자라고도 말합니다. 몇가지 예를 든다면 첫 째 현상을 유위법이라고 합니다. 반대로 무위법이라는 것이 있습니다. 이 법은 누가 만든 것이 아니라 원래부터 있는 것입니다. 유위법은 중간에 생긴 것이며 본래 없었던 것이 드러나는 것입니다. 우리 눈이 없었다면 보이는 것이 없을 것이고, 귀가 없다면 들리는 것이 없을 것입니다. 엄마 뱃속에서부터 고막이 상한 사람은 태어나서도 말을 못합니다. 어릴 적부터 벙어리는 고막이 없어져서 말을 듣지 못하니까 말을 못합니다. 예를 들어서 당나귀가 '으힝' 하고 울면 고막이 상했으니까 우는 소리는 못 듣지만 당나귀가 하품을 하는 것을 보고는 하품을 한다고 합니다. 우리는 듣든지 보든지 간에, 우리의 현상세계는 육근에 걸린다는 것을 알아야 합니다. 육근에서 이것을 통하여 세계가 생기는 것입니다. 식이라는 것은 견분, 상분으로 갈려서 물건을 판단하게 됩니다. 이것이 복잡합니다. 눈으로 보면 모양이 보입니다. 모양을 본 것을 안이비설신으로 받아들일 때 모양만 받아들이는 것이 아니라 모양을 본 것까지를 견분이라 합니다. 본 것까지도 같이 들어옴으로써 견분상분이라 합니다. 그래서 두 가지가 들어옴으로 견분훈見分薰 상분훈相分薰이라 합니다. 속에 들어있던 종자가 바깥으로 나가서 퍼져나갈 때에는 견분으로도 나가고, 상분으로도 나갑니다. 상분으로 되면 산과 들이 되는데, 중생은 그렇게 되는 것을 모릅니다.

눈을 통하여 보는 것도 들어가고 보여지는 산과 강도 한꺼번에 들어갑니다. 그래서 이 세상에 존재하는 모든 것을 유위법이라고 합니다. 유위법은 현상세계를 말하는 것입니다. 무위는 다른 말로 하면 보통 철학에서는 본체라고 하는데, 본체란 말은 불교에서는 사용하지 않습니다. 원성실성이라 해서 본체 대신에 실상이라 합니다. 실상이라는 말도 몇 천 년을 두고 우러나온 말인데 말의 뜻은 알려고 하지 않습니다. 우리는 여기에 대해 잘 모르기 때문에 서툴고 둔합니다. 모두 서툴고 둔해 실상이라 하는데 실상자리를 무위라고 합니다. 조금 전에 본체 얘기를 했습니다. 불교에서는 원성실성이라고 하는데 원성은 아직도 나오려면 멀었지만 유위무위로 나오는 것으로 철학적 불교라고 합니다. 이것은 철학적입니다.

그 다음에 루漏라고 하는 것이 있습니다. 번뇌를 가지고 루라고 하는데 번뇌란 말은 번거로울 번煩을 쓰는데 번요뇌란煩擾惱亂이라는 말을 줄여서 번자와 뇌자만 따서 번뇌라 합니다. 이것을 깨치지 못하는 것을 무명이라 합니다. 탐진치의 치는 무명을 말합니다. 깨닫지 못했으니까 안이비설신의 육근으로 항상 새어 나옵니다. 즉 육근으로 나타나는 것입니다. 어디가든지 어리석음을 쏟아내고 있는 것입니다. 특히 정치하는 사람들은 모두 어리석음을 쏟아내고 있습니다. 무명無明이 없어진 사람을 무루라고 하며 이것은 종교적으로 명상이라고 합니다. 또 하나가 있는데 그것은 착한 일, 악한 일의 다섯 가지로 나타납니다. 그와 마찬가지로 이 세상의 만법은 착한 것도 있고 악한 것도 있으며, 착한 것도 아니고 악한 것도 아닌 중간 것도 있습니다. 즉 선과 악과 무기입니다. 선이라고도 할 수 없고 악이라고도 이름할 수 없는 중성인 것을 무기無記라고 합니다. 이것은 유가에서 하는 것으로 삼성이라고도 합니다. 그래서 도덕적 불교라고 합니다. 우주만물을 이성과 사성으로 나눴습니다.

제 8 강

5위 100법

심왕心王, 심소心所, 색色, 불상응법不相應法은 유위라고 하고 무위無爲는 진여眞如입니다. 유식론에서는 원성실성이라 하고, 화엄종에서는 대방광이라고 하여 다르게 표현했습니다. 현상을 나누는 방법으로 분위가립법分位假立法과 능소변현법能所變顯法이 있습니다. 능소변현법에서 보면 소변현所變現과 능변현能變現이 있으며 능변현은 심왕과 심소의 심리작용입니다.

심왕은 통째로 보는 것으로 전체 윤곽을 자세히 아는 것입니다. 심왕이 작용하는 것은 총체를 관찰하는 것으로 비유하자면 그림을 그리는 그림쟁이가 윤곽만 그리는 것을 심왕이라고 합니다. 그림쟁이 우두머리가 윤곽을 그리면 제자가 그곳에 색을 채우는 것을 심소작용이라 합니다. 심왕은 총체이며 심소는 심왕과 더불어 작용하는 것입니다. 심소 어디엔가 그런 기운이 흘러나옵니다. 색법은 물질로써 산이나 들판의 만물에 퍼져있는 물질은 심왕과 심소가 낳은 것으로 본래 있는 것이 아니라 그림자에 불과한 것입니다. 그림자는 물체에서 나왔습니다. 심왕과 심소의 그림자가 색입니다. 그림자는 실물이 없는데 실물로 아는 것이 우리입니다. 심왕과 심소로부터 색이 나옵니다. 색은 심왕과 심소의 두 가지인 소생이라 해도 됩니다. 비유하자면 어머니는 능생이고 자식은 소생입니다. 심왕과 심소는 어머니와 같고 색은 자식과 같습니다. 예수도 천지만물은 하나님이 만들었다고 했습니다. 하나님이 만물을 낳았다는 말은 본질인 본체를 만들었다는 뜻입니다. 여러분도 만물에서 나왔지만 이 만물도 법에서 나왔다는 것입니다. 만물에서 나왔다면 이 종자도 부모도 아들도 흙이 본체라는 것이며, 유정도 법성도 혈육이라는 뜻인데 알아듣겠습니까? 아들, 딸에게 어머니의 피가 흐르고 있듯이 어디든지 다 흘러갑니다. 천지만물 속에 안 들어간 데가 없습니다. 그런데 우리가 보는 현상은 객기가 섞여 깨닫지 못한 것입니다. 불각의 성질이 들어가서 진여법인 그 본체가 하나임을 깨닫지 못하고 너도 하나 나도 하나인 것으로 알고 있는 것입니다. 심왕, 심소는 능생能生이며, 색은 소생所生입니다. 불상응행법不相應行法은 24가지이며, 심왕 8가지, 심소 51가지입니다. 심왕 심소는 합하여 심이며, 색은 따로 있어서, 심과 색 즉 마음과 물질로 이루어져 있습니다. 심왕 심소의 심과 색을 어떤 위치에 가짜로 세워놓은 것입니다. 실물은 아닌데 가짜로 세워놓은 것입니다. 불상응법 24가지 중에 '성취한다'가 나옵니다. 이것은 물질도 아니고 마음도 아닌 것으로 좋다 나쁘다 등을 인식하는 차원입니다. 즉 물질 위의 한 부분에 대해서 가짜로 세워놓은 것이지 실물은 없는 것입니다. 성취했다, 실패했다, 돈 잃었다 하는 것은 한 가지 물질이나 정신의 한 부분에 가짜로 세워놓은 것이지 실물은 없는 것입니다. 이것을 유위법이라고 합니다.

앞에서 4가지 심왕, 심소, 색, 불상응행의 실성實性이 되는 것을 진여라고 했습니다. 원성실성은 하나는 알고 하나는 모르는데 그 모르는 위치가 아뢰야식입니다. 아뢰야식은 우리가 사는 뿌리입니다. 우리가 깨치지 못해서 그림자 속에서 주관과 객관의 모임인 육근과 육경이 생겨, 육식으로 인식하여 18계가 생기게 됩니다. 그것이 업으로 토해낸 것을 번뇌망상인 줄 알지 못하고, 그런 기운을 내가 가지고 있으며, 그것에 얽혀 있는 것, 그 속에 분명히 내가 들어있다고 생각하는 것이 아집입니다.

예를 들어서 콩이란 이름은 이름이지 물체와 아무 관계가 없습니다. 명사뿐이지 실물이 없습니다. 이름은 실체가 없다고 했습니다. 이름이라는 것은 공책, 책상, 사람, 책같이 그냥 이름 붙이는 것입니다. 공책을 일본사람은 '혼(本)'이라 하고 미국사람은 '노트'라고 표현할 뿐 똑같은 공책을 가리킵니다. 이름은 인간이 표현하는 말로써 책상은 이름일 뿐이지 실체가 있는 것은 아닙니다. 파초를 알려고 파초 껍데기를 다 벗겨내도 파초라는 것은 찾아낼 수가 없어요. 모든 물질이 다 그렇습니다. 그냥 해 본 비유가 아니라 묘한 비유입니다. 가령 내 몸의 살을 갈라서 뼈를 발라내도 나라는 본질은 찾아낼 수가 없습니다. 그런데 우리는 '내 속에 분명히 내가 있다'고 믿습니다. 그런 미신을 믿는 것은 이 몸뚱이 속에 나라는 것이 있는 줄 생각하기 때문입니다. 그런 나를 충족시키기 위하여 지위와 권세를 누리려고 합니다. 동물들은 명예욕이 없습니다. 동물은 배부른 것 하나밖에 없습니다. 지위를 탐하는 행위도 없습니다. 인간은 늙으면 욕심은 더 많아지고 정신은 희미해집니다. 그래서 늙으면 본성이 드러나기 때문에 큰일입니다. 욕심을 너무 내지 말라는 것입니다. 깨끗하게 살아야지 추한 짓을 해서 업을 더욱 무겁게 해서는 안 됩니다.

이 5위 100법 전체가 현상 세계에 대한 설명입니다. 우리의 눈과 귀에 나타나는 것은 전부 실제가 아닙니다. 우리 눈에 비치는 것, 귀에 들리는 것에는 표준이 없습니다. 지금 이 산승이 들고 있는 분필이 보입니까? 이것이 어떻게 보이는지 눈을 검사해 봅시다. 시력이 0.8쯤 되는 사람은 0.8밖에 안보이며, 1.2쯤 되는 사람은 1.2밖에 안보입니다. 여러분이 산을 보고 사진을 찍어 보면 이 황악산은 깨알 같이 보입니다. 눈에 비치는 것은 깨알만 한데, 식으로 생각하는 것은 몇 배나 더 커집니다. 그러면 본질은 어떤 것일까요? 식으로 생각하는 것이 본질로서 식 속에서 근이 나옵니다. 이것이 바로 유식설입니다. 전부 업대로 작용한 것입니다.

5위 100법 전체가 식입니다. 심왕은 마음의 주체고 심소는 마음의 종속입니다. 낱낱이 심왕은 무엇이며 심소는 무엇이며 색은 무엇인지 이것은 어느 위치에서 무엇을 붙여 놓은 것인지 알아보겠습니다. 진여도 여섯 가지로 나눌 수가 있습니다. 번뇌가 벗겨지면 시력이 좀 더 좋아져서 보이는 것이 달라지고 진여가 하나임을 알게 됩니다. 이것을 낱낱이 들어서 5위 100법으로 풀은 것이 식으로 변한 것입니다. 총문유식總門唯識, 별문유식別門唯識이 된 것입니다.

102페이지 까지는 유식이란 글자 해석이지 유식론은 아직 설명하지 않았습니다. 유식 30송의 글자는 600자로 이것을 어떻게 해석해야 할까 고민중입니다.

정종분正宗分을 분절分節하여 삼등분으로 나누면 상相 · 성性 · 위位로 처음엔 유식상唯識相을 얘기하고 그다음 유식성唯識性을 얘기합니다. 범부가 부처가 되는 방법이 유식위唯識位입니다. 아함경에서는 43가지라고 했습니다. 둘째는 초初 · 중中 · 후後로 나눈 것이고 셋째는 경境 · 행行 · 과果로 나눈 것입니다. 상성위로 나눈 것과 초중후로 나눈 것과 경행과로 나누는 것입니다. 그러므로 삼중三衆, 삼과三科, 삼종론三宗論은 모두 같은 것입니다. 여기서는 상성위로 600자를 해석할 생각입니다. 우선 상성위 삼과는 30송인데 1송부터 24송까지는 유식의 상을 설명하고 있습니다. 유식의 성은 원성실성이라 했는데 이것은 진여를 가리키며, 유식의 위, 즉 유식에 오입悟入하는 계위階位를 5위로 밝혔습니다. 대개 구지九地의 범부나 소나 말은 고삐를 매어놓으면 달아나지 못합니다. 우리도 무엇에 매인 것이 있습니다. 갇혀 있어서 진여본성이 들어나지 않는 것입니다.

규봉스님은 중생들이 미한 상태에서는 본성 뿐만 아니라 근과 경과 식이 탈락된다고 했습니다. 마치 국수쟁이 대영이가 아무리 국수를 잘 뽑아도 잠들면 국수 뽑는 솜씨가 안 나오게 되는 것과 같습니다. 꿈을 꿀 때는 꿈속에 갇혀서 잠재되어 버립니다. 항상 현재가 아닙니다. 잠 잘 때는 있던 재주가 없는 것과 같습니다. 그 작용이 신기합니다. 우리는 4차원세계에 살고 있습니다. 천 차원, 만 차원 올라가서 근과 경과 식으로 일으킨 모든 번뇌망상을 벗겨버리지 않으면 진여법성을 생각할 수 없습니다. 이러한 상태에서는 생각할 수도 없고 말로 의논할 수도 없습니다. 그 차원이 달라서 보이지 않는 것을 없다고 하며 설사 있다고 믿더라도 생각할 수가 없습니다. 우리는 범부들입니다. 대개 구지의 범부에 속합니다. 구지란 무엇에 묶인 사람을 말하는데 그것을 벗어나면 해탈이라고 합니다. 미정迷情에 끌려서 유식무경의 도리를 알지 못하고 한갖 진여眞如에 실경을 인정해서 생각을 일으킨 것입니다. 누가 시킨 것도 아닌데 이것 때문에 영원히 생사의 해탈을 기약할 수가 없습니다. 그래서 우선 의타에 식상을 분별하여 모든 것을 인연소생인 까닭을 설하고 망녕되이 실아실법의 집을 일으킬만

한 것이 없음을 보인 것입니다. 그러나 이렇게 실상을 분별한다고 할지라도 그 실상이 무엇인가를 알지 못하면 경계를 일으키게 됩니다. 의타기성依他起性에서 타他는 인연을 가리킨 것으로 인연에 의해서 일어나는 현상계가 바로 의타기성입니다.

진여가 인연에 따라서 일어난 것은 그림자이지 실물이 아닙니다. 가령 사람이나 사물을 찍은 사진은 어디까지나 사진이지 물체는 아닙니다. 카메라로 사람을 찍었을 때 그 사람의 피가 흐르고 맥이 뛰는 움직임은 사진에 찍을 수가 없습니다. 그래서 사진과 실물은 다른 것입니다. 사진은 그림자이지 실물이 아닙니다. 삼라만상이 의타기성이 인연에 따라 일어난 것으로 사진과 같은 것입니다. 사진은 혼이 들어있지 않습니다. 사진에 혼이 들어있다고 하면 이것은 모르고 하는 소리입니다. 바르게 아는 것이 아니라 잘못 알고 있는 것입니다. 이런 학문은 절 안에서 우리만 하는 것이지 절 밖에 나가서 얘기하면 거짓말이라고 합니다. 부처님 제자인 세친이 이런 얘기를 이해하기 쉽게 체계화시켰습니다. 세상 사람에게 이런 얘기를 설명하는 것은 쉽지 않습니다. 그림자에는 혼이 없는 것과 마찬가지로 사진을 찍었을 때 사진에는 혼이 없습니다. 혼이 없는 것은 실물과는 달라서 생물이 아닌 것입니다. 여러분의 몸은 원성실성의 그림자로 그림자를 가지고 실물로 아는 것입니다.

나한들도 이 정도 밖에 모릅니다. 법신성法身性이 있고 보신성報身性이 있고 화신성化身性이 있습니다. 우리는 화신성입니다. 청정법신 비로자나불의 지혜를 닦아서 지혜와 이치가 하나로 된 것을 보신이라고 합니다. 그래서 보신이 되면 온갖 작용이 다 나옵니다. 하늘을 보면 달이 있습니다. 하늘의 달이 지금 초생달이면 초생달인 것을 말합니다. 그러나 달이 한 번 은하 옆을 지나가면 좀 더 커져서 반달이 되고, 점점 둥글어져서 온달이 되면 보름달이 됩니다. 보름이 되면 서쪽에는 해가 지고 동쪽에는 달이 뜹니다. 보름을 망望이라 합니다. 보름에 망자를 쓰는 것은 달을 본다는 뜻입니다. 해가 지고 달이 올라오니까 보름달이 됩니다. 보름달이 된 것이 보신입니다. 지혜와 이치가 일치하여 완전히 명합된 것이 보름달이며 보신인 것입니다. 보신은 맑은 거울이며, 거울에 번뇌망상이 끼면 그것이 숨어버립니다. 닦고 또 닦아 완전히 닦아내면 본래 거울의 밝음이 나오게 됩니다. 본래 밝은 거울이 되면 안 비치는 것이 없습니다. 그것을 화신이라 합니다. 오는 대로 비추는 것을 화신이라 합니다.

나한들이 달을 따다가 부처님한테 공양올리려고 하는데 어떻게 따겠습니까? 500명이 소나무 가지를 잡고 서로 손을 잡고 이어서 물에 비친 달을 따려고 합니다. 거짓 달을 달이라고 알고 있는 500명의 나한이 소나무 위에서 달을 따려고 하는 것을 본 어떤 사람은 나한이 하는 짓이 우습게 보였던 것입니다. 물속의 달을 참 달인 줄 알고 부처님께 공양 올리겠다고 생각하고 자꾸 닦아서 나한이 되었습니다. 그러나 근본을 깨치지 못하고 그림자 달을 참 달이라고 여긴 것입니다. 이 이야기는 거짓으로 된 몸을 참된 불성으로 아는 것을 비유하는 것입니다.

공연히 그림자 달을 따려고 하는구나
달은 본래부터 물속에 있는 것이 아니라오.

24송은 의타기성을 설명하고 있으며, 25송은 유식의 성을 설명하며 마지막 5송은 유식에서 수행의 지위를 보이는 것입니다. 다음 페이지를 넘겨봅시다. 유식론에 대한 설명이 나오는데 이것은 유식상唯識相이라고도 합니다. 이 유식상이 또 나누어집니다.

제 9 강

오직 식뿐인 세상

유가설아법由假說我法 유종종상전有種種相轉

이 세상이 식 뿐이라고 한 것은 결론이 아니라 중간 소리입니다. 이것을 부처님께서 8년 동안 설합니다. 나 밖에 천지 시간과 객관이 있다고 했습니다. 다시 말해서 눈으로 보이는 육진과 안으로 육근이 있는 것 같지만 실제로는 없다는 것입니다. 있다면 오직 식 뿐입니다. 식에서 생긴 싹인 것입니다. 즉 안으로 싹이 된 것은 육근이고 밖으로 생긴 것은 육진입니다. 그러면 오직 식 뿐이고 밖의 현상은 없다는 것입니다. 나라는 몸뚱이의 육근과 밖의 육진이 없다는 것입니다. 즉 아我법法이 없다는 말입니다. 자세히 살펴보면 가짜를 설했던 것입니다. 예를 들어 문난問難에 대해 답하는 바 유가설아법의 그 뜻을 말하면 아법이라고 설합니다. 그것은 시간이나 공간이나 혹은 선이나 교에서 가假로 설한 것이지 결코 실제가 있기 때문에 설한 것은 아니라는 것입니다. 그래서 가假를 말미암아 설한 것이기 때문에 '아'나 '법'을 여러 가지 상相으로 전개한 것입니다. 아무튼 그것은 가설임을 잊어서는 안 된다는 것입니다.

복잡하지만 가假는 좀 접어두고 '아我'라는 것이 무엇인지를 먼저 알아야겠습니다. 아는 상일주재常一主宰입니다. 그런데 이것은 시간적으로 공간적으로 둘이 아닌 것을 이야기하는 것입니다. 시간과 공간이 상일하다는 것입니다. 시간적으로 떳떳하고 항상하며, 공간적으로 둘이 아니고 하나이기 때문에 상일주재라고 하는 것입니다. 그런데 우리의 아집은 제각기 몸뚱이 속에 날 때부터 죽을 때까지 또 죽은 후에도 아가 있는 줄 압니다. 항상 뭐가 있는 줄 알고 찾습니다. 예를 들어 동그란 알맹이가 망울처럼 있는 것은 허망한 관념상으로 있는 것입니다. 하나가 있다면 가루를 뭉쳐놓은 것이지만 백 개나 천 개나 되는 것은 아무리 뒤져봐도 망울은 없습니다. 인연소생법에 의해서 인연으로 뭉쳐서 그렇게 된 것을 모르고 있을 뿐입니다. 형상을 이루고 있는 그 무엇이 있다고 생각합니다. 벌레도 다 그런 생각을 합니다. 하나의 생명체인 법성자리를 모르기 때문에 그림자가 생긴다는 것입니다.

상일주재를 다시 해석하면 항상하고 하나인 것이 실재한다는 것입니다. 주主라는 것은 우두머리라는 뜻입니다. 자동차 운전수가 운전을 하듯이 색심은 색과 마음과 오온을 운전하는 것입니다. 맡을 재宰 자는 운전한다는 뜻이며 상일常一이란 있는 것처럼 생각하는 것입니다. 관념상으로 생각하는 것은 깨닫지 못한 관념인 형상을 실물로 볼 수 없다는 것입니다. '아'라는 것은 항상하고 하나인 주체가 그 색심을 운전하는 책임을 맡는 것입니다. 문화부장관이 있어 문화부 일을 맡아 하는 것이 맡을 '재' 자의 뜻입니다. 운전자는 자동차 안에서만 운전하지만 세상을 운전하는 관리인은 안팎 어디든지 있습니다.

있다고 생각하는 것은 망념입니다. 망념으로 생각한다는 것은 바람이 불면 물건이 흔들리는 것과 같은 것입니다. 깃발이 펄럭펄럭 거리는 것은 그 속에 무엇이 들어 있어서 펄럭거리는 것이 아니라는 것입니다. 분명 그 무엇인가가 있는 것 같습니다. 우리는 그것을 '아'라고 합니다.

'법'이란 무엇입니까? 앞에서 '책'이라 할 때 책이라고 하는 것은 책이 가질 요소를 다 가지고 있으며, 물이라고 하면 물이 가지고 있어야 할 조건을 다 가지고 있는 것이 물입니다. 사람이라고 하면 사람이 가지고 있어야 할 조건을 다 가지고 있어야 합니다. 이 세상의 물건이라고 하면 모두가 제각기 가지고 있어야 할 성질을 가지고 있어야 합니다. 제각기의 모양을 가지는 것을 임지任持라고 합니다. 그것이 법입니다. 돌이면 돌, 나무면 나무, 사람이면 사람, 짐승이면 짐승, 물건이면 물건 제각각 가지고 있어야할 성질을 가지고 있다는 것입니다. 내가 가지고 있는 것을 임지자성任持自性이라고 합니다. 내포라고도 하는데 안 내內, 쌀 포包라고 하지요. 사람이 가지고 있어야 할 조건이 표준이 되어 다른 사람을 판단하게 됩니다. 돌을 보면 돌인지 알게 되는 것을 철학에서는 내포라고 합니다. 밖으로 뻗치는 것을 임지자성이라 합니다. 사람, 토끼, 호랑이, 뱀 등이 가져야 할 조건을 다 가진 것이 '법'입니다. 뱀은 뱀이 가지고 있어야 할 조건을 다 가지고 있기 때문에 사람이 보면 뱀인지 아는 것입니다. 그것을 법이라고도 하는데 책의 내용이 어렵기 때문에 예습을 좀 해야 알아들을 수 있습니다.

121 페이지 둘째 줄에 보면 이 말을 해석해서 아我를 주재主宰라고 했습니다. 따라서 상일주재라는 것은 항상 존

재하는 독일무비獨一無比의 사물이 있어 주내에 위치하여 활동을 지배한다는 의미입니다. 결국 물건 그 자체의 중심을 말하는 것입니다. 사람은 사람 속에 사람이라는 것이 하나 들어있고, 벌레는 벌레 속에 벌레가 하나 들어있다는 것이지 실재하는 실물은 없다는 것입니다.

도서관에서 육신에 관련된 책을 보다가 문득 아랍인은 눈 속에 마음이 들어있다고 생각하는지, 귀 속에 들어있다고 생각하는지 궁금하여 그 뜻을 찾아보았습니다. 뱃속에 들어있는 것은 오장육부 뿐입니다. 그런데 우리는 내 몸속에 나라는 것이 하나 들어 있다고 믿고 있습니다. 그것은 미신 중에 상미신입니다. 그런 생각은 몸하고 상관없는 것으로 그것을 아집이라고 합니다. 아집은 잠을 자고 있을 때나 깨어났을 때나 계속 이어지고 있습니다. 자고 깨는 동안에도 연속적으로 이어집니다. 사람으로 태어나서 업상業相에 의하여 행동한 기운이 살아있는 동안에도 이어지지만 이 몸뚱이가 없어져도 연속이 됩니다. 이것이 사실이 아님을 깨달아서 부처가 될 때까지 계속 윤회를 합니다. 법성자리를 떠나서 윤회하는 것이 아닙니다. 몰랐던 생각인 불각이 바로 무명無明입니다. 무명이라는 것은 모르면서, 마음 쓰는 것으로 법성자리를 모르고 사용하니까 그런 성질이 생기게 됩니다. 물에 물을 타면 표시가 안 납니다. 물에 기름을 타면 물과 기름은 동질이 아니기 때문에 하나가 되지 않습니다. 법성자리가 물과 같다고 하면 물과 화합하지 못하는 기름은 깨닫지 못한 성질인 무명이 됩니다. 그래서 무명은 법성자리와 동질이 될 수 없습니다. 동질이 아니고 이질이 생겼어요. 이질성을 가진 것이 무명인데 여러분은 그것을 가지고 살아가고 있는 것입니다. 이것을 법성자리와 같은 것으로 취급해서 되겠습니까? 무명을 자꾸 법성자리와 동질로 여기게 됩니다. 나는 자신이 있어서 강의를 하는데 동질로 취급하는 사람들이 들으면서 인정을 해주지 않습니다. 이질적으로 된 것입니다. 물과 기름 같이 법성자리와 합해지지 않아 하나가 되지 않는 것은 우리 생명체와 합해지지 않는 헛것입니다. 망념일 뿐 동질이 아닙니다. 생명을 동질로 깨달으면 자타가 없어집니다.

부처가 되면 망념으로 가진 몸뚱이도 동체대비가 됩니다. 이것은 생명이 잘못되어서 그런 것입니다. 올바르지 못해 고생을 하는 것입니다. 불보살은 벌레도 그대로 불성으로 봅니다. 그러면 벌레가 벌레 몸뚱이를 가지고 동체대비가 되어 버립니다. 저 벌레가 법성자리를 몰라서 벌레 몸뚱이를 받았지만 부처님과 같다는 것입니다. 이것을 깨닫는 것을 동체라고 합니다. 벌레가 자신의 몸뚱이를 사랑하듯이 부처님이 벌레의 몸뚱이를 사랑하는 것을 동체대비라고 합니다. 그런데 우리에게는 그런 성질이 어디로 도망가 버렸는지 없어졌습니다. 여러분은 아미타불을 잘 알지는 못해도 듣긴 했을 것입니다. 아미타불이라는 말을 번역해 보면 '하나'라는 뜻입니다. 무량광 무량수라고 하는데 똑같은 뜻입니다.

앞에서 임지자성이란 말을 했습니다. 예를 들어서 물이면 물의 본질이 있는 것입니다. 물도 본질이 있어 1℃에서 100℃ 까지는 액체로 보입니다. 우리 눈이 인정한 것으로 본다면 액체이며 100℃ 이상에서는 기체가 되며 또 0℃ 이하로 내려가면 얼음이 되어 고체가 됩니다. 고체가 되고 액체가 되고 기체가 되는 것은 모양을 바꾸었을 뿐이지 물의 본질이 바뀐 것은 아닙니다. 물의 본질인 수소와 산소는 변동이 없지만 얼음이 되어서 고체가 되거나 물위에서 액체가 되거나 공중에서 기체가 되어도 본질에는 변화가 없는 것입니다. 물이 탈바꿈해서 액체가 되고 고체가 되고 기체가 되는 것입니다. 사람에게 적용하면 온도가 업인 것입니다. 온도처럼 업은 각 나라마다 시대마다 다르게 받게 됩니다. 어떤 온도를 생명에 가하면 사람이 되고, 온도에 따라 축생이 되기도 합니다. 마찬가지로 온도에 따라 형상은 변하지만 생명체는 변동이 없는 것입니다. 그것을 진眞이라고 합니다. 공간은 위치를 나타내는데 물을 방 안에 놓아두면 물에 젖게 되는데 이때 젖는 것이 본질입니다. 그래서 물을 방 밖에 놓아둔다고 젖는 성질이 없어지는 것이 아니라는 것입니다. 방 안이든 밖이든 성질은 변하지 않는다는 것입니다. 동쪽에 가져다 놓거나 서쪽에 가져다 놓더라도 젖는 성질은 같습니다. 공간적으로 변동이 없는 것을 진이라고 합니다. 그럼 시간적으로도 어제 물에 젖어 있었는데 오늘도 물에 젖어있습니다. 어제는 젖었는데 오늘은 안 젖는 이러한 현상은 없습니다. 어제와 오늘 똑같은 모양을 유지하는 것은 시간적으로 변동이 없는 것입니다.

유가에서는 이것을 중용이라고 합니다. 여러분의 몸속이나 벌레 몸속에 똑같이 들어있는 이것이 만물의 중심입니다. 만물의 성품을 중생심이라고 했습니다. 즉 여러 가지 생명을 중생이라고 합니다. 그러면 중衆이라는 것은 사는 자리인데 사람 뿐만 아니라 모든 것에 평등하게 들어가서 중심이 되어 중中자를 낳게 됩니다. 이것은 공간적으로 분류한 것으로 유식에서는 둥근 자리를 낳습니다. 앞에서 어제와 오늘이 일정하여 불변하는 것을 용庸이라고 합니다.

유식론에서는 시간적으로 분류하여 성이라고 했습니다. 원만하여 진짜 뜻과 같아서 성을 이루었다는 것입니다. 시간적으로 미숙한 것을 완성하여 생명을 여의고 변하지 않은 것을 성이라고 했습니다. 원성에서 원은 공간적이고 성은 시간적인 것으로 거짓이 없다는 뜻입니다. 그래서 그것을 원성실성圓成實性이라고 이름하는 것입니다. 원성실성은 앞에서 물이 온도에 따라 액체, 기체, 고체가 되듯이 인연에 따라 의타기성依他起性이 되기도 하고 변계소집성遍計所執性이 되기도 합니다. 그러면 다를 타他자는 인연이 됩니다. 물이 고체, 액체, 기체로 탈바꿈하듯이 불성자리, 진여자리, 원각자리가 타라는 인연에 따라 모양이 바뀌게 됩니다. 그래서 원성실성이 인연에 따라 사람도 되고 짐승도 되고 벌레도 된다는 것입니다. 이것을 알면 유식을 다 아는 것입니다. 하나가 변하여 사람 속에도 가득 차고 벌레 속에도 가득 찼습니다. 사람 속에 들어갈 때도 원성실성 그대로 들어가고 나무에 들어갈 때도 그대로 들어가는 것입니다. 사람 속이나 만물 속에 꽉차서 충만하면 곧 불성이 충만한 것입니다.

제 10 강

온 우주에 충만한 하나인 불성자리

그 자리가 한 자리로 보리자리라고 합니다. 수행을 하여 깨치고 나면 일체 만물 속을 부검해서 들어가지 않아도 아는 자리를 보리자리라고 했는데 그 자리는 또한 변동하는 것이 아닙니다. 벌레도 그것이 몸뚱이를 잘라서 몸속으로 들어가는 것이 아닙니다. 그런데 몸뚱이 속에 내가 있는 것은 미신이라고 생각하는데 이 말은 부처님께서 깨닫고 한 소리니까 잘 들어야 합니다. 부처님의 소리이지 내 소리가 아닙니다. 나한테도 벌레한테도 몸만큼 잘라서 들어가는 것이 아니고, 하나 그대로 들어가 벌레가 깨쳐도 그대로 부처인 것입니다. 용녀가 구슬을 드리고 남방에 가서 성불하는 그런 것이 아닙니다. 부처하고 우리의 차이는 깨어있는 것과 깨어있지 못한 차이로 모양에 있는 것이 아닙니다.

아미타불하면서 염불하는 것도 똑 같은 이치입니다. 그런데 설명하려니 쉽지가 않습니다. 요즈음은 꼭 화두를 해야 성불하는 것처럼 말하는데 염불해도 성불합니다. 당나라 때 그림 그리기를 좋아하는 한 승려가 있었습니다. 스님이 되어서도 불교 공부는 안하고 그림을 좋아해서 자꾸 뱀을 그렸습니다. 뱀을 그리다 보니 항상 뱀 생각을 했는데 죽고 나서 그만 뱀이 되고 말았습니다. 우리 몸에는 60조의 세포가 있어서 6년 만에 일생을 다 한다고 합니다. 그러니까 한 마디 말을 할 때도 세포가 여러 개 죽어나갑니다. 지금 여러분에게 강의하고 있는 이 순간에도 나의 세포는 죽어가고 있는 것입니다. 그렇지만 죽어나가는 것만큼 다시 생깁니다. 그래서 60조는 줄어들지를 않습니다. 예를 들어서 여기 공기를 한 바가지 퍼서 저쪽으로 옮겨 놓았다고 퍼낸 곳이 뻥 뚫리는 것은 아닙니다. 이것은 원래 하나이기 때문에 하나의 모양을 퍼내도 다시 차는 것입니다. 그러니까 여러분의 몸에서도 세포가 끊임없이 죽어나가도 줄어드는 것은 없습니다. 결국 나가는 동시에 또 생기는 것입니다. 이것을 알게 되면 안심이 됩니다.

화두를 들면 꽉 엉겨있던 육근 육경 육식이 술술 풀리게 됩니다. 화두를 들기 전에는 앞 뒤 모두가 내 생각으로 꽉 차 있습니다. 그런데 화두를 들면 몸뚱이가 안 보이게 됩니다. 하나인 자리로 돌아가기 때문입니다. 저 스님의 머리가 없어졌다, 팔이 없어졌다, 몸뚱이가 안 보이는 것은 화두를 들면 그 자리에 화두가 들어가기 때문에 안 보이는 것입니다. 그래서 여러분이 죽을 때 '나'라는 입장을 가지고 있으면 귀신의 눈에 띄여 잡혀가지만 화두를 들면 하나의 몸뚱이인 내가 없어지니까 귀신에게 보이지 않게 됩니다. 화두를 들면 없어져 안보이게 되는 것입니다. 여러분에게 나라는 것이 보이면 귀신의 눈에 띄여 잡혀갑니다. 화두를 타파하면 하나인 몸에 나라는 몸뚱이는 없어지는 것입니다. 그래서 화두나 진언이나 경문을 해도 되기 때문에 할 만합니다. 부처님은 진언을 가지고 했습니다. 부처님이 깨달은 내용이 그 진언 한마디에 다 들어간 것입니다. 팔만대장경에서는 손톱 끝에 앉은 먼지와 같다고 했습니다. 진언 한마디 속에 부처님이 깨달은 전체가 다 들어있기 때문에 진언이 쉽습니다. 부처님 열반 후 천 년동안 진언을 외웠습니다. 천 년이 지나 인도에서 달마라는 사람이 중국으로 와서 새로운 선법을 전합니다. 달마는 법이라는 뜻으로 우주생명체를 의미합니다. 중국에는 노자가 있어 도덕경을 중심으로 한 무위자연설無爲自然說이 있었습니다. 500년경 중국에서는 달마가 행세를 했는데 인도에 가면 달마의 흔적이 없습니다. 역사적인 달마는 어디서 태어났지요? 달마는 입에서 입으로 나온 것입니다. 부처님과 다름없는 위대한 사람이니 달마가 하는 말들이 법이 된 것입니다. 소나무나 감나무 같은 생명체도 모두 부처인데 그 때까지는 석가만 부처인 줄 알았습니다. 나중에 알고 보니 벌레 속에도 불성이 꽉 차 있어 깨달으면 모두가 부처입니다. 법을 바로 보면 부처이고 생명 자체가 부처로서 부처가 따로 있는 것이 아니라 생명자체라는 것입니다. 달마는 법인데 법 법法자를 씁니다.

앞에서 설명할 때 뱀을 그리고 뱀 생각을 해서 뱀이 되었다면 여러분도 개나 소를 생각하지 말고 부처를 생각하면 부처가 되겠지요? 물건을 만들 때에 모양이 보이면 그대로 따라 갑니다. 우리는 모양을 따라가면서 사는데 평생 따라가기만 합니다. 그것이 뭉쳐서 더러운 몸뚱이가 되었는데 자꾸 뭉치면서 변해 갑니다. 변해가는 안에는 종자가 싸여 있습니다. 부처를 자꾸 생각하면 뭐가 되겠어요? 부처 될 수밖에 없습니다. 그런데 왜 염불하면 안 된다고 합니까? 본래 뜻은 모르고 남의 말만 따라 가는 사람이 화두를 해야 부처가 되고 염불하면 부처가 안 되는 줄 알고 있습니다. 해인사에 종정을 지낸 고암스님이 계셨습니다. 한 번은 어떤 여자가 와서 한 10년 간 관세음보살을 염송하니까 잘 때에도 관세음보살이 있고 아침에 일어나도 관세음보살이 가득하다고 하니까 고암스님께서 이제 염불은 그만 두고 화두를 들라고 한 것입니다. 10년을 해서 염불이 자리를 잡았으면 계속 시켜야지 왜 그것을 없애고 다른 것을 시키는지 모르겠습니다.

화두라는 것은 아들 딸 하나씩 낳아서 꼭 자신과 같이 만드는 것입니다. 불교의 뜻은 그런 것이 아니므로 하던 것을 꾸준히 하면 결국에는 부처가 되는 것입니다. 나무에 불을 붙일 때도 불이 일어날 때까지 계속 마찰해야지 불이 일어나기 전에 쉬면 안 되는 것입니다. 다시 말해서 한 가지만 계속하게 되면 반드시 부처를 이룰 수 있는 것입니다. 그래서 염불과 참선 모두 부처되는 방법입니다.

나옹스님의 게송중에 '부지하처의안문不知何處擬安門' '어느 쪽에 문을 달지 알수 없구나'라고 했습니다. 부처되는 법은 문으로 들어가면 되는 것으로 달마스님은 남쪽에 작은 문을 하나 만들어 놓고 다른 문으로는 들어가지 말고 남쪽문으로만 들어가라는 것입니다. 그러나 어떤 문이든 들어가면 되지 굳이 안 될 이유는 없습니다. 이와 같이 화두만이 부처된다는 것은 단지 불교의 한 부분일 뿐입니다. 그래서 옛날에는 염불을 많이 했습니다.

나옹 스님은 강원도 사람입니다. 중국에 유학 가서 공부를 하다가 견성해서 다시 한국으로 돌아와서 법문을 많이 했습니다. 중국의 4조 도신대사, 5조 홍인대사도 속가의 어머니를 모시고 살았었는데 나옹스님도 부모가 일찍 돌아가시고 어린 동생을 데리고 있다가 시집을 보냈는 데도 그 매제가 자주 찾아왔습니다. 그래서 나옹스님은 누이에게 염불을 시킵니다. 그런데 누이는 나옹스님만 믿고 게으름을 피우며 염불을 제대로 하지 않습니다. 오라버니가 큰 도인이니 동생이 농땡이 쳐도 오빠 덕에 극락에 갈 때 데리고 가지 않겠나라는 생각을 한 것입니다. 하루는 누이가 오라버니를 찾아갔는데 마침 나옹 스님이 음식을 많이 장만하고 있었던 것입니다. 동생 생각에는 자기를 대접하려고 그러는가 보다 했는데 장만한 음식을 나옹스님이 자기 방으로 가지고 가서 혼자 다 먹어버리는 것입니다. 동생에게는 맛도 안보인 것입니다. 동생이 '오라버니 어떻게 그럴 수가 있어요?' 하자 나옹 스님이 '왜 배가 안 부르나?' 합니다. 그러면서 내 배 부르면 너도 배 부를 줄 알았는데 하는 것입니다. 내가 배 부른 것이 너와는 상관없는 것이 아닌가? 오라버니를 믿고 염불을 하지 않는 동생에게 도를 닦거나 염불을 하는 것은 스스로 해야 한다는 묘한 가르침입니다.

염불을 처음으로 하는 것을 신염이라 하고 처음으로 참선하는 사람을 신참이라 합니다. 오래 된 사람은 구참이라 하고 군대에서도 고참이라는 표현을 하는데 오래됐다는 뜻입니다. 참선하는 방법에는 3가지가 있습니다. 먼저 염불하는 것도 참선하는 것처럼 하라고 했습니다. '아미타~불' 이라고 부르는데 교육을 받을 때에는 시청각이 되어야 합니다. '아미타~불' 이렇게 부르고 아미타불 생각을 해야 하고, 아미타~불 하면서 절을 해야 하므로 3가지 신身, 구口, 의意 삼업이 다 되는 것입니다.

법장비구가 부처가 되기 위하여 48대원을 세워놓고 실천한 것을 생각하면 얼마나 고생을 했는지 짐작이 갑니다. 마음을 딱 붙여가지고 염불을 하거나, 참선을 하거나, 화두를 하는 것입니다. 전깃불은 음극선과 양극선이 있어 음극선 양극선을 떼어 놓으면 불이 안 오고, 함께 붙여 놓으면 불이 켜집니다. 그래서 생각하는 것과 생각하는 놈이 접선이 되어야 하는 것입니다. 매일 화두를 들면서 접선도 안하고 앉아 있으면 불이 안 들어옵니다. 그러니까 다른 생각이 틈으로 들어옵니다. 마음을 안정시키고 가지런히 해야 접선이 됩니다. 생각이 다 해서 생각 없는 곳으로 나아가면 됩니다. 그런 상태가 되면 접선이 되는 것입니다. '육문상방자금광六門常放紫金光'에서 육문을 통하여 생명을 키우고 법성을 키우는 그 기운이 나에게 오면 광명이 됩니다. 그 기운이 깨어 눈에 가고 귀에 갔는데 광명이 하나로 변하니까 눈에 가도 광명, 코에 가도 광명, 귀에 가도 광명을 놓는 것입니다. 그래서 육문은 광명을 토해 놓는다고 하는 것입니다.

지금부터 약 200년 전에 유대치란 사람이 있었습니다. 그 사람의 제자 중에 수여거사인 강위란 사람이 있었습니다. 강위의 성은 진주 강씨이며 호는 초범인데 그 뜻이 가을바람에 거문고를 탕탕 뜯고 앉아 있다는 뜻입니다. 유대치와 친한 강위는 참선하는 모임인 선우회를 만들었습니다. 강초범이 어느 해에 금강산 구경을 갔었는데 내금강 구경을 다 하고 안두재를 넘어서 유점사에 갔었는데 그 곳에는 연화정이라는 큰 방이 있었습니다. 따뜻한 봄날에 염불하는 스님인 노전이 앉아서 염불하는 것을 보았습니다. 염불을 하는데 북을 탕 치면 '나무아미타~불' 하는 것입니다. 그런데 가만히 보니까 노전 스님이 꾸벅꾸벅 졸고 있었습니다. 노전스님이 '나무아미타~불' 하고 북을 탕 치니까 그 소리를 듣고 '나무아미타불'하면서 자꾸 염불을 하고 있었던 것입니다. 강초범은 그것을 본 사람이고 그 노전스님은 보여진 상황이니까 상분이라고 하는데 참 재미있는 표현입니다. 아미타불이 자꾸 반복되는 줄 아는데 아미타불이 내속에 들어와서 무량수가 되고, 무량광이 됩니다. 벌레 속에도 무량광이 들어앉아 있듯이 숲 속에도, 풀 속에도 아미타불이 꽉 차 있는데 그것을 모르는 것입니다. 멀리 있는 것이 아니라 부르기만 하면 대답을 합니다. 마음이 몽롱하여 대상을 잘 알 수 없는 혼침이 되거나, 생각이 밖으로 빙빙 돌아다니는 도거가 될 때도, 또한 마음이 산란하여 집중이 안 될 때도 아미타~불하고 불러보면 멀리 달아났던 생각을 불러들일 수 있습니다.

그래서 큰 소리를 내어 염불하는 고성염불이 좋은 것입니다. 두 가지가 같이 된다는 것입니다. 귀가 먹은 것이 아니기 때문에 아미타불을 자꾸 부르면 좋은 것입니다. '무아공상無我空相' 즉 내가 없어지는 것입니다. '공산무인空山無人' 즉 빈산에 사람 없는데 '수류화개水流花開'더라. 물은 흘러가고 꽃은 피어 있더라는 것입니다. 그것은 인과 경계인 두 가지가 다 없어지는 것입니다. 소도 없어지고 자기도 없어져야 되는 것입니다. 공산무인인데 수려하게 되는 것입니다. '우설공산무인제雨雪空山無人霽'라, 주관과 객관이 다 없어지는 상태입니다. 육근 육경이 형탈근진迥脫根塵이 되는 것입니다. '우설공산무인제'는 비 오고 난 뒤 경계와 안팎이 다 공한 것입니다. 화두가 되어 둘이 아닌 것으로, 관심을 잡고 보니 다른 것이 아니라 자기가 아미타불이 되어 있는 것입니다. 이것을 본분이라고 하는 것입니다. 유가설아법의 가짜 얘기는 하지도 못했는데 벌써 마칠 시간입니다. 오늘 공부는 이것으로 마치겠습니다.

제 11 강

능변能變과 소변所變

걱정되는 것은 공부하는 진도가 잘 안 나가는 것입니다. 아직 10장도 못했습니다. 그런데 오늘 보니까 반가운 일이 있습니다. 세계에서 유식을 숭상하는 나라가 있는 데 바로 일본입니다. 삼장법사 현장이 인도에서 가져온 불경을 번역한지 얼마 안 되어 중국에서는 유식이 없어져 버렸습니다. 600년대 지은 일본 법륭사는 잘 지어 굉장하지만 그곳에서 공부하는 사람이 별로 없습니다. 우리나라에도 동국대학교에서 하는 유식강의를 사람들이 많이 들을 것 같지만 내가 배울 때는 여섯 명인가 일곱 명뿐이었습니다. 유식강의 하는 곳이 별로 없습니다. 600자를 가지고 강의를 하는데 600자는 별것 아니지만 새끼가 새끼를 치는 식으로 끝에 가서야 겨우 알게 됩니다. 실제로 일본에서도 30송을 가지고 가르치는 데 복잡해서 맛도 모르고 끝에 가서 겨우 살피는 것이었습니다. 지금 일본에서는 유식에 대한 책이 몇 천권이나 출판되었지만 유식 공부하는 사람은 별로 없습니다. 내가 일본에서 공부를 할 때도 번역이 안 된 이 원문은 가지고 몇 번 했습니다. 오늘은 책 내용을 좀 뛰어 넘어야겠는데 이 유식만은 뛰어넘을 수가 없습니다. 119페지를 보십시오. 600자로 함축시켜놓고 글쓰기를 했기 때문에 쉬운 것이 아닙니다.

그런데 지난 시간에 이야기한 세상 만법을 몇 가지로 쪼갠 것이 5위 100법입니다. 5위 100법을 보고 안으로 내가 있고 밖으로 만물이 있다고 집착하는 것입니다. 아집我執과 법집法執인데 중생이 깨치지를 못해서 그렇습니다. 100법 가운데 가히 집착할 만한 것은 없다는 것입니다. 여러분 중에는 삼십대도 있고 사십대도 있는데 사십대를 살면서 따져보지도 않고 '나'라고 하며 살았습니다. 나란 것이 어떤 것이고 법이란 것이 어떤 것인지 따져보지도 않고 그저 미신을 믿으면서 살았던 것입니다. 똑똑한 사람이 없습니다. 그저 짐작으로 내속에 있겠지 하면서 미신 같이 살았습니다. 미신을 미신인 줄 모르고 살았습니다. 지금 강의를 들어도 속으로는 내가 분명히 있다고 생각하고 있습니다. 여러분은 강의를 듣기 전에도 그렇고 강의를 들은 후에도 똑같습니다. 다 아는 것처럼 앉아 있지만 우리는 모르고 있는 것입니다. 이 육신이 자기 생명인 줄 아는 것입니다. 아니면 육신 속에 무슨 알맹이가 있는 줄 알고 아집을 합니다. 오온을 즉해서 나라고 할 줄도 알고 오온을 떠나서 내가 있다는 것을 알아야 하는데 오온이 있을 때나 떠나서나 부처가 무엇인지 모르고 있습니다. 그런데도 공부를 하고 조금 지나면 다시 살펴보는 사람이 별로 없습니다. 나도 그렇고 여러분도 마찬가지입니다. 내가 강의하는 것이나, 일본서 하는 것이나 어디에서 하든지 간에 아집을 가지고 무아를 들으려고 하면 해결이 안 됩니다. 아집을 가지고 불교를 알려고 하기 때문에 모르는 것입니다. 그래서 유식의 지침은 중생이 돌덩어리 혹은 쇳덩어리 보다 더 단단해진 아집을 깨뜨려야 부처나 보살이 된다는 것입니다. 이것을 깨지 못하면 죽어도 부처가 될 수 없습니다. 어느 날 운문스님의 제자가 스님한테 법을 배워 보니 좋긴 한데 운문스님은 스스로 큰 칼을 덮어쓰고 있었습니다. 제자가 '스님은 왜 쇠로 된 큰 칼을 덮어 쓰고 계십니까?' 하고 물었던 이야기가 있습니다. 바로 이와 같이 매일 무엇을 덮어 쓰고 앉아서 마치 귀신 덮어 쓴 것처럼 해결이 안되는 것입니다.

오늘부터는 강의 내용을 말로 하니까 느려서 흑판에 써 가면서 해야겠습니다. 심왕心王 8과 심소心所 51은 공부했고 또 그 다음 내용은 색법色法 11과 불상응행법不相應行法 24입니다. 5위 100법은 위位로 말하면 5위이며 수數로 말하면 100법으로 이것을 통 틀어서 말한 것입니다. 이 세상에 5위 100법을 내놓으면 해결 안되는 것이 없습니다. 어떤 물건이든지 쪼개면 아와 법 뿐입니다. 그래서 5위 100법은 낱낱이 유식을 떠나지 않기 때문에 만법유식萬法唯識이라 합니다. 낱낱이 하는 것을 한 번 알아봅시다.

임지자성이라는 것이 있습니다. 종 모양으로 붙어 다니는 것을 신조라고도 합니다. 따라다니는 신조가 신앙을 따라다니는 것은 없습니다. 그래서 식자상識自相이며 식상識相으로 식이라는 것은 두 개의 식소변이 있습니다. 능변能變과 소변所變입니다. 식소변識所變은 합해서 식이 변하니까 '자식이다' 라는 것과 같아서 식소생識所生이라고도 합니다. 소생자 소생녀라 하는데 아들이나 딸을 다르게 말하면 새끼라고 하여 부모의 새끼라는 것입니다. 비유하면 식자상은 아들이며 식상이 부모라는 것입니다. 두 놈을 낳은 것이 식입니다. 눈에 보이는 것이 색이지만 냄새도 색에 잡히고 맛도 색에 잡히듯이 전부가 색에 잡히는 것입니다. 그래서 색이 아닌 것이 없습니다. 요즘 사람들은 눈으로, 귀로, 코로, 입으로, 몸으로 5가지인 오근 밖에 아는 것이 없습니다. 그런데 의意가 있어 육근이 됩니다. 그것을 세상 사람들은 육감六感이라고 하는데 여섯 육자인 줄 모르고 고기 육肉자로 알고 있습니다.

그런데 세상 사람들은 구별을 못하여 육감六感이라 하면 색으로 발견하는 것이 아니고 마음으로 합니다. 분명히 고기 육자가 아니고 여섯 육자인 것입니다. 그래서 색은 심왕심소의 자식입니다. 소생所生도 마찬가지로 색은 둘다 합쳐서 신이 되며 색신에서 색이라 할 수도 없고 신이라 할 수도 없이 성취가 되는 것입니다. 색의 상황이 아니고 공중에 붕 뜬 명사입니다. 덕德은 성공이고 부덕不德은 실패했다는 소리입니다. 그것에는 24가지가 나오는데 불상응행법이라고 합니다. 그것은 색과 심을 띄어 놓고 있는 것이 아니라 색의 어떤 위치에서 구분하여 설명하는 것으로 분위법이라고도 합니다. 우리가 생각하는 평면이다, 모서리다, 좋다, 나쁘다 하는 것은 식으로 상상하는 것입니다. 관념으로 되는 것은 불상응행법입니다. 불상응은 심心·심소心所·색色 3가지의 분위分位입니다. 연고 고故를 붙여서

4가지는 식자성법이라 합니다. 화엄경에 보면 연고 고자가 많이 붙어있는데 글을 볼 줄 알아야 합니다. 우리 말에 '것'자를 보통 사건과 물건을 말할 때 사용합니다. 심소인 것과 같이 연고 고자는 '것'의 뜻을 가지고 있습니다. 옛날에는 고故자를 까닭이라고 했는데 그렇게 풀이하면 안됩니다. '것'은 사건으로 임지자성할 때에 자성에 국한한 것입니다. 그리고 색은 색의 자성이 있고 돌은 돌의 자성이 있고 물은 물의 자성이 있어서 임지자성이라고 했습니다. 임지자성任持自性 궤생물해軌生物解라 할 때, 법에서 자체를 내포하기 때문에 임지자성이라 했습니다. 물이니 산이니 돌이니 또 사람이나 벌레라는 조건을 모두 가지고 있는 것과 동시에 다른 것과 관계를 맺는 것이 궤생물해입니다. 우리가 공부하고 있는 이 책은 유식에 대해서 글자 하나 하나가 아주 잘 된 책인데 좀 어려운 것이 흠입니다. 그래서 강의를 듣고 집에 가서 꼭 읽어보셔야 합니다.

삼종자성三種自性

식자상에서 자상을 말할 때 식하면 마음의 4분의 3에 해당하는 실성입니다. 그러면 이 5위를 낱낱이 들어서 심자상도 심왕도 유식을 떠나지 않고 유식의 범위 속에 있다는 것을 별문유식別門唯識이라 합니다. 별문유식도 총문유식總門唯識처럼 줄이면 앞에서 말한 아와 법이 됩니다. 예를 들어서 분필을 5위 100법을 가지고 설명할 때 분필 가루가 모인 것인데 그 속에 분필이라는 주체, 알맹이, 혼, 생명 그런 것이 하나씩 있는 것이 아닙니다.

불교에서 사법인이 나오는데 제행무상, 제법무아, 일체개고, 열반적정입니다. 그 가운데 '열반적정'은 실체입니다. 인연성에서는 인연을 만나 하나인 법성자리가 법성을 깨치지 못하면 탈선해서 많은 그림자가 생긴다고 했습니다. 인연법이란 돌이면 돌, 물이면 물이 인연에 의하여 만들어진 것이므로 의타기성이라 하며 그것은 현상입니다. 원성실성은 철학에서는 본체라고 하며 그것이 변동된 모양을 의타기성이라 합니다. 의타기성은 여러 가지 조건으로 사람이면 사람이 갖추어야 할 조건, 벌레라면 벌레가 갖추어야할 조건, 자동차가 되려면 자동차가 되는 조건을 갖추어야 자동차가 되겠지요. 법은 내적으로는 임지자성한 것이고 밖으로는 궤생물해라고 했습니다. 그런데 세상에 있는 물건들은 서로 조건이 맞는 것끼리 모인 것입니다. 그것을 인연 소생법이라고 합니다. 그래서 인연을 의지해서 타를 의지해서 일어난 모양으로 여러 가지 조건이 모인 결과입니다. 예를 들어서 집을 지을 때 철근으로 기초공사를 해서 조립하는데 조립하는 것에 따라 3층도 되고 그 이상도 됩니다. 오온의 몸뚱이는 의타기성의 인연으로 이루어져 실체가 아니고 가립하여 조립한 것입니다. 이야기가 어렵지만 잘 들어보십시오. 여러분의 몸도 오온으로 조립한 것입니다. 의타기성의 인연법으로 된 것을 '가假'라고 했습니다. '가假' 라는 것은 유가설아법由假說我法의 가로서 가건물로 지은 집입니다. 가건물로 지은 것을 내몸이라 여기고 생명체로 아는 것은 착각입니다. 집속에 내가 들어있다고 하는 것은 변계소집성遍計所執性입니다. 바로 보면 되는데 변동된 인연 조건인 줄도 모르고 실제로 나라고 생각하는 것입니다. 법이란 뭉뚱어리가 있는데 그것을 변계소집성이라 합니다. 본체가 변계소집된 것입니다. 이것 저것 따져 변계소집 하는 생각은 잡념이지 바른 생각이 아닙니다. 붕뜬 관념으로 집착하는 성질인 실아실법을 변계소집성이라 합니다.

앞 시간에는 진여와 중용을 이야기 했습니다. 아미타불도 이야기 했는데 전부 우리 생명체에 관한 이야기입니다. 알고 보니 우리는 육체를 나라고 합니다. 공간과 시간적으로 충만한 기운을 무량수 또는 아미타불이라 합니다. 시간적으로 보면 무량수라고 번역이 되고 공간적으로 보면 무량광이 됩니다. 깨치지 못한 무명의 상태에서는 진여를 알지 못하고 그림자를 자기 생명으로 아는 것입니다.

제 12 강

인연소생법因緣所生法

그래서 강 가운데 달을 딴다고 표현합니다. 강 가운데 달은 그림자지 달이 아닙니다. 그림자를 가지고 자꾸 자기 생명이라고 하여 진여법성에 상응이 안 되고 진여법성의 그림자에 놀고 있습니다. '가假'라는 것은 아니라는 것입니다. 인연소생법을 가지고 원성실성으로 착각하는 것입니다. 책 124 페이지 끝에 도표가 하나 있는데 '가'를 이해하기 위하여 '가'를 지어 놓고 아와 법을 설했습니다. 출세간과 세간에서는 실제 얘기가 아니고 가를 위해서 임시 유가有假의 가를 만나 아와 법을 세운 것입니다. 유가는 가짜이므로 의타기성을 가라고 해도 좋습니다. 이건 실제가 아닙니다. 어제 얘기했던 황악산을 눈으로 보니까 눈동자에 황악산은 깨알만큼 찍힌다고 했습니다. 그런데 뒤에 앉아서 식이 비추어 주는 그림자를 깨알 크기만큼 생각하는 것이나 눈동자로 황악산을 보고 생각하는 것은 깨알보다 좀 더 큽니다. 식으로 생각 하는 것이나 깨알 크기만큼 눈에 비친 황악산을 확대시켜서 몇 천만 배나 크게 보는 것 중 어느 것이 황악산의 실상이며 참 모습입니까? 실체를 모르면서 눈에 비치는 것을 보고 이것이 황악산이다 하는 것입니다. 여러분은 다 그렇게 생각하고 있습니다. 그런데 그건 가짜지 진짜가 아닙니다. 황악산의 실상은 못 본 것입니다. 확대해서 보는 여러분의 관념이 바로 식이니까 황악산이 깨알보다는 수 천만 배 크다는 것을 인식한 것입니다. 식으로 비친 것과 육근에 비친 것과 밖에 황악산이 어디 있는지 실상을 아는 것은 육경에 잡힌 것입니다. 눈에 잡히는 것은 육근에 잡힌 것으로 그것을 아는 놈이 식이란 말입니다. 그래서 세 가지가 모두 도둑놈으로 실상이 없는 거짓임을 알아야 하는데 앉아서 바로 깨달았다는 부처님의 학설을 강연해도 아집이 막아서 들어갈 수가 없습니다.

부처님은 깨치고 보니까 중생이 없는 것을 있는 것으로 알고 잘못된 것을 맞는 것처럼 알고 아집을 하고 있다는 것입니다. 우리가 아집을 하고 있는 것은 망념입니다. 실제

생각이 아닌 것을 망념이라 합니다. 실제로 부합하면 정념이고 실제로 부합해서 보면 정견이라 합니다. 실제로 보는 정견은 팔정도에 나옵니다. 또 실질적인 생각을 하면 정념이 됩니다. 정념과 정견이 아닌 것이 식으로 바로 못 보고 깨치지 못한 것인데 그것은 다른 말로 표현하면 정情입니다. 우리의 실아실법은 가짜로 조립한 덩어리입니다. 가짜로 조립한 인연소생법으로 그 속에 내가 있다고 집착하고 아법을 실법으로 집착하는 것은 정情으로 있는 것이지 실제로는 없다는 것입니다. 그러면 명언名言으로 실아실법의 체는 없지만 중생이 그릇되게 느끼는 정을 따라서 한 번 늦추어 가정을 하자는 것입니다. 실아실법인 오온 속에서 제법무아는 오온을 법이라고 합니다. 오온 속에는 나란 개체가 실제로 없습니다. 깨치지 못한 중생인 우리들은 그렇다고 생각하니까 정을 따라 우선 가짜로 한 번 따라 해보는 것입니다. 그러나 실체가 없는 것이기 때문에 앞에서 명언名言이라 그랬습니다. 이름과 말로만 그런 것이 있을 뿐입니다. 토끼 뿔과 거북이 털 이야기에서 토끼에게 뿔이 있습니까? 거북 털과 토끼 뿔이 없는 것이지만 세상 사람들이 있다고 한다면 있다고 가정을 해보자는 것입니다. 그것은 명언으로 되는 것이지 실제와는 상관이 없습니다. '명무언물지공名無

言物之功'이라. 이름이나 말이나 물건은 공이 없다고 써 놓았습니다. 실제 물건은 마땅히 이름을 붙일 체가 없다고 했습니다. 이것은 이름 하고는 다르지만 명과 실에서 실은 무엇입니까? 모양 '상'자를 붙혀 무엇이든지 자체에 실상이 있다는 말인데 우리가 본 것이 실상을 본 것입니까? 중생은 실상을 보는 눈이 없습니다. 깨치지를 못해서 아집을 가지고 망념을 부리기 때문에 실상을 보지 못합니다. 그래서 공부를 하면 혜안이 나오고 법안이 나옵니다.

눈에는 오안이 있습니다. 육안은 바로 못 보는 것이고 천안은 천상 사람의 눈으로 있는대로 다 보지만 바로 보는 눈은 아닙니다. 천상 사람들이 보는 눈일 뿐 벌레가 보는 눈과 통하는 눈은 아닙니다. 우리의 육안은 문을 닫으면 막혀버립니다. 문을 막으면 밖의 것을 볼 수 없습니다. 천안은 장외색障外色까지 보기 때문에 육안이 못보는 밖이 보인다는 것입니다. 우리는 깨치지 못해 잡생각을 쌓아놓았기 때문에 잡동사니로 보입니다. 나무는 나무, 풀은 풀 모두 따로 봅니다. 혜안은 차별을 깨뜨리고 평등한 것과 진실을 보는 눈이며, 혜안을 얻고 난 후 법안을 얻으면 후득지를 얻습니다. 법안을 얻으면 평등지로 하나인 이치로 본체를 보는 것입니다. 깨달음을 얻으면 후득지가 생겨 중생의 차별한 생각을 보게 되는데 인과응보로 벌레면 벌레, 사람이면 사람의 그 맺힌 내력을 환하게 살펴보는 것입니다. 깨닫지 못할 때는 그저 이치만 보는 것이고 법안을 가지게 되면 중생이 무슨 죄를 짓고 무슨 업을 지어서 저런 벌레가 되었으며 다음 생의 과보를 다 알게 되는 것입니다. 그런 것을 얻으면 좋겠지요. 마지막 불안은 말할 것도 없습니다. 불안은 해인삼매를 성취하는 것으로 과거 현재, 미래의 삼세가 도장 찍히는 것처럼 보입니다. 물처럼 흘러가는 생각 속에서 보니 과거 현재도 있고 미래도 있는데 불안을 얻으면 몇억 겁 전에 일이 눈앞에 있는 것처럼 보입니다.

어떤 스님은 과거 몇 억 겁 전에 나무 밑에서 선정을 닦고 있는 것이 보이고 어떤 스님은 보시를 해서 거들먹거리면서 잘 살고 있는 것이 보인다는 말입니다. 법화경 서품에 이런 이야기가 나옵니다. 그리고 또 현재와 마찬가지로 미래 몇 억 겁 후에 생길 일들도 보입니다. 그것은 도장 찍은 것으로 해인이라는 것입니다. 도장은 찍어 놓으면 앞뒤가 없습니다. 글을 쓰거나 붓을 들면 첫 획이 있고 중간 획이 있어 차례가 있는데 삼매를 얻으면 동시에 된다는 것입니다. 그래서 해인삼매는 삼세의 모든 경계가 일체병현一切竝顯이라고 했습니다. 모든 것이 환하게 드러난다는 것입니다. 가짜인 가라는 것은 실이 아닙니다. 인연소생법 전부가 가입니다. 인연소생법 가운데 중생은 무엇을 가지고 있습니까?

여러분이 알고 있는 뜻 '정情'자의 정은 바로 판단하는 것이 아니라 다른 말로 하면 식입니다. 정이나 식은 같은 말로 식은 바로 못 보는 것입니다. 바로 못 보고 바로 알지 못하는 것을 식이라 합니다. 정확하게 보는 것은 '지'라고 합니다. 알 '지知'자로 아는 자리 즉 육바라밀 법성에 맞는 행동을 하면 그것이 알 지知자가 됩니다. 실아실법은 몸뚱이도 없고 실체도 없지만 무명 중생은 정을 가지고 있다고 생각합니다. 실제로는 체가 없는 것이지만 중생의 정을 따라 가짜로 해보자는 말입니다. 명언名言이지만 이것은 세간에서 하는 것이고 불보살은 법으로 하는 것이 있다는 것입니다. 자동차나 사람도 인연을 뭉쳐 놓은 덩어리이기 때문에 아예 실제는 아니지만 없다고 할 수는 없습니다. 사람은 오온이 집합한 것이고 자동차는 자동차가 집합한 것으로 조건대로 모인 것 진짜 체는 아니지만 가짜 체라도 있기 때문에 불보살들이 중생을 살리기 위해서 설법을 합니다. 중생이 이익을 얻기 위해서 체가 있는 인연법에다 임시로 시설을 해보는 것입니다. 영구적은 아닙니다. 중생이 모르는 것을 깨치기 위한 방편으로 명과 언 두 가지가 있습니다. 그리고 사람의 몸뚱이는 인연으로 생긴 것인데 사람 속에 들어가면 머리도 있고 이마도 있고 눈썹도 있는 이런 부분을 의義라고 합니다. 이러한 부분을 의라고 하고 법은 전체입니다. 전체와 부분으로 들으면 됩니다. 그러면 오온이 가화합한 이 몸 속에는 실아는 없지만 아와 비슷한 것이 있습니다. '의義'와 '용用'을 따라서 하는 것으로 집합해 놓으면 부분이 있는 것 같습니다. '의'와 '용'을 따라하면 실아실법은 없지만 유정을 이용하면 그렇다는 것입니다. 이 몸뚱이 속에 실아실법은 없지만 오온이 집합하면 상일주재한 낌새가 있어 그것을 용이라 합니다. 실체는 없지만 오온인 용은 그런 자격이 있습니다.

쇠종 속에는 원래 소리가 들었는지 안들었는지 모릅니다. 종 속에 원래 소리가 있다가 나오는 것입니까? 종을 땡하고 치면 종소리가 납니다. 마치 종 속에 들었다가 나오는 것 같습니다. 그렇다면 자격이 있어서 사람 속에서는 사람 자격이 나오고 벌레 속에서는 벌레 자격이 나오고 북 속에서는 북 소리가 나옵니다. 아까 말한 것처럼 성교聖敎에서는 오온의 체는 있지만 오온의 체가 있는 곳에 가설해보면 있었던 것을 끌어당기고 이용해서 명언에서 잡은 이치를 시설하고 용用에서 잡은 이치를 당겨서 본다고 이야기하고 있습니다. 이 용用이 있어 오온이 결합하면 상일주재한 것 같고 나팔을 불면 나팔 속에서 무슨 소리가 있는 것 같지만 그런 것과는 확실하게 다른 것입니다. 세간에서 쓰는 아법이나 성교에서 쓰는 아법은 임시 방편으로 여러분이 모르고 있는 것을 알리기 위해서 그렇게 하는 것입니다. 선불교에서도 경전처럼 말 하는 것은 중생이 모르고 있는 것을 고치려고 방편으로 합작 사업을 하는 것입니다.

교재에 보면 인연소생법을 간단하게 말하면 희망, 승소, 색, 분위법, 실상 그것에서 퍼진 것이 육근 전체의 현상입니다. 누가 새끼를 쳤느냐? 어디서 나왔느냐? 여기서 표종귀식標宗歸識이라 했는데 이것은 유식이 종宗입니다. 종을 표시해서 식으로 돌려보낸 것입니다. 삼라만상의 이 많은 것은 전부 식이 만든 것입니다. 교회에 가면 세상은 하나님이 만들었다 하는데 똑같은 이야기로 세상은 식이 낳은 5위 100법인 것입니다. 삼십송에서는 유가설아법이라 했습니다. 유종종상전有種種相轉은 가지가지 모양이 만들어지고 드러나는 것입니다. 가를 의지해서 가지가지 모양의 종종상전이 흘러나왔다는 것입니다. 그것이 삼라만상입니다. 만유는 식소변입니다. 식이 낳았다는 소리인데 그래서 식은 낳는 놈이고 5위 100법은 새끼입니다. 낳는 식을 능변이라 하며, 능이 낳아진 놈인 5위 100법은 소변입니다. 피의식소변彼依識所變이라 할 때 피자는 종종상전한 모양으로 식이 낳은 것으로 유식입니다. 경계는 바로 식이 새끼친 것입니다. 식이 전부 만든 것입니다. 유식이란 말을 이제 이해하겠지요?

잠을 자다가 꿈을 꾼 것은 어디서 나왔습니까? 꿈은 생각이 깨끗하지 못하고 흐릿한 데서 나온 것입니다. 깨닫지 못하고 정당치 못한 흐릿한 생각은 불각, 무명입니다. 우리가 보는 삼라만상은 깨닫지 못한 불각에서 나왔습니다. 깨치면 보지도 듣지도 않고 이런 것에 걸리지도 않습니다. 눈뜬 사람은 걸림이 없습니다. 눈을 못 뜨니 안 보이는 것이며 이것이 무명인 것입니다.

제 13 강

사분四分

(견분見分 · 상분相分 · 자증분自證分 · 증자증분證自證分)

식소변識所變의 의미는 무엇입니까? 어떤 보살이 자신의 얼굴을 보고 예쁘다, 못생겼다라는 생각을 일으킵니다. 미녀가 아이를 낳으면 미녀미남을 낳을 것이고 추녀가 아이를 낳으면 어떻게 되겠습니까? 미인이 아닐 수도 있습니다. 소변과 능변도 마찬가지입니다. 불교에서는 능能, 소所를 가지고 이야기합니다. 우리가 분별을 일으키는 것을 능과 소의 식소변이라 합니다. 식은 한 가지가 아닙니다. 식은 여덟 개이며 유는 세 가지인데 이것을 식체로 할 때에는 여덟 가지로 보는 것이 정상입니다. 식은 낳은 놈이 어떻게 생겼느냐? 에 대해서 10대 논사들이 자신의 주장에 따라 나누었다고 했습니다. 열 사람이면 열 사람의 소견이

다 다릅니다. 그래서 유식이 어렵다는 것입니다. 나는 열 사람 이야기를 다 할 생각이 없습니다. 시간도 안 되고 여러분이 들어도 복잡해서 어려울 뿐입니다.

10대 논사 가운데서 능변의 식을 이야기할 때 식체라고 하는 것은 식이 나눌 '분分'을 썼기 때문입니다. 일분一分과 이분二分과 삼분三分과 사분四分으로 나눕니다. 그러니까 심리작용을 네 가지로 나눈 것입니다. 첫째 종자식이라고 했습니다. 다시 말해서 식이란 우리가 과거에 보고 듣고 생각했던 많은 행동의 원판이 들어있는 창고입니다. 신구의로 지은 업의 타성 분위기로 기운이 모입니다. 우리가 어떤 행위를 하면 행위의 결과는 없어지지 않고 남아 있습니다. 생각하고 행동한 뒤를 잔상이라고 합니다. 잔상은 불을 빨리 돌리면 돌리는 도수 보다 내가 보는 도수가 따라가질 못하니까 동그랗게 보입니다. 똑똑히 본다면 이쪽으로 갔을 때와 저쪽으로 갔을 때가 그냥 드러날 것이 아니겠습니까? 빨리 돌아가는 도수를 내 눈이 따라가질 못하니까 동그란 수레바퀴로 보이는 것입니다. 잔상을 이용해서 영화를 만드는 것입니다. 또 아이들 좋아하는 만화영화도 그렇습니다. 영화나 TV는 잔상을 이용해서 만든 것입니다. 또 아주 발달된 심리학으로 전개되어 매우 자세하게 나옵니다. 유식은 심리학으로는 아마 세계 최고일 것입니다. 여기 써 놓은 것도 다 따라가질 못합니다. 내 인식으로는 따라갈 수가 없습니다.

피의식소변彼依識所變이라고 했는데 그 가운데 심리작용을 식소변으로 정했습니다. 앞에서 식체는 식작용을 이야기 하는 것입니다. 또 능변을 체로 이야기하는데 능변체입니다. 소변은 만생이며 능변은 만법을 낳았습니다. 몇 명이나 낳았느냐 하면 안난진호安難陳護(안혜, 난타, 진나, 호법)로 일분, 이분, 삼분, 사분설을 주장합니다. 안혜는 일분설, 난타는 이분설, 진나는 삼분설, 호법은 사분설을 주장합니다. 이것을 외우기 쉽게 '안난진호 일이삼사'라 합니다. 나도 옛날에 그렇게 외웠습니다. 그런데 심리학에서는 식소변을 네 가지로 이야기합니다. 이것을 식이라고 이야기 한다면 식의 모양인 견분이 있어야 하므로 이것은 식 자체를 이야기 하는 것입니다. 다시 말해서 이것은 상분에서 나온 말입니다. 예를 들어서 내가 안경집을 들었을 때 안경집을 여러분이 보았습니다. 보는 것은 식이고 안경집을 상분이라고 합니다. 안경집을 보는 눈은 견분이라 하여 두 가지 작용을 하는 것은 견분상분으로 식을 가지고 있는 것입니다. 식은 뿌리가 되고 견분상분은 줄기와 잎이 되는 것입니다. 우리에게 작용하는 것은 이 세 가지를 한꺼번에 합니다. 그래서 기신론에서는 이 작용은 미세해서 우리 능력으로 능히 판단할 수 없다고 했습니다. 치밀한 이 세 가지를 삼세라고 합니다. 현상, 전상에서 현상은 모양이고 전상은 보는 것인데 이것을 해석할 때 열 사람 가운데 네 사람은 제각기 견해를 달리하고 있습니다. 일분이라고 했는데 일분이 작용하면 그것은 식소변을 이야기 하는 것입니다. 이것이 작용할 때 모양새는 일분一分이 된다고 합니다. 이 부분에 대해서는 설명하지 않고 넘어갈까 했었는데 한꺼번에 설명하겠습니다. 책에 자세히 나오기 때문에 꼭 읽어보도록 하세요.

이러한 아법은 그 실체가 실재로 있는 것이 아니고 다만 가설에 의한 것이라고 하지만 거기에는 아직 명언이 있는 점을 간과할 수 없습니다. 왜냐하면 원래 가설은 실재 아법이 있어야만 이루어지는 것이기 때문에 실재 아법이 없다면 가설이라 할 수 없습니다.

성유식론에는 공교함을 함유하고 있습니다. 요즘 사람들의 유식론 설명에는 분명히 문제가 많습니다. 한문으로 써놓으면 이해하기 어렵다고 해서 전부 한글로 쓰자는 것입니다. 한글로 바꾸었을 때 중국 사람들은 사음四音을 사용하는데 이렇게 고쳐놓으면 세종대왕이 아무리 좋은 글자를 만들어 놓아도 무슨 말인지 모른단 말입니다. 이것을 한문으로 써 놓으면 어느 정도 뜻이 통하는데 한글로 써놓으면 이해가 안되는 것이 실제로 많습니다. 그래서 같은 글자라도 뜻이 다른 점이 있으므로 한문의 해석도 일정하지 않습니다.

성유식론에는 그들을 공교하게 합류해서 설하고 있습니다. 일분이 식소변이라고 했습니다. 변은 낳았다는 뜻이며 변을 이룬 식체가 나누어져서 견분見分·상분相分이 됩니다. 즉 일분이 나뉘어져 이분이 되며 이분이 나뉘어져 사분이 됩니다. 상분이라고 써놓았는데 상분은 모양이며, 견분은 무엇을 보는 주체이고, 상은 객체로 견상이 견분과 상분이 되며 마찬가지로 자증분自證分은 식체가 일어나는 까닭입니다. 이것은 정확한 것입니다. 견분상분에서 아와 법을 설했다는 것입니다. 아를 설했는데 견분은 아로 집착하기 쉽고 상분을 법으로 집착하는 것입니다. 견분상분은 아집의 아와 법으로 앞에서 설아법이라고 했습니다. 가를 위해서 아법을 설했는데 밑에 두 이二자를 써놨습니다. 아와 법 둘이 견분상분입니다. 아법의 아와 법을 견분상분을 해서 세웠는데 아와 법 둘은 견분상분을 여의고는 서 있을 위치가 없습니다. 달팽이에게는 촉수가 있습니다. 고개만 들면 달팽이는 껍데기 속으로 쏙 들어가면 없습니다. 대가리만 내밀면 불룩 나옵니다. 흔히 식을 비유하기를 달팽이 머리에 비유하는데 식체가 작용 안하면 달팽이 머리가 숨은 것과 같으며 작용만 하면 머리에서 촉수가 나오는 것입니다. 견분상분도 이렇게 이야기하는 것입니다. 몸속에 들어가면 견분상분이 안 보이고 내밀면 나온다는 것입니다. 촉수 두 개 가운데 하나는 견분이고 하나는 상분입니다. 견분은 작용하는 것이 아니라 보는 것이고 상분은 객체이니까 보이는 것입니다. 견분상분을 위해서 아와 법을 씌우는 것입니다. 또 식체가 변해서 양분으로 나눠지니까 견분과 상분이 한 가지 자증분으로 식체에 의지해서 일어납니다. 이 이분을 이겨야 하는데 이분이 무엇입니까? 견분 상분으로 아와 법을 시설했습니다. 아법은 일분을 여의고 견분상분 이분을 여의고 식소변으로 아법을 뒤집어 씌운 것이라고 호법은 주장합니다.

난타도 그렇게 주장 했습니다. 그러나 난타는 이분을 주장합니다. 이분은 견분과 상분을 말하는 것입니다. 견분과 상분에서 견분이 작용하면 상분이 된다고 했습니다. 견분은 주체로 보고 상분을 객체로 봅니다. 난타는 이렇게 본 것입니다. 내식이 전해 외경으로 변하고 있는 것이 난타의 견해입니다. 삼라만상은 실아실법이 아니라 견분상분입니다. 실아실법은 식이 뱉어놓은 견분상분에 의지해서 말하기 때문에 식의 소변에 의지한 견분상분입니다. 소변에 의지해서 아와 법을 가설합니다. 아와 법을 가설하는 것은 식의 소변에 의지해서 설명하는 것입니다. 이것은 실아실법을 가설했다는 것입니다. 실아실법은 본래 없는 것이지만 가설을 할 때 식의 소변에 두고 의지해서 가설을 한 것입니다. 실아실법은 본래 없는 것이지만 식의 소변에 의지해서 견분상분을 가설했다는 것을 기억하면 됩니다. 그래서 이것은 견분상분을 두고 하는 말이고 저것은 아와 법을 두고 하는 말입니다. 식에 대해서 간접적으로 건너뛰지 않았습니다. 견분상분은 식에서 일어난 직접적인 것이니까 건너뛰지 않는 것입니다. 실아실법은 하나 건너 뛰어서 얘기한 것입니다. 바로 가까운 실아실법은 견분상분이라고 한 것입니다. 이것은 '이'라고 해야하는데 일본말로 '고레와'라고 합니다. 흔히 일본사람이 고레와 하는 것은 여기서 견분상분이며 능변은 분으로 덩어리 식체로 보면 오직 셋 뿐입니다. 유로 잡은 것입니다. 이것의 능변은 오직 셋뿐입니다. 첫째 제 팔식은 이숙식異熟識이며, 둘째 제 칠식은 사량식思量識이며 전 육식은 요별경식了別境識이라고 한 것입니다.

책장을 넘기면 도표가 나옵니다. 도표에 식체識體라고 했습니다. 식체라 함은 개수를 세는 것입니다. 안식, 이식, 비식, 설식, 신식, 의식, 말나식, 아뢰야식 여덟 개가 있습니다. 식체는 안식을 제 일식, 이식을 제 이식이라 하며, 아뢰야식은 제 팔식이 됩니다. 그래서 식의 개수를 세면 추에서 세細로 나가는 것입니다. 식의 종류에서 순서를 바꾸면 이숙 · 사량 · 요별경입니다. 우리는 이숙식의 세계를 초능변이라고 합니다. 우리가 사는 사람 세계를 말나 · 요별경이라 합니다. 그래서 법상인 이숙연계사상은 두 가지입니다. 식이 생기는 도수로 보면 아뢰야식이 먼저 생겨 본식이라고 했습니다. 아뢰야식에서 작용하여 제 육식이 생기고 그 다음에 전오식이 생기는 것입니다. 그래서 생기는 도수로 말하면 이숙 · 사량 · 요별경이라 해야 하고 추한 것으로 보면 여덟 개로 나누는 것입니다. 능변의 식은 안식 내지 아뢰야식의 8종이 있고 그 이후에 이숙 · 사량 · 요별경 세 가지가 있는데 뜻이 확고해서 서로 틀림이 없습니다.

제 14 강

이숙식異熟識

따라서 본송에 차능변유삼此能變唯三에 유唯자를 결정이라고 했습니다. 이랬다 저랬다 요동 부리는 이것을 증감增減이라 합니다. 그러니까 유唯자의 뜻이 결정이라는 뜻도 되고 증감이란 뜻도 되니까 간략히 하면 세 가지가 되고 넓히면 여덟 가지가 된다는 것입니다.

소승부에서는 구종九種이라 하는데 정확한 학설은 아닙니다. 식체로 들면 팔종식으로 순서가 되고 삼유로는 세 가지로 이숙식을 아뢰야식이라고 하고 제 칠식을 사량식이라고 하며 전 육식을 요별경식이라고 합니다.

다음 이숙을 새기는데 세 가지 설명이 나옵니다. 302페이지 끝에 보면 인식을 무엇이라 했습니까? 우리는 평소에

업을 지으며 살고 있습니다. 착한 일도 하고 악한 일도 하고 이것도 저것도 아닌 일도 합니다. 도덕적으로 이숙이라는 것은 선악을 의지해서 간택된 유정총보로 이 몸의 가치를 말하는 것입니다. 사실을 말하는 것으로 아뢰야식이 그것입니다. 이숙의 이름을 해석하는데 세 가지가 있습니다.

첫째 변이이숙變異而熟은 뭉개버리고 점을 대신하여 떼놓는 것입니다. 변이이숙을 설명할 때 반드시 인이 변이합니다. 이숙을 해석하면 익었다는 것입니다. 그런데 이숙을 해석할 때는 세 가지가 있는데 변이이숙은 반드시 인이 과가 되려면 그 가운데 변동이 있어야 합니다. 그것을 보고 다르게 변했다고 합니다. 인과 과가 같다면 변한 것이 아닙니다. 원래부터 변한 것이 없습니다. 콩도 땅 속에 묻혀 물 기운을 빨아들여야 잘 자랍니다. 쌀을 가지고 밥을 하는데 어떻게 합니까? 쌀을 그냥 두면 밥이 안 됩니다. 무엇인가 밥이 되도록 해야 합니다. 그것을 변이이숙이라고 합니다. 밥이라는 과를 얻을 때는 쌀이라는 인을 그대로 놔두어서는 안됩니다. 쌀에서 변동을 일으켜야 밥이 되는 것입니다. 그래서 인에서 과로 변할 때 달라지는 것을 변이이숙이라 합니다.

이시이숙異時而熟은 같은 때가 아니라 평생 업을 짓고 내생에 가서 과를 받는 것입니다. 예를 들어서 금년 봄에 보리씨를 뿌려서 다음 해 여름에 보리 추수를 하는 것처럼 그렇게 시간이 지나가면 점차로 바뀌지는 것을 이시이숙이라고 합니다.

이류이숙異類而熟은 여름에 보면 새파란 감이 가을이 되면 빨간 홍시가 되듯이 달라지는 것입니다. 새파란 것이 빨간 것으로 달라질 때 새파란 것은 인이 되고 빨간 것을 과라고 하면 빨갛고 새파란 것은 같은 것이 아닙니다. 유類가 달라진 것입니다. 즉 모양이 달라졌다는 것입니다. 떫은 감이 달콤한 홍시로 변했다면 분명 같은 것이 아니라 달라진 것입니다. 그렇게 된 것을 이류이숙異類而熟이라고 합니다. 이숙만 띄기 때문에 몸이 살아있을 때는 선악을 짓습니다. 업을 지은 것이 나타난 것입니다.

업이 종자를 심은 것이 아뢰야식입니다. 아뢰야라는 말은 온갖 것 속에 다 감추어 놓았다가 나중에 세 가지로 나온다는 뜻입니다. 선악이 아뢰야식에 가서 종자가 될 때 무기가 됩니다. 업을 지을 때 선한 것은 참선으로 통했는데 과에 저장될 때는 무기가 되어버립니다. 한자로는 '인통선악因通善惡'이라 하는데 인은 선악으로 통했다는 뜻입니다. 문법적으로는 통자를 쓸 수 없지만 이것의 본래 글은

'인시선악因是善惡'이나 과유무기果唯無記입니다.

학교에서 12품사를 배웠지요? 12품사에서 지정사라는 것이 있습니다. 지정사는 두 가지가 있는데 이다, 아니다입니다. 이다, 아니다를 지정사로 본다면 통할 통자는 문법으로는 틀리지 않습니다. 인은 선악이지만 과는 무기입니다. 시是자가 지정사가 되었는데 문법에서는 시是자가 정확한 것입니다. 인은 선악과 통하나 과는 무기일 뿐이다라고 해도 말은 되지만 시자로 표현했다는 것을 알아야 합니다. 예를 들어서 남을 때리면 악한 짓이고 남을 동정하면 착한 짓이 됩니다. 이렇게 겉으로 나타난 선악의 모양은 확실히 달랐는데 무기로 볼 때는 나타나지 않습니다.

현대식으로 표현하면 무의식입니다. 사람 때리는 것이 무기에 들어가면 안 보입니다. 선악의 행위가 나중에 무기가 되면 식이라고 표현합니다. 행동이 직관에 박히는 것을 식이라 하는데 식에서는 선한 일이나 악한 일이 소멸되고 사라지는 일은 없습니다. 왜냐하면 우리는 집착을 하기 때문에 집착이 있는 한 그것이 받치고 있기 때문에 사그라들지 않습니다. 선악에 아집이 있는 한 아집은 없어지는 것이 아닙니다. 칠식에 가면 이름만 없어지는 것입니다. 어떤 제자가 성불을 할 때를 보면 참선한 자세의 다리모양만 있고, 선악의 구분이 없기 때문에 그것은 무기입니다. 무기無記이기 때문에 없어지는 것이 아닙니다. 우리는 식이라고 합니다. 안다고 한 것입니다.

여러분이 어릴 때 무엇을 잘못해서 어른들한테 꾸지람을 들은 적이 있지요? 그래서 매를 맞았던 것이 저장 되어 있습니다. 십 년이 지나고 이십 년이 지나도 표시는 나지 않습니다. 그것이 바로 무기입니다. 나중에 그 무기는 자극을 하면 일어납니다. 어른한테 혼난 기억이 무기로 잠재된 상태에서 몇 십 년이 지났는데 옆에서 내가 했듯이 어린 아이가 꾸중 듣는 것을 보면서 내가 꾸중 들었던 기억이 납니다. 그것을 안다고 표현합니다. 경험이 없으면 모른다는 것입니다. 식의 얘기는 그렇게 됩니다. 톡 때리면 나온다는 것입니다. 무의식의 무부무기로 되어 있다가 어느 때에 가서 나타나게 됩니다. 네 가지로 되어있는데 아뢰야식에 종자를 심어서 저장한 식입니다. 이것이 무부무기無覆無記라는 것입니다. 이 속에는 좋든 나쁘든지 간에 무기로 한 것이 다 들어가 있습니다. 그것을 이숙식이라고 합니다. 제 팔식을 가지고 이숙식이라고 했는데 유로 잡을 때에 이름으로 구분을 해야 합니다. 왜냐하면 지어진 선악은 무기가 되었으니까 동류同類가 아닙니다. 종자가 그대로 흐르는 것이 아니라 과에 가서는 무기가 되고 인에서는 선악이니까 다른 말로 표현한다면 인과 과가 달라졌다는 것입니다. 다시 말하면 인과 과의 성질이 달라졌다는 것입니다. 제 팔식을 종자식이라고 하는 동시에 인지할 때와 저장될 때 모양이 달라지기 때문에 이숙식이라고도 합니다. 사량식에 들어가 잠재되어 있을 때에는 무기이기 때문에 표가 나지 않습니다. 무기를 선이라고 할 수도 없고 악이라고 할 수도 없습니다. 들어가 있을 때에는 선인지 악인지 이름을 붙일 수가 없습니다. 그것은 안 드러나는 것이기 때문입니다. 잠재되어 표가 안 납니다. 종자에는 선도 들어가고 악도 들어가는데 문 밖에서는 선악이 표가 나는데 문 안으로 들어가버리면 모양이 달라져버립니다. 선과 악의 증감이 생기는 것은 아니지만 햇빛이 있을 때는 얼굴이 훤하게 보이는데 캄캄한 방에 들어가니까 얼굴이 안보이더라는 것입니다. 방 밖에 있을 때는 환하니까 키가 크다, 잘생겼다 등을 알 수 있는데 어두운 곳에 들어가니까 안 보이는 것입니다. 내가 선악을 지었지만 방에 들어가면 선도 안 보이고 악도 안 보입니다. 거기에 들어가면 선이라고 할 수도 없고 악이라고 할 수도 없습니다. 그래서 그것을 무기라고 합니다. 우리가 의식할 수 없는 상황이므로 무의식이라고 이름 지은 것입니다. 그래서 이름을 무부무기라 합니다. 이것은 들어갈 때 현행이 훈종자熏種子가 되는 이야기입니다. 종자가 박힐 그 즈음에 가면 죄 지은 놈이 감옥에 들어가서 갇히면 선악이 없어져버립니다. 판사 앞에 나가야 선악을 가리는 것이지 감방에 있을 때는 선악을 구별하지 못하는 것입니다. 무슨 죄를 지었는지, 가벼운 죄를 지었는지, 무거운 죄를 지었는지 가리지 못하는 것입니다. 감방에서는 선악을 묻지 않고 불문에 부치는 그것을 무기라고 합니다.

다음 말나식이라고 하는 것은 보통 전육식前六識과 같은 줄 아는데 말나식은 작용이 얼마 안됩니다. 사량식을 설명할 때 나오는 이야기로 사량식이라는 것은 '여'자를 떼버리고 사량이라고 한 것입니다. 이러쿵 저러쿵 따지는 것을 사량이라고 하는데 어떻게 따집니까? 사량식은 제 칠식에 이름을 붙인 것입니다. 다른 식과 마찬가지로 제 칠식은 제 팔식의 종자 얘기가 나와야 하는데, 다음 강의 쯤에 나올 것입니다. 제 팔식 견분은 업의 그림자로 사량식인 제 칠식이 그대로 '나'라고 하는 것입니다. 제 칠식 견분이 제 팔식 견분을 보고 '나'라고 실아에 집착을 하는 것이 사량입니다. 시간적으로 항상하고 공간적으로 아주 큰 것을 어떻게 씁니까? 항상 시간적으로 공간적으로 사량을 하되 본래 성품이 한 번도 끊어진 적이 없습니다. 그리고 이것은 해석하기가 어렵습니다. 밤낮으로 성불을 하기까지는 한 번도 끊어진 적이 없습니다.

좋은 일을 하더라도 아집 때문에 미리 받을 것을 생각합니다. 세 가지 주는 사람과 받는 사람을 무엇이라고 합니까? 보살도 남에게 주면 줬다고 생각하고 받을 보답을 하는 것입니다. 성불을 하면 없어지지만 제 팔식은 항상 하지만 심사審思를 하지 못합니다. 제 육식은 심사는 하지만 항상이 안 되고 전오식은 사량을 못하기 때문에 심사와 항상 두 가지가 없습니다. 팔식도 사량하는 것이 있어 표가 나지 않고 육식도 사량하고 또 전오식도 못한다고 했지만 식은 사량을 기본적으로 갖고 있습니다. 그래서 가장 사량을 잘 하는 칠식을 사량식이라고 이름을 붙인 것입니다. 책에는 도표가 있으니 잘 읽어보시기 바랍니다.

전육식은 요별경식이라고 합니다. 요별하는 것이나 사량하는 것은 같은 뜻입니다. 그런데 왜 전육식에만 요별경식이라고 할까요? 눈으로 물건을 보고 귀로 소리를 듣고 하는 것이 추경계, 추탁한 경계, 드러난 추경계, 머트러운 경계를 사량한다고 해서 전육식이 되어 특별히 상相으로 추열해서 요별경식이라고 하는 것입니다. 지금까지 이숙식,

사량식, 요별경식 세 가지를 다 살펴보았습니다.

오늘은 인능변 과능변까지 하려고 했는데 못했습니다. 인능변 과능변이 나오면 좀 이해가 될 것입니다. 이 세상을 이해하는 것과 이해하는 능력을 행상이라고 합니다. 또 이해해주는 여러 가지 인능변 과능변에 가면 유식의 체제가 대략적으로 잡힐 것입니다. 자꾸 없다고 하니까 없는 것으로만 이야기했습니다. 밖에 경계가 없다고 한 이유가 있을 것 아닙니까? 산하대지가 없다고 했는데 왜 없는지 이유가 나옵니다.

식을 표현할 때 동류식, 이숙식에서 이숙식을 업종자라 하며 동류식을 명언종자라고도 합니다. 명언종자라고 하는 것에는 또 까닭이 있습니다. 내일은 인능변 과능변에 대해서 미리 한 번 읽어오면 강의 듣기가 쉬울 것입니다.

제 15 강

삼류경三類境

(성경性境 · 독영경獨影境 · 대질경帶質境)

공부 진도가 너무 느려서 걱정입니다. 마음이 급해 많이 하려고 애쓰는 바람에 앞뒤의 순서가 바뀌고 말이 그냥 부딪혀버립니다. 앞말과 뒷말이 부딪혀서 범벅이 된 것입니다. 그렇지만 약표略標와 광석廣釋부분에서 정리가 되어 다행입니다. 약표만 제대로 하면 됩니다. 약표는 광석을 축소해 놓은 것입니다. 아무리 큰 건물이라도 작은 사진 속에 다 들어갈 수 있듯이 약표만 잘 들으면 됩니다. 약표는 세 가지가 있는데 첫째가 석난파집釋難破執으로 앞에서 한 번 설명을 했습니다. 유가설아법은 약표로써 광석의 내용이 약표 속에 다 들어있습니다. 큰 건물이나 사람도 사진을 찍으면 눈, 코, 입 등 온몸이 사진 속에 다 들어갑니다. 약표는 사진과 같은 것이기 때문에 그래서 약표를 잘 알면 전체적으로 이해하기가 쉽습니다.

그 다음 표종귀식標宗歸識을 해야 합니다. 5위 100법이라고 해도 되지만 간단히 말하면 실아실법으로 유가설아법이라고 합니다. 그것을 피彼라고 하는 것입니다. 중생이 집착하는 실아실법은 가假라고 했습니다. 실아실법은 식의 소변이며, 식은 능변입니다. 견분상분은 식의 소변이며, 식의 소변에 의거해서 실아실법을 가짜로 세운 것입니다.

식의 소변인 견분상분에 의거해서 아와 법을 가립했다는 것입니다. 그러므로 실아실법은 아법을 이야기 한 것입니다. 책에 보면 창능변체彰能變體라는 말이 나오는데 소변은 식의 소변이고 식은 능변의 식체라는 것입니다. 견분상분을 두 가지로 이야기했지만 세상법은 견분상분을 빼면 아무것도 없습니다. 견분상분의 두 가지가 세상 법을 다 포섭한다는 말입니다. 널리 말하면 5위 100법입니다. 5위 100법은 곧 견분상분입니다. 중생은 5위 100법 가운데 실아라고 집착할 만한 무엇이 있다고 생각합니다.

인연으로 가립되었다는 것은 가짜로 세웠다는 말입니다. 우리는 집을 지을 때에 서까래가 얹혀 있는 것을 보고 집이라고 생각할 수도 있지만 서까래, 대들보 이런 것으로 조립해 놓은 것을 집이라고 합니다. 서까래, 대들보가 있어 지어놓은 것입니다. 오온이 화합했다고 해서 그 속에 '나'라고 가히 집착할 만한 것이 없다는 것입니다. 이와 같이 서까래와 대들보로 건립해 놓은 것처럼 집이라고 가히 지적할 만한 것이 없다는 것입니다. 그럼에도 불구하고 중생은 만경을 가지고 몸 속에는 내가 있거나 혹은 서까래로 지어 놓은 것을 집이라고 생각합니다.

실아실법을 집착하여 단순히 집착할 만한 아와 법이 없음에도 불구하고 집착하는 것은 뚱딴지 같은 말입니다. 망념으로 그것이 있다고 생각합니다. 계속 이야기했지만 가립을 할 때 오온의 법이 가립이나 오온의 법체에 대해서 가히 아와 법이 없지만 여러분이 알아듣도록 하기 위해서 이렇게 말하는 것입니다. 그래서 거짓으로 말하면 오온 법이 가아입니다. 의타기성을 오온법이라 했는데 그것이 바로 가아입니다. 원성실성은 참말로 있는 것입니다. 원성실성은 본질이며 의타기성이라는 것은 그림자이며 그림자 속에는 혼이 없다는 것입니다. 오온은 의타기성인데 오온 속에 내가 있다고 생각합니다. 내가 산이나 그 집 속에 있거니 생각하는 것이 실아실법이라 했습니다. 실아실법을 가정할 만한 것은 없지만, 단지 중생이 망념을 정념으로 알아 식이 있다고 생각합니다. 그것을 파헤치기 위해서 삼십송이 나왔습니다. 식의 소변인 견분상분에 의해서 아와 법을 구별하기로 했단 말입니다. 그러면 견분상분에 의해서 아와 법을 구별하는데 능변이 식이라 했으니까 망념이나 식이나 똑 같습니다. 뜻 정情자와 똑 같습니다. 간혹 정식情識이라고도 합니다. 이것은 만물의 식으로 능변을 했으니까 만법은 소변이고, 식이 만법을 토해놓았으니까 이것은 능변입니다. 능변은 식이며 소변은 견분상분입니다.

능변에는 오직 세 가지 뿐입니다. 능변체를 들어낸다는 뜻으로 식체識體라고 합니다. 제 팔식을 이숙식이라 하며 제 칠식을 사량식이라 하고, 제 육식을 요별경식이라 합니다. 그러면 능변체의 소변은 삼라만상이 안이비설신의로 통해서 들어오는 색성향미촉법입니다. 이것은 두 가지로 갈라지는데 먼저 객관은 밖에 있는 것입니다. 삼라만상을 5위 100법으로 나누었습니다. 기독교에서는 이 세상을 하느님이 만들었다고 하는데 복잡한 소리는 필요 없습니다. 똑 같은 소리로 하자면 능변이 세 가지인데, 이 때 유식소변唯識所變이라는 식을 알아야 합니다. 다시 말하면 하느님이 만물을 만들었다고 하니까 그 하느님이 무엇인가 제대로 알면 된다는 것입니다. 하느님을 알아야 됩니다. 여기서는 삼라만상을 식이 토해놨다고 하니까 식을 알면 다 아는 것입니다. 식을 모르니까 안 되는 것입니다. 식소변을 모르고 자꾸 소변이 '나'로서 속에 들어앉았다는 것입니다. 산속이나 집에 '나'가 들어앉았다고 착각을 하는 것입니다. 착각일 뿐 실제로는 없단 말입니다.

지난 번에도 이야기를 했지만 생리학자가 조사해보니까 우리 몸속에는 세포가 60조가 있다고 합니다. 그러면 60조를 뭉쳐놓은 것이 '나'인가 혹은 60조를 나눠서 '나'라고 합니까? 60조를 나누어서 나라고 하면 60조 개의 나가 들어있는 것입니다. 뭉치는게 하나면 무슨 지킴이가 원숭이처럼 들어앉았을 것입니다. 하지만 그런 것은 없습니다. 그런 것이 없는데 중생은 있다고 집착을 합니다. 부처님이 깨닫고 보니까 그런 것이 아니었습니다. 중생은 망념을 가지고 있어서 몸만 그런 것이 아니라 오온도 그러하여 나무에 붙으면 나무에서 작용을 하고, 풀에 붙으면 풀에 작용을 하여 '의초부목依草附木'이 된단 말입니다. 이곳에 모두 앉아 있는 것이 도깨비 처럼 보이는 것은 사실 우스운 일입니다. 이것이 실제가 아니라는 것입니다. 이것을 있다고 생각하면서 참선 한다고 앉아있는 것입니다. 그런 생각은 놓아버려야 합니다. 참선은 그것을 놓으려고 하는 것입니다. 하다보면 그것이 자연스럽게 놓아집니다. '무'하고 하루 종일 하다보면 자기가 안보이기 때문에 유령처럼 여겨집니다. 예를 들어 방에 처음 들어갔을 때 냉기가 심했는데 나중에 형상들이 점점 없어집니다. 달이 뜨면 달빛에 눈 녹듯이 다 녹습니다. 저 스님의 머리가 없어진다? 배가 없어진다? 팔이 없어진다? 그렇게 없어지는 것이 보인다는 것입니다. 그게 아주 역력합니다. 이것은 파계사 스님한테 들었던 아주 재미난 이야기입니다. 파계사에서 있었던 일이니까 파계사 스님들은 다 압니다.

오늘은 능소가 갈렸어요. 600자로 된 것을 해석한 것이 성유식론으로 연비演祕, 요의등了義燈, 술기述記에 내용이 다 들어있습니다. 성유식론의 3개소三個疏는 글자가 수 만 자가 됩니다. 유식이라는 말과 삼류경만 알면 됩니다. 유식이라는 것은 능변하는 식이고 삼류경이라는 것은 소연지경所緣之境입니다. 능변은 사분이며 소연은 소연지경으로 삼류경이라 하는 것입니다. 이것만 알아도 300자는 아는 것입니다. 그래서 정확하게 알아야 됩니다. 첫째 사분 삼류경에서 삼류경은 객관으로 밖에 있는 경계를 삼류로 논한 것입니다. 첫 번째 성경性境이라고 합니다. 성경은 원성실성으로 본질이 참으로 있는 것을 말합니다. 본질이 없는 것도 있습니다. 여러분은 '나'라고 하지만 본질은 없는 것입니다. 본질이 있으면 나누어서 설명한 오온 법이 가로 뭉친 것을 실제로 알게 됩니다. 이것이 중생입니다. 오온 법은 거짓으로 그림자가 있어 제대로 나타나지 않고 여러 모양을 사진 찍듯이 한 것입니다. 사진은 사진이지 생물은 아닙니다. 오온에서 그림자를 의타기성이라 합니다. 여러분은 천 분의 일도 모르는 원성실성을 내 몸으로 알고 그림자를 벌레로 알고 있습니다. 일체중생이 밤새도록 집착을 해도 원성실성은 조금도 변동이 없습니다. 변동이 있으면 안 됩니다. 여러분이 몸으로 매일 착각을 해도 원성실성은 변동이 없습니다. 여기 스님들은 다 배웠을 것입니다.

어떤 사람이 연인을 부를 때는 성동격서聲東擊西를 하는데 다른 곳에 가면 동서남북 방향에서 서쪽을 동으로 알았단 말입니다. 동을 서로 착각을 하면 동이 획 한 번 돌아서 서쪽으로 갑니까? 위치는 안 바뀐단 말입니다. 그런데 성동격서聲東擊西를 했단 말입니다. 깨닫고 보니 내가 서쪽인 줄 알고 있었던 것이 동쪽이라는 것입니다. 하지만 동東을 서西로 잘못 알았다고 그것이 돌아갔다가 다시 획 돌아오지 않습니다. 변동이 없습니다. 깨닫는데 있어서는 내가 서쪽으로 갔던 것이 나중에 알고 보니 동쪽이었다는 것입니다. 미했다가 깼다가 해도 동은 동일 뿐입니다. 여러분이 백 분배하고 천 분배하여도 그 자리는 변하는 것이 아닙니다. 그런 것을 성경이라 합니다. 그런데 실제로 원성실성만 성경이 아닙니다. 원성실성에서 나온 것은 다시 말해서 부처님 경전은 마음으로 덮어 놓은 것이 아니란 말입니다. 마음이라는 보자기를 덮어놓지 않은 것을 성경이라 합니다. 우리가 식을 가졌지만 팔식이나 제 칠식과 전육식 만으로도 성경을 안다는 것입니다. 현량으로 모두 알고 있지요. 아무리 안다해도 성경은 불수심이고 중생은 망심이라. 정을 가진 심이라고 했습니다. 중생은 망념을 따라가는 놈입니다. 이것만 분명이 알면 되는데 유식에서는 이것이 나오지 않습니다. 사분만 얘기했습니다.

현장이 인도를 다녀와서 중국에서 법상종을 창설합니다. 규기하고 자기들끼리 속닥속닥해서 삼류경을 얘기해 놓은 것입니다. 그래서 중국에서 얘기된 것이지 인도에는 없습니다. 사분삼류가 유식을 바르게 했으니까 이제 삼류경을 제대로 알아야 합니다. 성경을 불수심이라 했습니다.

그 다음 독영경獨影境이라는 것이 있는데 독영이라는 것은 그림자입니다. 우리가 몽중귀신이라고 할 때 실제로 본질은 없는 것입니다. 성경에서 성이라는 것은 본질이며 본질이 없는 것을 망념이라 하는데 망념으로 그 놈을 있다고 생각하는 것입니다. 그것을 뭐라고 지적할 수는 없습니다. 그래서 망념으로 지적하는 것입니다. 실제는 없는데 망념으로 있다고 생각하는 것입니다. 독영경은 홀로 망념해서 없는 것을 있다고 합니다. 토끼뿔 처럼 실제는 없는 것인데 그런 유사한 것을 생각하여 본질도 없고 종자도 없는 것입니다. 실제 종자에서 모양이 나온 것이 성경입니다. 이것은 종자도 현상으로 된 것도 없다는 것입니다. 독영은 유식경이라고도 합니다. 독영은 유식경의 '경'자를 쓸 수 없지만 독영경이라 합니다. 오직 망심에서 나와 유수심이 된 것입니다. 이것은 전향이 없는 것을 있다고 망념으로 창조하는 것입니다. 중생들이 종자도 없고 현행도 없는 것을 독영경이라 합니다.

다음 대질경帶質境이라는 것이 있습니다. 대질경은 본질을 띄고 있습니다. 하지만 종자와 본질이 있지만 제대로 모르는 것입니다. 제 칠식 견분이 제 팔식 견분을 들었으니 팔식 견분이 있어 그 있는 것을 띄지만 제 팔식 견분이 없는 망념의 식이지 본질은 아닙니다. 그것을 '나'라고 하는 것입니다. 그런 것이 대질경입니다. 세상에서 보면 제 팔식의 견분뿐만 아니라 본래부터 종자가 없는데 있는 것처럼 나타나는 것이 대질경입니다. 예를 들어서 달 밝은 밤에 저 건너편 소나무 밑에 큰 바위가 있는데 잘못 보고 '아이쿠 호랑이구나!' 생각하지만 실은 바위를 호랑이로 잘못 본 것입니다. 본질을 띄기는 띄었어도 그것을 비치는 능변하는 마음이 그릇된 사고를 한 것입니다. 어이쿠 저 도깨비가 나왔구나. 사람이 멈춰 섰구나. 나무꾼인가? 사람인가? 도깨비도 아닌 그런 것을 대질경이라 합니다. 대질도 경자를 안쓰지만 대질경이라 하여 통념문이라고도 합니다. 망념과 본질은 질을 말하는 것이고 착각하는 것은 정으로 인지상정입니다. 대질은 통념문이라 하지만 이것은 정이며 성경에서 본질은 성이라 합니다. 성경에서 성은 본질을 말하는 것입니다. 대질경에는 본질이 있지만 착각을 하는 정도가 1분 혹은 5분 이상 할 수가 있습니다. 정과 정의 말을 듣고 응하여 따르는 사람으로 그 때 '나'로 바뀔 때가 있단 말입니다. 이것이 삼류경의 이야기입니다.

삼류경을 설명했으니 사분의 삼을 공부한 것입니다. 오늘은 사분四分을 얘기할 것인데 이것은 매우 중요합니다. 사분이라는 것은 식의 작용입니다. 사분은 마음의 작용을 네 가지로 나누어 놓은 것입니다. 사실은 좀 더 뒷편에 가서 공부하면 얘기가 쉬운데 여기서 미리 하려니까 조금은 힘이 듭니다. 일본사람 선주가 만든 책인 '분량결分量決'이 있습니다. '분량결'은 마음의 작용을 다룬 책입니다. 그 한도를 요만치하고 저만치한 것은 분한입니다. 여러분은 신분이 무엇인지 알고 있을 것입니다. 신분 말고 또 직분이라는 표현이 있습니다. 신분은 부모든지 아들이든지 거기에 맞는 직분을 말합니다. 부모가 되던지 자식이 되는 것을 신분이라고 합니다. 너희들이 스님이냐? 아니냐? 하는 것도 신분의 표현입니다. 위치를 찾아가는 동시에 권한을 찾아가는 것을 신분이라 합니다. 마음 한가운데 있습니다. 회사에는 관리 직분이 있어서 부장이 되면 부하 밖에 작용을 못합니다. 면장은 면장. 도지사는 도지사. 대통령은 대통령의 권한이 있습니다. 그것을 분한이라고 합니다. 그런데 마음속에도 그런 분한이 있단 말입니다. 사종으로 차별을 합니다.

네 가지는 상분, 견분, 자증분, 증자증분으로 마음의 심리작용을 나타내는 것입니다. 과능변果能變, 인능변因能變에 대한 설명은 뒷편에 가서 해야 되는데 지금 공부하겠습니다. 능변은 세 가지인데 그 중에 소변은 5위 100법으로 수 없이 나누어집니다. 심리작용을 살펴보면 심용분한心用分限을 사종으로 차별했기 때문에 홀명사분忽明四分이라 그랬습니다. 그런데 앞에서는 심리작용을 능변이라 했습니다. 변하는 것은 곧 낳는다는 뜻이므로 변출變出했다가 됩니다. 능연에 대하여 이것은 반연한다라고 합니다. 또한 인식한다는 뜻입니다. 인식하는 것도 네 가지가 있는데 닮는 것을 과능변, 인능변이라 했습니다.

인식하려면 능연이 있어야 하는데 능연은 작용입니다. 대상은 소연입니다. 능연은 마음이고, 대상은 소연이니까 색에 가까운 것이 많습니다. 심도 있고, 색심도 들어있습니다. 능연이 어떻게 작용을 하느냐 하면 삼라만상을 반연할 때 작용하는 능연과 소연에 상대를 했습니다. 반연한다는 것은 능연과 소연이 서로 떨어지지 못해서 그런 것입니다. 능연이 반연하는 것과 반연해야 되는 것은 동시에 작용이 됩니다. 떨어져서는 못 산다는 것입니다. 눈이 볼 때, 눈과 근이 타고 앉아서 봅니다. 밖에 경과 동시에 있어야 됩니다. 근, 경, 식이 하나로 있어야 됩니다. 근경식이 한데 붙는 것을 촉이라 합니다. 그림이 늘 그렇게 되는 것이 식입니다. 이것은 식이며 견분이라 합니다. 견상이고 현상 또는 업이라고도 합니다. 떨어진 근, 경, 식 세 개가 딱 붙은 것을 촉이라 합니다. 세 가지가 합하면 삼합으로 촉이 됩니다. 삼합 다음에 촉이 생겨난다고 해서 삼합생촉설三

合生觸說도 있습니다. 우리가 그것을 다 못 볼 뿐이지 이것만 보면 박사가 되고도 남습니다.

다시 그림을 그려볼까요? 식과 식 하나에서 견분이 나왔습니다. 또 식 하나에서 상분이 나왔습니다. 어제 설명한 것이 바로 이것입니다. 견분상분은 식이 움직이는 것이며 주먹을 쥐었을 때는 한 덩어리가 됩니다. 그러나 주먹을 펴면 손가락이 다섯 개로 나누어져 서로 다른 세상인 팔자타개八字打開가 되는 것입니다. 어제는 달팽이 머리를 애기했지만 오늘은 내 손을 보세요. 이것은 하나지요? 그런데 작용만 하면 두 가지가 나옵니다. 하나는 견분 · 상분이고, 다른 하나는 전상 · 현상이라 합니다. 견분상분과 현상은 색과 함께 둘씩 나눕니다. 색은 이것도 둘로 또 나누어야 합니다. 식의 작용은 자기한테서 나왔지만, 식이 작용할 때는 상분은 다른 말로 근이라 하는데 근은 근경으로 나중에 바뀝니다. 이 때 식은 능연이 됩니다. 경계는 소연이 됩니다. 식은 경계를 반영하는 것이 능연이 되고, 이것은 소연인데 능연하고는 다릅니다. 능연은 스스로 나타나지만 소연은 반연하는 것입니다. 식은 경에 대해서 능연이 됩니다. 식은 능연이 되고 상은 소연이 되고 견은 근이 됩니다. 식이 반연 할 때는 근이 있어서 식을 관계하면 제대로 반연을 못합니다. 반드시 근을 깔고 앉아서 작용을 합니다. 식이 있지만, 눈에 만약 동공이 상하면 못 보는 것처럼 반드시 근이 성해야 되니까 근을 타고 앉아서 작용을 합니다. 그러면 식이 경을 대할 때에는 소연이 되고, 근은 경을 타고 앉아서 작용하며 소연이 아니고 소의所依가 됩니다.

제 16 강

소의所依 · 능의能依 · 소취所取 능취能取 · 소연所緣 · 능연能緣

근이 타고 앉은 것은 소의가 되고 식은 능의가 됩니다. 이것은 능의와 소의가 관계를 가졌다는 것입니다. 앞에서 황악산이 있다고 했는데 황악산이 눈 속의 동공에 비칩니다. 이 때 근이 산이라 하면 눈으로 본다는 것인데 그러면 산이 사진에 찍히는 것으로 사진 찍히는 것을 영상이라 합니다. 이 때 근은 능취가 되고 능은 사진 찍는 놈이고 또 이쪽의 경계는 찍히는 소연, 소취가 됩니다. 우리가 모를 뿐 학설로 풀어놓으면 중생 노름이 이렇더라는 것입니다. 209페이지에 보면 자세한 그림이 나옵니다.

이것 하나만 해도 큰 덕을 본 것입니다. 이것은 하루 아침에 되는 것이 아닙니다. 다겁 생에 쌓인 것이 저렇게 맺힌 것입니다. 이것은 평상시에도 근경식根境識을 못 벗어납니다. 즉 근경식이 지은 것으로 육근, 육경, 육식이 이 속에 들어서 18계라 합니다. 그 속에 들어앉아서 18계 밖에서는 볼 수가 없습니다. 꽃이 봉우리 안의 세계만 알지 밖의 세계를 보지 못한다는 것입니다. 나중에 반연을 하는데 이것을 제 팔식이라 합니다. 제 팔식 이 외에 제 칠식이라는 것이 있는데 이것은 삼라만상입니다.

제 칠식은 제 팔식 견분에서 나온 것으로 서로 왔다갔다 합니다. 앞에서 팔식이 삼라만상인 5위100법을 낳았다고 했습니다. 그런데 어떻게 낳았는지 모릅니다. 간밤에 낳긴 나았는데, 무엇인지 알아야 말을 하지요.

어제까지는 종자에서 나왔다고 했습니다. 가운데 속에 지저분한 종자가 많이 들었습니다. 예를 들어 멱살 잡고 뭉둥이 들고 하는 포악한 것도 있으며, 술 마시고 행패 부리는 별 것이 다 있습니다. 과거 겁부터 행위 했던 모든 것이 사진에 찍히는데 눈도 코도 사진에 찍혀 있습니다. 그래서 아뢰야식 속에 별의별 것이 다 들어있어 마치 고방에 참기름 갖다 놓듯이 간직하고 있습니다. 그러면 만물의 그림자가 그속에 다 들었는데 나오는 것도 거기서 나옵니다.

들어갔다 나왔다하는 것이 즉 훈습할 때도 자기가 벌려

놓은 그 식의 범위 안에서 보고 듣고 하는 것입니다. 자기 밖에서 다른 중생이 한 것도 있겠지만 다른 것이 없다는 것입니다. 다른 중생의 것을 설사 받는다 할지라도 자신의 육근을 가지고 다른 중생이 한 것을 받으므로 자신의 눈과 코와 귀를 가지고 있기 때문에 밖의 것이 그대로 들어가는 것이 아니라 작용하여 축소되어 들어갑니다. 어제 얘기한 것처럼 여러분이 내 눈을 보고 내 강의 소리를 들어도 그것은 식의 정도는 되지만 그 이상은 못 듣습니다. 어쨌든 이 식이 톡 터져야 되는데 언젠가 되겠지요. 황벽스님이 스승에게 가르침을 받기 위해서 가니까 '이 자식'하고 코를 비튼 것이 바로 터지도록 한 것입니다. 황벽스님은 터졌는데 우리는 아무리 두들겨 맞아도 터지질 않습니다. 그런데 임제스님도 톡 터졌습니다. 임제스님이 황벽스님께 법을 묻고 따귀를 맞기를 며칠 동안 계속되어도 안 터졌습니다. 그러자 황벽스님이 임제스님보고 대우스님한테 가보라고 합니다. 이것은 칠전식이 수 없이 쌓여있기 때문입니다. 수 없이 쌓여있는 것을 종자라고 하는데 이것이 미래를 대할 때 종자이지 칠전식에서 받아들이는 것은 현행이라고 합니다. 현행 속에 들어있는 종자가 연을 만나서 밖으로 벌어지면 삼라만상이 됩니다. 삼라만상은 육진연기로 현상이 됩니다. 현상이니까 현행이라 합니다. 현행이 나타날 때는 눈으로 코로, 현행하여 육진연기가 됩니다.

어제 강의할 때 영화 얘기를 했습니다. 영화는 필름이 찍어놓은 인화기를 환등기를 통하여 저쪽으로 가서 비친 것인데 실물이 화면에 있는 것이 아닙니다. 벽에 있는 것이 아니라 안에서 종자가 나가서 된 것입니다. 희한한 얘기입니다. 현행에서 어떤 인연을 만나면 현행인 그림자가 팔식으로 들어갑니다. 여기서 팔식은 훈습을 하는 기운이라고 합니다. 깨끗한 옷에 향내가 묻으니 향내가 납니다. 그렇지만 향내가 그 옷에 들어올 수는 없습니다. 그러나 옷에서 향내가 나온 것과 같은 것입니다. 밖에서 들어온 기운인데 나중에 보면 옷에 향내가 나는 것입니다. 이것은 우리가 출처를 모르고 하는 소리 입니다. 현행이 종자를 불에 쬐면 훈종자가 됩니다. 따라서 능변, 소변 대신에 무엇인가 관여를 하는데 인능변 과능변을 이야기하지 않을 수가 없습니다. 여기 칠전식에서 받아들인 것이 현행의 훈종자라 했습니다. 그러면 현행이 훈종자라면, 종자인 아뢰야식에 들어가서 물들면 그 순간 바로 나올 수는 없습니다. 시간이 지나야 나온다고 그랬습니다. 즉 시간이 지나야 나오는 것이지 바로 못 나옵니다. 바로 나와 저절로 터질 것 같지만 연속해서 나왔다 들어왔다 할 뿐입니다. 그런데 아뢰야식 속에 들어갈 때는 잠깐 들어가도 바로 못 나옵니다. 시간이 흘러 3찰나 이상 지나 인연을 만나야 됩니다.

지난 시간에 얘기했듯이 어릴 적에 어른한테 잘못해서 매를 맞았습니다. 현행에서 그 때는 바로 나가지 못하다가 시간이 10년, 20년 흘러 내 식 속에 종자로 들어있습니다. 종자로 들어있을 때는 종자라고 이름하지 않습니다. 처녀를 두고 어머니라고 하지 않는 것과 같습니다. 아이를 낳아야 어머니라는 소리를 듣습니다. 종자는 어머니란 소리입니다. 종자는 씨로 들어가든 뿌리를 내리든 열매를 맺어야 합니다. 처녀를 종자라 하지 않습니다. 이 때 이름을 습기習氣라 합니다. 머리 떼고 꼬리 떼고 습기라 합니다. 바로 습이라 하는데 꽉 차 있는 것입니다. 세 살 버릇 여든 간다는 것은 거짓말이 아닙니다. 여덟 겁 전에 또는 천만 겁 전에 한 것도 속에 다 들어 있습니다. 그래서 몇해 전의 일들이 다 훈습에 들어가 있습니다. 예를 들어서 한 어린아이가 쉰 살이 되어서 어릴 때 처럼 두들겨 맞으면 종자가 튀어나옵니다. 그 때부터 종자가 현행을 낳는 것입니다. 종자에서 현행이 또 나옵니다. 종자인데 딴 종자가 나와야 합니다. 하지만 딴 종자는 종자가 아닙니다. 종자가 현행을 낳는다고 지난 시간에 배웠습니다. 삼라만상을 낳았다고 했습니다. 습은 어미와 마찬가지로 종자입니다. 습 속에 종자가 많이 들었으니 어미라 해도 됩니다. 그래서 낳았단 말입니다. 뒷 장에 가서 다시 설명하지만 이것은 삼법전전三法轉轉해야 인과동시因果同時가 된다는 말입니다.

이렇게 아뢰야식에는 몇 백 겁 전부터의 종자가 들어 있습니다. 종자를 인이라 합니다. 종자니까 사과면 사과, 복숭아면 복숭아 처럼 현행을 심어놓으면 뿌리를 내려 복숭아면 복숭아가 열리게 됩니다. 열린 것이 장래에 다시 나타나려면 씨가 됩니다. 장래에 나타나서 종자인 어린애를 낳습니다. 그 전에는 종자라 하지 않고 습기라 합니다. 처녀는 남의 딸입니다. 종자가 아닙니다. 칠전식일 뿐입니다. 삼라만상이 어디서 나왔습니까? 인을 종자라 그래요. 종자는 인이 되고 현행은 과입니다. 종자에서 5위 100법이 나왔다고 했습니다. 밖의 세계로 나가는 것을 이야기한 것입니다. 칠식의 인이 되는 종자에서 자기가 보는 세계에서는 자기가 심지 않은 종자는 들어있지 않습니다. 자기가 보는 삼라만상은 자기 종자에서 마치 영화 필름에서 저쪽의 화면에 가서 영화가 나오듯이 그렇게 됐다는 것입니다. 요즘 사람들은 밖의 실제 세계를 지나가면서 보는 것처럼 생각합니다.

이태백은 '천지만물지력려天地萬物之歷旅'라고 했습니다. 또 강홍은 백세지강百世地降이라고 그랬습니다. 부처님도 이런 얘기를 바로 못하고 12년 동안이나 기다린 후에 여러분 처럼 천지삼라만상, 천지만물을 주관과 객관이 있다고 생각한 것입니다. 삼라만상이 있다고 생각하여 써놓은 것이 삼세인과의 십이연기법칙입니다. 실물이 있기 때문에 내가 좋은 행동을 하면 천당에 가깝도록 나를 끌어당기고, 죄를 많이 지으면 지옥이 나를 끌어당긴다고 했습니다. 그럼 지옥이 끌어당기고 천당이 끌어당기는 것은 선행과 악행의 업으로 초래한 것입니다. 초인하는 것은 업감연기業感緣起가 정확한 것입니다. 그래서 이 세상에 있다 해도 있는 것 속에는 있는 것과 없는 것이 다 포함됩니다. 전부 식에서 나간 것으로 식이 종자인 인이 되어서 영화 필름마냥 꼭두각시와 같습니다.

요즘 말로 하면 영화 필름입니다. 이것을 인능변이라 합니다. 인에서 종자가 생성됩니다. 종자가 인이 되어 천지삼라만상 그림자 세계를 만듭니다. 5위 100법은 전부 종자에서 나온 그림자입니다. 이것은 인능변으로 인에서 나간 것입니다. 지난 시간에도 잠깐 얘기했지만 여러분의 눈은 근을 통해서 경이 눈에 사진 찍힌 것입니다. 눈에 사진 찍은 것을 식이 인식해서 보고 이것은 '무엇이다'라고 하는 것입니다. 상이나 사람이나 다 그렇게 아는 것입니다. 근에 사진 찍힌 것을 식이 인식해서 눈에 찍힌 도수와 알고 있는 도수가 다르다는 것을 지난 시간에 공부 했습니다. 어떻게든 인식을 할 때 이것은 시커먼 것으로 인식을 합니다. 검은 안경을 끼고 보았기 때문에 육경이 경계 잡힌 모양입니다. 이것이 눈 속으로 들어갈 때 이것만 들어가는 것이 아니라 안경을 끼고 본 생각인 견분과 안경의 상분과 이것을 인식하고 견분하여 한몫으로 들어갔습니다. 그래서 훈습이 될 때도 견분상분이 한몫이 된 것입니다. 우리가 도수를 몰라서 그렇게 한몫이 된 것입니다. 종자도 무기라고 그랬지만, 그 속에 들어가면 표시가 나지 않습니다. 표가 나지 않으니까 무기라고 한 것입니다. 그것이 밖으로 나올 때는 천지만물이 됩니다. 문밖에 나올 때는 얼굴과 눈, 코에 좋고 나쁜 것의 표시가 납니다. 안경을 낀다고 눈, 코가 없어지는 것이 아닙니다. 그냥 있는 것입니다. 문밖에 있으면 표시가 나지만 그 속에 있으면 안 보이니까 무기입니다. 문 밖에 나오니까 보여서 삼성이 도로 나오는 것입니다. 선악무기의 삼성이 나오는 것입니다. 종자속에는 견분종자도 있고 견분훈습도 있고, 상분훈습도 있습니다. 이것이 나올 때에도 견분도 나오고 상분도 나옵니다. 견분은 안이비설신의 육식으로부터 말나식 아뢰야식으로 나옵니다. 식으로 나오고 또 눈에 보이는 색경에 대한 상분이 나왔습니다. 이것은 아뢰야식이 종자에서 나온 것으로 견분상분 두 가지로 나온 것입니다. 종자를 심을 때에 견분상분으로 훈습을 했기 때문에 나오는 방법은 선악 업을 가지고 툭 쳐야 나옵니다. 나가기 전에 본래는 무기였으나 나올 때는 선악이 함께 나옵니다. 이 때 안으로 식이 나오고 밖으로 삼라만상이 나옵니다. 여기서 견분으로 된 것은 팔식이고, 또 상분으로 나오면 천지 삼라만상이 됩니다.

그러면 견분에 가서도 아뢰야식은 사람이 나고 죽는 것에 상관이 없습니다. 실제로 몸이 있다 없다 했을 때 사람의 몸은 종자를 가지고 되는 것이 아니라 오온이 될 때 색이 사람 몸이 됩니다. 마음은 수상행식受想行識입니다. 그러면 밖으로 나온 과에서도 이것이 인에서 견분과 상분이 되며 견분으로 나타난 것을 팔식이라 했습니다. 상분으로 나타난 것도 팔식에 관계된 것이 있습니다. 즉 색성향미촉법色聲香味觸法이 견분상분으로 나왔단 말입니다. 여기서 밖으로 5위 100법이 될 때에 인에서 나왔기 때문에 인능변이라 합니다. 팔식이 작용하면 상분은 세 가지가 됩니다. 유근신, 종자, 기세간으로 기세간은 육경이고 유근신은 육근이라고 했습니다. 그 다음 종자는 앞에서 견분과 상분이 들어갈 때도 종자가 되었지만 나와서도 종자 성질을 띄고 있습니다. 그런데 드러나게 하는 것은 종자뿐 아니라 안으로 육근육경과 밖으로는 세계입니다. 이 견분훈이 나가서 팔식이 된 것입니다. 삼라만상이 된 것을 과라고 합니다. 과가 또 능변을 하는 것입니다. 이 몸에는 안이비설신의의 팔식이 들어 있습니다. 능변하는 견분훈이 들어 있습니다. 소연되는 삼라만상 밖에 있는 것이든 몸 밖에 있든 안에 있든 이것은 대상입니다. 몸 안에 견분상분이 겸해 있지만 눈과 코는 상분입니다. 이것도 비추어진 것입니다. 식을 통해서 내 몸이다 하면 알고 또한 몸뿐 아니라 밖의 경계인 지식도 알고 오근에다 지식을 합한 것이 근신 기계입니다. 이 몸속에는 안이비설신의로부터 팔식이 다 들어 있습니다. 그런데 밖에서 상분으로 되었던 천지 삼라만상은 나타난 과였습니다. 안이비설신의로부터 팔식이 내놓은 상분으로 팔식은 드러내기만 하면 팔식의 상분이 종자와 근신이 되었지만 근신은 작용도 못하고 드러난 것입니다. 앞의 것은 모르고 상이 보입니다. 그것은 팔식에다 담아놓은 종자가 나타난 것입니다. 팔식은 종자가 낳은 것이 아니라는 것입니다. 남의 것이 아니라 자기 그림자인 것입니다. 팔식은 과로 썼는데 과 속에는 견분상분이 합류해 있습니다. 견분상분에서 볼 견見자 쓰는 것이 눈에만 한한 것이 아닙니다. 듣는 것과 냄새 맡는 것이 견자 속에 다 들어 있습니다. 그래서 대표로 '견見'자를 쓴 것입니다. 아까 청황적백흑靑黃赤白黑을 쓸 때 푸를 '청'자가 먼저 쓰이니까 푸를 '청靑'자를 써놓고 정情이라 하며, 따라서 청황적백흑의 오색이 색色에 물든 것을 정이라 합니다.

과로써 능변을 합니다. 과로 나온 것은 모두 능변에 관여하는 것입니다. 과 속에서도 팔식 종자에서 나온 현상의 과는 다음에 능연을 하지 않습니다. 이 능변은 곧 밖으로 삼라만상을 만드는 경계로 팔식만 가지고 하는 것입니다. 이 소연이 능변을 하는 것입니다. 팔식이 할 때는 삼라만상 즉 근신기계가 밖에 있습니다. 그러면 팔식은 주체니까 견분으로 되었던 것을 말하므로 과입니다. 저 밖에 있는 삼라만상이 과인 것입니다. 근신 기계가 삼라만상이니까 과인 것입니다. 팔식은 과가 능변하는 것을 얘기한 것입니다. 몸은 팔식의 과입니다. 밖에 있는 산은 무엇입니까? 우리는 산을 찍어가지고 안단 말입니다. 그럼 밖에 있는 산은 실물이 있느냐 하면 실물이 없습니다. 이 얘기를 들으면 과거에 익혔던 습관이 마치 밖에 나가서 영화 필름이 있는 것처럼 되는 것입니다.

제 팔식은 상분으로 전육식 제 칠식이 제 근에다 본을 떠서 거듭 인증을 합니다. 그래서 저 밖에 있는 것은 본질상분本質相分이라 합니다. 눈과 귀에 사진 찍힌 것을 영상상분影像相分이라 합니다. 본질상분을 한 번 더 중계해서 사진 찍힌 것을 영상상분이라 합니다. 영상상분을 육근에서 찍으면 팔식이 된다는 것입니다. 저 밖에 있는 산하대지는 팔식이 낳은 물건입니다. 그것을 본질로 해서 자기 근에 그림자를 찍어서 영상이라 합니다. '상相'자를 써야 되는데 찍어서 영상을 만드니까 본질이 산하대지를 만드는 것은 제 팔식이 낳은 것이라고 합니다. 본질은 반연하는 식에 대해서는 간접적이 되기 때문에 소연연疏緣緣이라 합니다. 소연은 소연인데 그것이 근을 중간에 하나 더 가지고 있으니까 연緣자를 하나 더 쓴 것입니다. 눈에는 반연하는데 가깝고 쉬운 것에 타고 앉았으니 친親자를 덧붙여 친소연이라 합니다. 책에 써놓은 것은 대단히 복잡해서 여러분이 이해하기 어렵습니다. 종자에 대해서도 성경종자라고 하는데 각각 떼놓고 알면 됩니다.

여러분이 책을 보고 유식을 아는 것이 아닙니다. 책을 보고 혼자서는 모릅니다. 유식뿐만 아니라 전문서적은 다 그렇습니다. 의사공부를 한다고 독학을 하면 됩니까? 몸에서 일어나는 실제현상을 남의 몸을 가지고 실험으로 배우지 않고도 할 수 있겠어요? 해부학을 배울 때 책만 가지고 안 되는 것처럼 유식도 책만 봐가지고는 안 되는 것입니다. 책으로만 배우면 여러 사람만 다치는 것입니다.

인능변과 과능변에서 인능변은 인과관계를 가집니다. 인인 종자에서 5위 100법의 천지 삼라만상이 나온 것입니다. 삼라만상은 과입니다. 종자 속에서 퍼져 삼라만상이 나왔습니다. 인과 과를 가지게 하는 것입니다. 과능변은 체용관계입니다. 체용관계이지만 견분상분이 다 용입니다. 체는 아뢰야식입니다. 용은 아뢰야식의 작용으로 들어난 현행의 아뢰야식으로 과입니다. 현행의 아뢰야식은 근경根境을 통하는 작용입니다. 비친 놈과 아는 놈의 작용으로 생긴 것이기 때문에 체용體用관계입니다. 아뢰야식은 드러난 현상의 팔식이 근경을 통해 상으로 통한 것입니다. 그것을 아니까 체용관계입니다. 밖으로 나가니까 종자와 들어난 현행의 팔식을 이해합니다. 과능변은 팔식도 현행이고 근경도 현행입니다. 팔식의 체와 견분상분의 용이 새로 관계된 것이 체용관계입니다. 현행의 팔식을 체라고 합니다. 그래서 견분상분 2분을 통한 것이 팔식에서 나와 작용하는 체용관계입니다. 오늘은 여기까지 공부하겠습니다.

제 17 강

유식상唯識相

이제까지 30송을 세 부분으로 나누어 공부했습니다. 지난 시간에는 유식 삼십송을 했는데 24송은 유식상을 말하는 것으로 상은 유식이 일기장처럼 들어난 모양을 말하는 것입니다. 현상을 가지고 '상相'자를 써놓은 것입니다.

심리학을 연구할 때도 심리속에 들어간 얘기를 하는 것이 아니라 드러난 모양을 얘기하는 것입니다. 심리학 현상을 이야기할 뿐 심리학 바탕은 얘기할 수 없습니다. 현대 학문도 마찬가지입니다. 유식상을 가지고 24송을 설명하고 있으며 25송까지 글자수는 500자가 됩니다. 약표를 해서 1송 반이라 합니다. 25송 가운데 약표한 것이 뒤편에 가면 통석방란이 됩니다. 유식상은 20송의 유피피변계由

彼彼遍計부터 시작하여 24송인 소집아법성所執我法性으로 설명합니다. 24송 후유원리전後由遠離前 소집아법성所執我法性부터 25송 차제법승의此諸法勝義, 역즉시진여亦即是眞如, 상여기성고常如其性故 즉유식실성卽唯識實性까지는 약표한 것입니다. 약표에서 대강 얘기가 되었으며 차능변此能變은 유삼唯三이라고 했습니다. 이숙 · 사량 · 요별경식으로 육식, 칠식, 팔식까지 다 얘기한 것입니다. 후유원리전 소집아법성은 건너뛰어도 괜찮습니다. 앞부분에 다 포함된 것입니다. 약표한 것을 강조한 것입니다.

실제로 지난 시간까지 공부한 내용은 너무 고리타분합니다. 사실 나는 이런 것을 공부하려고 중 노릇한 것이 아닙니다. 그래서 선을 공부하는 직지사의 유명한 선방에서 시작했는데 어쩌다가 해인사로 가게 되었습니다. 해인사는 본사인데 의무적으로 말사에서 학생을 한 명씩 보내도록 규정이 되어 있어서 나를 택하여 해인사로 보냈던 것입니다. 그 곳을 졸업하고 나니까 또 전문학교에 진학하라고 그래요. 그 때는 전문학교를 졸업 안 하면 법상에 올려놓지도 않았습니다. 이력서에도 누구한테 비구계를 받았다고 써놓았습니다. 하지만 다 거짓말입니다. 장래에 중노릇하고 조그마한 암자라도 맡으려면 전문학교를 다녀야 될 것 같아서 어른들 시키는 대로 했던 것입니다. 점촌 김용사와 상주 남장사에서 학비를 댔는데 졸업 하기도 전에 김용사와 남장사에서 오라고 야단입니다. 학비를 보태주었으니까 와서 일하라는 것입니다. 그래서 그 곳에서 3년을 살았습니다. 3년을 살고나니 대구에 능인중고등학교를 설립한다고 했습니다. 능인학교에서 강의하려면 일본에 가서 연구를 하라고 해서 일본에 가는 대신에 동국대학교의 전신인 혜화전문학교에 간 것입니다. 그 곳에서 실제로 3년을 공부했던 것입니다. 나는 선방을 그리 많이 다니진 않았지만 분명 선을 주장하는 사람이지 강의하는 사람은 아닙니다. 그래서 객기를 풀기 위해서 선구를 몇 개 가지고 이야기 하겠습니다.

본성자리를 알지 못한 무명을 식이라고 알면 됩니다. 깨치지 못한 생각 그것이 식입니다. 식이 생기니까 자기도 모르게 안으로 육근이 있는 것 같습니다. 육근 육경 육식의 18계가 생겨 그 놈을 덮어쓰니 하나인 법성에 18계를 테두리로 하여 갈라지는 것입니다. 여러분의 몸 또는 오온에 생긴 것을 모르는 바람에 그것이 여러 개로 나누어지게 된 것입니다. 원래 법성은 하나로 생겼는데 백 이든 천 이든 벌레 든지 물고기 든지 간에 일체 중생이 그것을 덮어쓰고 자기 생각으로 바라보니 세상이 조각난 것입니다. 여러분이 쓰고 있는 육근, 육경을 다스리는 것이 목적입니다. 그래서 참선을 하든지 무엇으로 하든지 간에 깨치는 것이 목적입니다.

붓글씨 쓰는 사람이 있습니다. 글씨를 실컷 쓰고 나면 붓 씻는 일이 장난이 아닙니다. 사군자를 칠 때 쭉쭉 대나무 잎이 나오고 난초가 나오고 거기에 가미를 해보니 살구나무 매화나무도 나온 것입니다. 바로 붓 씻는 장난이 사군자라는 옛말이 있습니다. 여러분은 몰랐을 것입니다. 붓 씻는 일이 그냥 안 되니까 사군자를 하는 것입니다. 그러면 시인에게 송이라는 것은 어떤 의미입니까? 시인이 뭣하러 송頌 짓고 앉잤겠습니까? 송 짓고 앉았는 것이 아니라 참선을 하다보니 붓 씻듯이 한 구절 해놓은 것이 바로 선송禪頌이 된 것입니다. 불교의 목적은 선을 하거나 교를 하거나 모두 우리가 덮어쓰고 있는 테두리인 18계를 녹여버리는 것입니다.

한적스님이 누구 집 아들입니까? 한적스님의 글이 책에 실려 있습니다. 여러분은 이 글을 다 알고 있을 것입니다. 아는 사람은 가만히 귀 막고 있으면 됩니다. 이런 것을 무엇 때문에 책에 실었을까요? 정당한 사람은 이런 소리도 필요가 없는 것입니다.

육근과 육경을 멀리 벗어나는 것은 보통으로 되는 것이 아니란 말입니다. 육근 육경인데 이 세상이 공한 것으로 보이는 것입니다. 있는 것은 아니지만 그냥 두면 몇 겁을 지나서야 겨우 알게 됩니다. 육근과 육경을 멀리 벗어나는 일이 쉽지가 않습니다. 그러면 어떻게 해야 합니까? 팽팽하게 당길 뿐 늦추는 것이 아닙니다. 화두를 잡아서 죽을 힘을 다하여 화두를 들어야 하며 일도양단하여 한바탕 해치워야 됩니다. 화두를 들고 죽을 고생을 하여야 합니다. 고생을 일부러 하는 것이 아니라 죽을 힘을 다하다 보니 고생이 될 뿐 그 고생으로 말미암아 매화 같이 눈 오고 바람 부는 설한풍을 지나 삼동을 보내고 꽃을 피운 것이 그렇게 향기롭다는 것입니다. 찬 것이 뼈에 사무치지 않았던들 코를 찌르는 매화 향기를 느끼지 못할 것입니다. 삼동을 그렇게 지낸 덕택에 매화꽃은 향기가 난다는 것입니다. 도인들은 저런 행동을 다 했습니다.

여러분은 경허스님을 보지는 못했어도 이름은 들어봤을 것입니다. 내가 알기로 근래 뿐만 아니라 조선 500년 동안 그 스님만한 분이 없습니다. 경남지역에서 깨쳐서 한바탕 돌아다니시다가 해인사에 와서는 조실이 되었습니다. 저의 노스님인 제산스님이 조실을 경허스님께 넘기고 간 것입니다. 해인사 노스님이 조실을 하다가 그렇게 직지사로 넘어온 것입니다. 그 인연을 내가 여러번 얘기했습니다. 그래서 조실을 그만두고 지리산을 구경하다가 영운사 동굴에 들어간 것입니다. 동굴을 들어가다가 생각나서 한 구절을 토해 놓았는데 "불시물혜조병모不是物兮早騈侮"입니다. 잘 들어보십시오. 부처님이 12년 동안 아함경을 설했다고 했습니다. 그리고 8년 동안은 방등시대라 하고, 방등시대 앞에는 아함을 설명한 소승교입니다. 소승교가 요즘 교육단계로 보면 유치원 교육입니다. 소승교가 발달되고 진보된 것이 대승입니다. 여기서는 삼라만상 객관이 없다는 소리를 했는데 소승에서는 있다고 했습니다. 그런데 여기 유식에서는 그것이 없다고 합니다. 주관적인 식은 있다고 식을 견분상분이라 했습니다. 견분상분이 바로 삼라만상입니다. 처음에는 식만 남았었는데 8년이 지나면서 식도 없어집니다. 물론 자식을 낳을 때 쉽게 낳는 어미는 없습니다. 자식 때는 견분상분도 없다는 그런 얘기를 20년 동안 했다는 것입니다. 그것이 천태종의 교판인데 유식하는 사람들은 삼시교三時教를 주장하여 반야경 다음에 했다고 합니다. 반야경의 공함을 얘기했으니까, 처음 8년 동안은 유교有教로 공과 유를 한몫으로, 중도설을 한 것이 유식입니다. "아전인수我田引水"는 자기집 논에 물 댄다는 뜻인데 보통 그렇게 합니다. 그런데 실제로는 그렇지 않다는 소리는 어린아이만 할 때입니다. 그래서 반야에 들어가려면 멀었다는 것입니다.

예를 들면 안이비설신의도 없다는 것은 견분상분이 없다는 말입니다. 18계가 없고 모두가 없는 것은 육식이 없다는 것입니다. 송두리째 식도 없다고 했습니다. 그러면 "불시물혜조병모不是物兮早騈侮"라. 평생을 우주 삼라만상이 공하다고 하지만 불시물해조병모 이것은 물건이 아니란 소리입니다. 조병모에서 병모는 굼뜬 소리입니다. 다섯 손가락 옆에 손가락 하나가 더 있는 것은 육손이라고 합니다. 또 발 옆에 발구르는 물건이 하나 더 생긴 것을 군더더기살로 병이라 합니다. 육손이와 발병신인 내가 물건이 없다는 뜻입니다. 그것이 잘된 것 같아도 알고보면 그것도 군더더기 소리인 것입니다. 공하다는 것은 멋진 소리입니다. "불시물혜조병모"는 천지만상이 공하다는 뜻이며 병모는 군더더기라는 뜻으로 병신이라는 것입니다. 허다한 명상을 어찌하고 삼라만상에 붙은 것입니다.

명언을 많이 설명하면 도움이 되지만 시간이 없어 안되

겠습니다. 허다한 명상은 5위 100법 명상으로 그것을 다시 어디엔가 두고는 없다고 하느냐? 는 것입니다. 선가의 살殺입니다. 다 죽이는 것입니다. 살은 어디에 있지요? 살을 생각하면 또 활活이 나와야 됩니다. 죽이고 나중에 다시 살려줘야 됩니다. 이것은 선가에서 살활殺活의 도리입니다. 우리나라 태고스님이 중국에 가서 인도에서 오신 지공스님을 만납니다. 서로 만나자마자 지공이 좌복을 냅다 때리면서 '이놈이 사람 죽인다.'고 소리칩니다. 그러자 태고스님이 쫓아가서 '좌복아 일어나라.'고 소리를 칩니다. 이 이야기는 장난이 아닙니다. 처음부터 냅다 때리고, 좌복이 날아오고,그랬단 말입니다. 살활이 된 것입니다. 살활이 그래서 나온 것입니다. 이것이 살인 것입니다.

여기 앉아서 한계 없는 그 명상을 가지고 사는 인간들, 많은 육도중생이 공하다고 하면서 어떻게 눈이 반짝반짝하고 발목을 들고 쓰느냐 말입니다. 더욱이 영은 죽은 것이 아니라고 하면서 참으로 희한한 일입니다. 벌레는 벌레대로 자기 방식대로 사는데 거미는 공중에다 줄을 칩니다. 줄을 치고 가만히 앉아서 농사를 짓는 것입니다. 많은 벌레가 걸릴 때마다 날름날름 잡아먹는 것입니다. 그것이 농사입니다. 그 누가 시켜서 그렇게 하는 것이 아니라 땅위나 땅

속에서 전부가 살려고 하는 짓입니다. 그건 누가 가르친 것이 아닙니다. 그런데 사람은 못 먹을까, 못 입을까 걱정을 합니다. 벌레는 그런 걱정을 애시당초 하지 않습니다. 그러니까 잘 들어보세요. 벌레도 꿈적거리고 나도 그렇고 바다의 물고기와 공중의 새, 모두 한 가지입니다. 묶어서 하나로 보는 것입니다. 이것을 앞에서 공부할 때 종자라고 했습니다. 그 종자가 하는 짓을 보면 밥도 먹고 잠을 자는데 전부가 훈습으로 합니다. 종자들이 벌이는 행동이란 말입니다. 그것은 말 그대로 밖으로 펴진 것으로 5위 100법이라 그랬습니다.

서로 얽혀서 첩첩히 한 뿌리로 산 넝쿨 속을 가만히 들여다보니 사람얼굴, 벌레얼굴, 나무얼굴, 풀얼굴, 돌얼굴이 서로 얽키어 있는 것을 볼 수 있습니다. 그 환경을 익힌 종자가 훈습을 받아서 그렇게 되었다는 말입니다.

이렇게 첩첩한 중생의 속을 들여다보니 그렇다는 소리입니다. 무수호손도상지無首猢猻倒上枝라. 마치 머리 없는 원숭이 놈들이 거꾸로 나무가지를 기어가더라는 것입니다. 이것은 깨치지 못한 무명을 머리 없는 원숭이에 비유한 것입니다. 비유가 아주 재미있습니다. 머리 없는 원숭이 놈들이 거꾸로, 즉 전도망상이라는 것입니다. 바르지 못한,

깨치지 못한 무명으로 토해놓으니 삼라만상처럼 보이더라는 표현인데 아주 멋진 글입니다. 내가 이 비유를 아주 좋아합니다. 이것은 외워서 쓸만합니다. 오히려 요즘 하는 것은 고리타분해서 못쓰겠습니다. 이왕 하는 것 하나 더 이야기 하겠습니다.

서산스님의 선시를 경허스님이 인용한 것으로 송담풍우松潭風雨입니다. '십년단좌옹심성十年端坐擁心城'은 십년을 단정히 앉아서 심성을 지켰다는 뜻입니다. '관득심림조불경慣得心林鳥不驚'이라. 깊은 숲의 새는 잘 길들여져 사람을 보아도 놀라지 않는다는 뜻입니다. 늘 같이 살았더니 새가 사람을 보고 놀라지를 않습니다. 여러분이 생각할 때 이것이 제대로 되는 일입니까? 되는 것 같아도 잘 되지 않는 것입니다. '작야송담풍우악昨夜松潭風雨惡'은 어젯밤 송담에 비바람이 사납다는 뜻입니다. '어생일각학삼성魚生一角鶴三聲'이라. 물고기에 뿔이 나고 학은 날아가며 끼룩끼룩 세 번 울었다는 뜻입니다. 그런데 마지못해서 앉았긴 해도 저렇게 앉아서 공부하는 것도 바로 되기가 어렵습니다. 변동이 생긴다고 하니 생겼는지 몰라도 저렇게 해서는 변동이 생기지 않습니다. 요즘 사람들은 심리학을 아주 좋아합니다. 이제 송담풍월과 어생일각의 뜻을 알겠지요?

다시 책을 펴봅시다. 이제 약표를 끝냈습니다. 약표 속에 다른 얘기가 여기서는 확대되었을 뿐입니다. 확대시킨 것과 축소시킨 것이 둘이 아닙니다. 확대시킨 것이나 축소시킨 것은 결국 하나입니다. 사진을 찍어서 확대를 해놓아도 그 사람이고 작게 찍은 것도 그 사람이지 다른 사람이 아닙니다.

이제부터는 광석廣釋을 공부해야 하는데 광석은 빨리 할 수가 없습니다. 여러분이 처음에는 지겨울 수밖에 없습니다. 축소시킨 것 속에 확대한 글이 다 들었다는 것을 알 수 있습니다. 두 송반을 했기 때문에 25송 가운데 22송 반이 남았습니다. 그 가운데 처음 14송 반은 차능변유삼등에 삼구를 끝에서 부터 거꾸로 올라가는 것입니다. 차능변유삼此能變唯三등에서 구를 광석해서 유식상을 자세히 설명했습니다. 그럼 이제 거꾸로 합니다. 다음에 1송은 피의식소변彼依識所變에 일구를 광석해서 유식의 소의를 밝히는 것입니다. 다음 7송은 유가설아법으로 맨처음에 나왔습니다. 이제 마지막으로 유가설아법 등에 광석해서 종종의 방난을 통석했습니다. 내용을 쭉 훑어보았는데 배운대로 되었습니까? 오늘 오전까지 공부한 부분을 펴면 되는데 옆길로 새어버렸습니다. 그러니 안으로 쏙 들어갔는데 광석에 들어갔다고 하면 알 것입니다. 광석한 것을 다 집어넣은 것입니다. 한 번에 끝부분부터 거꾸로 찾아올라가면서 읽으면 재미있습니다. 이 책은 참 재미있게 쓴 것입니다. 세상사는 것이 참 재미있게 되어 있는데 나쁘게 보면 안됩니다. 상세하지 않으면 유식 소변의 뜻이 분명해도 오히려 자꾸 종종에 방난이 있어서 끝이 없기 때문에 통석하는 것이 필요합니다. 따라서 이러한 차례를 취하는 것입니다.

광석을 하기 전에 이숙능변異熟能變, 그 다음에 사량능변思量能變순으로 해나가는 것입니다. 우선 이숙능변의 뜻을 살펴보면 삼능변에서 유식상을 상세히 하는 가운데 먼저 초능변 이숙식을 해석했는데 이른바 팔단이 있다는 것입니다. 팔단은 송문에서 밝힌 바 중간에 초아뢰야식初阿賴耶識 이숙일체종異熟一切種 불가지집수不可知執受 처요處了입니다. 그 위에서는 삼상문三相門이라 해서 상세히 설명해 놓았습니다. 첫째 삼상문, 소연행상문으로 나가는 것을 팔단八段이라 합니다. 밑에서 복단위차문伏斷位次門이 식이 되었습니다. 이숙 식체를 해석하고 나눈 것으로 그 대조는 다음과 같습니다. 제 1절에 삼상문으로 해석했는데 초初는 아뢰야식으로 이숙일체종이라고 했습니다. 여기에는 문제가 있습니다. 유식에서는 이숙식이 먼저 나왔고, 삼상을 따로 해석한 것으로 따라서 초는 아뢰야식입니다. 다른 말로 아뢰야식을 표현한 것인데 그것은 몸은 하나인데 이름은 각자 다르다는 것입니다.

제 18 강

삼상문三相門(8)

그런데 왜 제 2송에서는 식을 이숙식이라 했으며 또 아뢰야식 당체를 해석할 때 이름을 아뢰야식이라고 했습니까? 이숙식이라는 것은 그저 잡동사니로 온갖 것을 다 말하는 것이지 지저분한 것과는 다릅니다. 자꾸 익혀서 나온 습기입니다. 습기가 무엇인지 알지요? 습기가 그 때는 저랬는데 지금은 이렇게 되었다고 합니다. 습기가 뭉쳐져 있으니 이제 습기를 벗겨야만 되겠지요. 이숙으로 이렇게 되었다는 것을 알겠습니까? 또 당체인 제 팔식을 해석할 때는 아뢰야식이라고 합니다. 아뢰야식으로 퍼졌다는 말은 수행을 하다 보면 이 아뢰야식 범위가 이숙식 보다 작습니다. 이숙식은 십지十地까지 가야 없어지는 것입니다. 아뢰야라는 이름은 제第 칠지七地에 가면 없어지는 것입니다. 그래서 당체를 해석하여 수행할 때는 이 이름으로 써놓았다는 것입니다.

150페이지에 보면 아뢰야식을 중국말로 번역을 하면 장藏이라고 하는데, 아뢰야식을 장식藏識이라고 씁니다. 장은 감출 '장'자를 씁니다. 감출 장의 뜻을 세 가지로 해석을 하는데 책을 보면 이해가 될 것입니다. 책에서는 아뢰야식은 장식으로 설명하고 있습니다. 그래서 삼장三藏이 나온단 말입니다. 책장을 앞으로 넘겨서 151페이지를 한 번 읽어보겠습니다. 이것은 삼장을 간단히 서술한 것입니다. 그러니까 동학초同學鈔 2권 2장을 말하는 것입니다. 일본에는 유식을 연구하는 법륭사가 있는데 그곳에서 학인들이 연구하였던 것을 모두 모아 놓았는데 그 책의 이름이 동학초입니다. 동학초는 바로 동학을 연구하는 학인을 함축한 것으로 동창생의 뜻입니다. 동학에 대해서 써놓은 것이 68권이나 있습니다. 68권에 '자은慈恩의 의義로서'란 말이 있는데 삼장 얘기를 낱낱이 이른 것입니다. 자은이 누구입니까? 자은은 규기법사로 바로 현장의 제자입니다. 수훈지변을 이렇게 설명해놓았습니다. 수훈지변受熏之邊은 시소장야是所藏也요, 지종변持種邊은 시능장야是能藏也요. 앞에서 이숙식을 수훈受熏이라고 했습니다. 수훈은 소장입니다. 능장을 지종이라 했는데 능장이라 한 것은 바로 지종持種의 뜻으로 한다는 것입니다. 수훈은 곧 훈을 받는다는 뜻인데 훈습 얘기는 앞에서 했습니다. 훈습을 받으니까 이제 소장이 된다는 것입니다.

아뢰야식은 능장으로, 능자를 놓으면 아뢰야식입니다. 아뢰야식이 소장 所藏도 되고 능장能藏도 되고 집장執藏도 되는데 하나에서 셋이 나온다고 그랬습니다. 여기서 첫째 능장은 창고나 마찬가지인데 다른 말로 하면 고방입니다. 고방은 호미며 괭이 등 농사짓는 농기구를 들여놓는 곳입니다. 호미나 괭이나 무엇이든지 들여놓는 방이 되니까 모든 것을 감추는 곳입니다. 그래서 능장이 되는 것입니다. 소장은 종자를 말하는 것입니다. 그 속에 자꾸 감추는 것으로 감추어질 때는 종자가 됩니다. 감추는 곳은 제 팔식인 아뢰야식으로 수훈을 받는 것입니다. 수훈을 소장이라 하고, 능장은 이제 지종이라 합니다. 지종은 밖으로는 그 고방이 종자를 갖는다고 했습니다. 그래서 제 팔식이 능장이 됩니다. 그러면 소장은 무엇이 됩니까? 일체 종자가 소장이 됩니다. 괭이나 호미가 들어있는 고방은 능장이지만 또 소장이 될 때가 있습니다. 앞에서는 능장이라 했지만 또한 수훈이라고도 했습니다. 그런데 이것이 글을 바꾸어 새겨 놓았다는 말입니다. 이제 수훈지변으로는 시소장이라 했습니다. 팔식이 소장이 될 때는 수훈으로 종자를 받아들여서 제 팔식이 고방주인이 된 것입니다. 고방은 감추는 장소가 되고 감춰놓는 사람은 주인이라 합니다. 그러니까 이것을 이해해야 됩니다.

둘째 제 팔식의 소장은 수훈이라 하고 제 팔식이 소장이 될 때는 앞에 전칠식을 자기라고 하며 5위 100법의 그림을 자꾸 그리다가 거기에 그림자를 쌓아놓은 것입니다.

셋째는 아애집장我愛執藏이라 했습니다. 아애집장을 능집장 소집장이라고 했는데 실제는 아애집장이라는 말입니다. 집장이 제일 중요합니다. 아뢰야식이 자연이 아닌 것이 문제입니다. 탈바가지처럼 아뢰야식을 덮어쓰고 앉아 있으면 자기도 모르는 것입니다. 제 팔식의 견분을 보고 아我라고 집착하는 것이 아애집장입니다. 아애집장을 깨트리면 진여가 나타나고 진여라고 하는 이것이 원성실성인 것입니다. 그런데 이것에 병이 있다는 말입니다. 아애집장에서 아애는 실재인 것입니다. 아애가 제 팔식 견분을 보고 이놈은 꼭 '나다' 하면서 집착하는 것입니다. 그래서 아애는 제 칠식이고, 아애가 싫다는 놈이 있는데 아애에게 깊이 묻혀있는 그 놈이 제 팔식입니다. 중생이 제 팔식 견분을 보고 아애에 집을 하니까 그저 눈으로 들어오는 것이나 귀로 들리는 것이나 자꾸 들어오는 대로 집착을 합니다. 마치 돈 아끼는 사람에게 돈이 들어가면 안 나옵니다. 그 주머니에 들어가면 나올 줄을 모르는 것입니다. 그래서 집착하는 모양만큼 만든다는 이야기입니다. 아만이란 말을 많이 합니다. 아애집장을 네 가지로 나눌 때 네 번째 것을 아만이라 합니다. 또 아만만 가지고도 안됩니다. 그 아만은 네 가지 가운데 하나에 잡혔는데 하나를 가지고 네 개를 다 끌 수 있습니까? 아만 하나를 가지고 칠식이라 하면 안 됩니다. 그 다음에 세 가지가 더 있는데 그놈은 아집我執, 아애我愛, 아치我痴로 모두 합하여야 칠식이 되는 것이 진실입니다. 진실이 진리 당체가 아니고 칠식이 진실이라는 것입니다.

강의 내용이 어려워서 무슨 말인지 모르겠지요? 지금 배우는 이것은 나중에 읽어보면 알게 됩니다. 왜 이 세 가지 일을 믿느냐? 이것이 문제입니다. 왜 세 가지 일을 씌우느냐 하는 것은 모두 연상이 되기 때문에 문제입니다. 다른 페이지에서 보면 제 팔식의 아뢰야식이란 아애집장은 현행이라는 말이 나옵니다. 거기에 보면 아애집장은 현행 일을 갖는 동안은 무시로 부터 보살 칠지 이전 까지와 이승 유학까지는 아뢰야식이란 이름만 가지고는 그 놈이 채워지질 않는다는 말입니다. 그것은 이름이 아뢰야식인 것입니다. 아뢰야라는 인도말은 아타나이며, 식은 집이란 소리로 인도말로 비파카라라고 합니다. 그래서 아뢰야식은 집장이라는 뜻입니다. 즉 아집, 아애, 집장은 아뢰야에서 이 세 가지를 다 포섭한다는 말입니다. 그리고 칠식이라는 말은 무시로 부터 보살 칠지까지 이르러야 아애집장이 없어집니다. 그 이전 까지는 없는 것 같아도 미미하게 있으며 칠지까지만 수행하면 아애집장이라는 이름은 떨어집니다. 하나는 아뢰야라 하고 하나는 이숙식이라 했습니다. 그 이숙식은 성불하기까지 입니다. 아뢰야식은 좀 닦으면 없어집니다. 중생이 제 팔식 견분을 나라고 했는데 수행을 하다가 보살 칠지까지만 가면 아애집장이 슬며시 줄어들어 없어지게 됩니다.

우리는 도술을 잘 모릅니다. 보살들은 그것이 자기에게 생기는 것을 알지만 우리는 아직 그 정도가 못됩니다. 선악업과위라 하는 것은 비파카이며 이숙입니다. 이제 이숙에서 떨어져나와 저 위에 식유의 일을 이숙식이라 한 것은 이숙식이 많기 때문입니다. 이숙식은 초지로 부터 성불할 때까지 갑니다. 또 아뢰야식이라 하는 것은 칠지를 깨치고 나면 없어집니다. 수행을 할 때 우리가 잘못한 것은 제 칠식 견분이 제 팔식 견분을 나라고 집착하는 것에서 초점이 잘못된 것입니다. 경계를 고치기 위해선 팔식 당체에 아뢰야라는 말을 갖다 붙여서 시작하겠다는 것입니다. 그 다음에 여래라는 것은 성불을 해도 아타나라는 것은 그대로 있기 때문에 제 구 백정식이라고 합니다. 성불한 다음에도 오근은 아니지만 오근을 집지하는 것이 있다는 것입니다. 세계가 이그러지지 않도록 하는 것을 '아타나'라고 하며 '아타나'라는 말을 집지라고 번역을 합니다. 세계가 이그러지지 않도록 하는 것입니다. 객관의 기세간이나 주관의 근신이 무너지지 않도록 하는 것입니다. 상황에 따라 재료가 다릅니다. 깨치기 전에는 유루종자를 집지해서 실괴失壞치 않지만 깨치고 나면 무루종자로 부터 힘을 뭉쳐서 강해지는 것입니다. 그럴 때는 알 수가 없지만 무루종자를 집지하는 식은 남아 있다는 것입니다.

지금까지 공부한 이숙능변은 아랫 줄에서 자세하게 설명이 나옵니다. 자상문, 과상문, 인상문 하고 또 불가지집수 다음에 해석이 있습니다. 188페이지에서 삼상문이 끝나고 불가지집수를 가지고 소연행상문所緣行相門으로 해석합니다. 그래서 팔단 십의의 해석이 나왔기 때문에 삼상문은 끝난 것으로 합니다. 160페이지 삼상문은 개념을 해설 한 것입다. 이렇게 삼상문도 끝나고 제 2항에 가서 종자별설種子別說을 해야 되는데 우리가 종자라고 그랬지만 집지라고도 합니다.

이렇게 종자의 정의가 내려졌습니다. 종자가 종자노릇을 하려면 여섯 가지 성질을 가져야 됩니다. 첫째 찰라멸刹那滅이 되어야 합니다. 둘째는 과구유果俱有이여야 합니다. 과구유를 이해하려면 먼저 찰나를 알아야 됩니다. 찰나는 시계바늘이 돌아갈 때에 째깍째깍 하면서 지나갔습니다. 시계바늘이 움직일 때 또 찰칵 하면서 자꾸 연속되는 것을 찰나라고 합니다. 내가 그리는 것을 보십시오. 여기에 잡동사니 종자가 다 들어 있습니다. 씨앗들은 둥우리와 같다고 했으니까 감출 '장藏'자가 됩니다. 그것이 세포에 쌓여 있는 것입니다. 세포 속은 다 아뢰야식으로 쌓여있다고 했습니다. 아뢰야식에 쌓여있는 것이 장이니까 이것이 종자입니다. 그런데 이상한 것은 종자가 나가서 현행을 일으키는데 종자는 장차 무슨 사건을 일으킬 바탕이 됩니다. 그것이 종자로 잘못된 씨앗을 뿌리면 큰일이 납니다. 아뢰야식의 종자는 밖에 나가서 5위 100법을 낳았습니다. 종자 하나가 현행을 낸다고 합니다. 또 현행이 종자를 훈하는 것을 훈종자 혹은 생종자라 합니다. 그래서 이것은 소변이 되고 종자는 능변이고, 변장을 안 한다는 말은 소생입니다. 그렇다면 현행이란 말은 무슨 소리입니까? 현행, 현재, 현자는 현재란 말로 '현재 행기한다'를 줄여 놓은 것으로 현재에 지속하는 것입니다. 시계바늘 돌아가듯이 째깍째깍 계속하고 있습니다. 여러분이 이것을 모를 뿐입니다. 우선 검진기계에서 쓰면 검진기계인데 밖에서 치도록 놔두면 이 몸의 숨이 달칵달칵 하면서 피가 자꾸 흐르듯이 내가 뛸 때 혹은 뛰지 않을 때도 달칵 거리면 흐르게 됩니다. 만약 밤에 잠을 잔다든지 눈을 뜬다든지 달칵하면 수십 번은 죽어 버립니다. 이것은 30년이나 60년 동안에도 한 번도 쉬지 않는다는 것입니다. 지금까지 한 번도 멈추지 않고 숨을 쉬고 맥박이 뛰고 피가 돌아가는 것입니다. 이 세 가지 중에서 피가 돌다가 멈추면 그만이고 맥박이 뛰는 것도 쉬면 그만이고 숨 쉬는 것도 멈추면 그만입니다. 결국은 한 가지라도 멈추면 죽게됩니다. 이 몸속에 속해 있는 모든 것이 한꺼번에 작동을 하고 있는 것입니다. 하나도 쉬는 것이 없습니다. 그런데 이 작용은 눈을 뜰 때도 있고 눈을 감을 때도 있지만 눈을 뜨고 있어도 계속되는 것이고 눈을 감고 잠을 잔다 해도 계속되는 것입니다. 그 딸각 거리는 것이 없어지면 안됩니다. 지금 현재 행기한 것을 부분으로 판단한 것이 식입니다. 이것아 바로 제 팔식이고 여기까지가 종자가 현행을 했다는 것입니다. 현행하면 현행이 됐다는 것입니다. 우리도 모르게 우리 몸은 지속적으로 작용을 하고 있습니다. 그래서 우리 눈에는 안 보이지만 광파가 시방 세계에 연속적으로 퍼지고 있습니다. 방송을 하고 있는 것입니다. 광명 속에 있는 물건은 모두 시방세계로 파동을 계속 보내고 있습니다.

이와 마찬가지로 현재 우리 식이 안이나 밖으로 유동을 하고 있습니다. 유동하는 것을 현행이라 합니다. 흐를 유流자에 움직일 동動으로 유동하는 것을 현행이라고 합니다. 그러면 종자가 현행을 하는데 만약 시방으로 광파가 있어 현행이 되었으면 인연이라 합니다. 인연이 있다면 그것은 현행하는 동시에 현행이 종자를 잇는다는 것입니다. 훈종자가 적당한 인을 만나면 현행이 되고 이 현행을 종자라고 합니다. 종자가 현행을 할 때에 적당한 인연을 반영하여 현행되는 것과 동시에 종자를 팔식에 심습니다. 종자는 법으로는 세 가지입니다.

법으로는 세 가지라 하지만 실제로는 현행과 종자 둘 밖에 없습니다. 유로의 개수를 따져 삼법이라 합니다. 앞에서 일일이 유동하여 연속으로 파동을 치고 있다고 했습니다. 지금도 삼법이 전전이라 했는데 가만히 있으면 까부러지는데 이놈이 자꾸 현행한 종자를 치우고 유동을 하고 있다는 것입니다. 삼법이 전전해야 종자가 현행을 낼 때 종자는 인이 되고 현행은 과가 됩니다. 그 과가 인연으로 놓는 것은 또 종자가 훈을 하는데 현행에 훈을 할 때는 현행이 또 인이 됩니다. 현행이 훈이 되고 인因인 종자는 또 과가 되는 것입니다. 삼법이 전전하여 인과가 동시입니다. 삼법이 전전해서 자꾸 파동을 치고 있습니다. 그림에서 보면 인과 동시입니다. 이것이 동시에 되는 것은 인과가 아닙니다. 이렇게 삼법은 전전해서 인과가 동시가 되는데 인에서 종자가 현행을 하고 현행이 종자를 심으면 삼법은 동시가 되는 것입니다. 그렇지만 현행하던 그 종자가 다시 일어날 수는 없는 것입니다. 이것은 종자가 종자로 자꾸 유전이 되기 때문입니다. 그러니까 우리의 잠재의식에 들어가서 과거에 했던 것이 종자로 들어가 영겁을 흐르면서 조금도 쉬지 않고 반복을 합니다. 그것을 항수전恒隨轉이라 합니다. 오온인 색수상행식은 과거에 했던 것이 잠재의식 속에 들어가서 주야로 흐르고 있습니다. 타임머신의 헬맷속으로 들어가면 여러분의 아뢰야식 숲속에 과거 억 겁 전에 한 것이 자꾸 흐르고 있단 말입니다. 그 흐름의 탄력에 의해서 과거에 행했던 그런 식으로 끌려갑니다. 화두를 들면 화두에 몰입하여 '이뭣고?' 속으로 자꾸 흐르고 있다는 말입니다. 그러면 우리 몸 속에 있는 60조 개의 세포가 낱낱이 한 가지로 행동을 하는데 그것이 종자로 박힌 놈입니다. 종자로 박힌 것이 과거에 했던 그 집장에 의해서 된 것입니다.

제 19 강

종자훈습種子熏習

나한도를 닦으면 수다원 사다함을 얻게 됩니다. 사다함을 한문으로 번역하면 일왕래一往來라 합니다. 수다원을 지나 천상에서 돌아보니까 다 끊어버리지 못한 번뇌가 있어 한 번 더 다시 온다는 것입니다. 욕계의 인간세상을 일왕래한다는 것입니다. 천상에 올라와 보니 아직 덜 끊은 것이 있어 번뇌가 남아있다는 것입니다. 188페이지까지 공부하고 보니 앞에서 다 못한 것이 있습니다. 여러 가지 이야기가 나왔지만 다시 183페이지를 펴보세요. 조금만 더 보충하고 진도를 나가겠습니다.

팔식이 갖춰야 할 조건은 여섯 가지입니다. 그 다음에 능훈, 소훈 중에 능훈이 갖춰야 할 조건도 네 가지가 있습니다. 그것이 무엇인지는 책을 읽어보면 알 수 있습니다. 소훈이 갖춰야 할 조건이 네 가지, 능훈이 갖추어야 할 조건이 네 가지입니다. 능훈과 소훈의 조건이 다 갖추어지면 붙어버립니다. 183페이지에 도표가 있습니다. 이것을 이야기해야 되는데 사분은 매우 복잡하기 때문에 다 하는 것은 어렵습니다. 복잡하지만 그래도 사분은 알아두어야 합니다. 앞에서 배웠던 상분相分과 견분見分, 그리고 자증분自證分, 증자증분證自證分이 사분입니다. 자증분은 식 자체입니다. 식에서 자상은 혼자 아는 것을 알았다고 하지 않습니다. 자증분은 행동을 하는 식체, 식 요인이라 했습니다. 견분 상분에는 작용하는 것이 네 가지가 됩니다. 인능변, 과능변은 앞에서 이야기 했는데 인능변에서는 팔식 속에 있는 종자가 현행하면, 종자라는 것은 잠재해서 보이는 것이 아니지만 현행을 하면 한쪽으로는 팔식이 현행이 되고 한쪽은 5위 100법이 나옵니다. 5위 100법은 상분이고 팔식은 견분인 능연입니다. 팔식인 종자가 현행하면 한 쪽은 견분, 한 쪽은 상분이 나옵니다. 그러면 제 팔식의 상분이 종자, 근신, 기계, 육근을 가리키지만 밖으로 나가면 삼라만상, 산하대지가 되는 그것이 상분입니다. 팔식이 안에 있으면 근신과 종자가 되고 밖으로 나가면 산하대지가 된다는 것입니다. 즉 종자가 현행만 하면 산하대지와 근신이 생겨 그것을 상분이라 합니다. 견분이란 팔식으로 능연이며, 상분은 발현된 바로써 경계라는 것입니다. 이것이 5위 100법입니다. 그러면 보통 세상 사람들은 저 밖에 5위 100법이 고요하게 있는 줄 알고 있으며 또 나한들도 그렇게 알고 있습니다.

그래서 부처님이 처음 12년 동안은 밖에도 안에도 없지만 안에는 있고 밖에는 없다고 설법한 것이 한 쪽으로는 자증분이 나가서 팔식이 되고 한 쪽으로는 5위 100법이 됩니다. 그리고 인능변이 나가서 견분상분이 되는 것입니다. 과능변은 과가 능변을 하는 것입니다. 현상된 과가 능변하는 것이 밖으로 나타난 것입니다. 견분상분이 과니까 인과를 가지고 있습니다. 과가 과끼리 견분을 내어 팔식이 되고 상분은 5위 100법이 되니까 과가 드러난 놈으로 서로 능연소연이 생겨 과가 능변하게 됩니다. 견분이 상분하는 것을 과능변이라 합니다. 5위 100법은 팔식이니까 제 팔식은 떼어놓고 칠전식이 하는 것으로 곧 능연은 칠전식입니다. 그러면 소연은 팔식이 토해놓은 산하대지로 칠전식은 밖으로 드러난 산하대지를 그대로 반연하지는 못합니다. 제 칠식은 제 팔식의 견분을 소연으로 삼았는데 그 밑에 전육식이 있습니다.

지난 번에 예를 들었던 것인데 여러분이 황악산을 보면 황악산이 그대로 드러나는 것은 아닙니다. 내가 영어를 못하기 때문에 미국 사람을 만나면 통역이 필요합니다. 마찬가지로 우리 식은 상분을 스스로 반연을 못합니다. 그래서 칠전식은 통역하듯이 육근의 소개를 받아서 황악산을 알려면 안근에서 황악산을 찍어줘야 됩니다. 물소리나 새 소리는 고막에서 녹음해주어야 알 수 있습니다. 상분이 그대로 견분에 들어가는 것이 아니라 5위 100법을 육근에다 사진을 찍어서 아는 것입니다. 이것을 본질이라 하고 눈이나 귀에 와서 찍힌 것을 영상상분이라 합니다. 그러면 전육식에 있어서는 육근을 통해서 팔식이 토해놓은 5위 100법을 본질로 하여 자기 육근에다 찍힌 것을 친소연이라 합니다. 본질은 근 밖에 있는 상분이므로 본질상분이라 하고 근에 찍힌 것을 영상상분이라 합니다. 찍힌 것을 친소연親所緣이라 하고 본질을 소소연이라 합니다. 그러면 자기가 토해놓은 삼라만상 그것은 소소연疏所緣이 되고 본질이 되어서 근에 다가 찍은 것을 본질상분이라 하지만 자기 것만 하는 것이 아니라 다른 사람, 다른 중생이 토해놓은 것을 자기 근에 다 찍을 때는 소소연이라고만 하지 본질상분이라고 하지 않습니다. 그것을 구분해야 됩니다. 다른 중생이 한 것은 소소연이 될지라도 본질상분이라고는 하지 않습니다. 이것은 꼭 알아두어야 합니다. 견분이 상분을 반연할 때 반드시 자기 견분에 찍어서 합니다. 상분은 사실 밖에 있는 본질상분이었기 때문에 상분이 소연한테 반드시 찍혀야 합니다. 밖에서 알 때는 상분이 심리작용에 들어갑니다. 상분은 경계인데 왜 능연에 들어갑니까? 모두가 모르기 때문에 질문을 할 수가 없습니다.

옛날 중국에 동산 양개선사가 있었는데 어려서 어머니 등에 업혀 절에 가서 반야심경을 봉송하는 것을 들었습니다. 어머니 등을 두드리면서 '어머니 나는 귀가 있고 코가 있는데 왜 경에서는 귀가 없고 코가 없다고 합니까? 하고 묻습니다.' 그래서 의심하게 됩니다. 모르는 것은 의심해야 합니다. 모르는 것을 의심해야 하지만 다른 모든 것은 의심만 가지고는 안됩니다. 부처가 되는 것이 똥 막대기다 할 때 왜 그런지 모르고 화두 속에 파묻히면 안됩니다. 우리는 육식에 파묻히면 안됩니다. 그것을 뚫고 나가야 참參입니다. 관觀은 들여다 보는 것을 말하지만 관과 참은 다른 것입니다. 앞부분에서 이미 공부한 것이지만 다시 이야기 하는데 견분이 상분을 반연하고 견분이 자증自證한 것을 인정하는 것이 자증분自證分입니다. 견분을 인정하는 놈을 자증분이라 합니다. 자증분을 자증自證하는 것이 증자증분證自證分으로 네 가지가 필요합니다. 잘못보면 필요없는 것 같지만 심리작용에 증자증분이 빠지면 될 수가 없습니다. 이러한 내용은 도표에 자세하게 나옵니다. 어떤 사람이 자를 가지고 비단을 잴 때 비단은 소연所緣이고 자는 능연能緣인데 자하고 비단하고 저희끼리만 해서는 안되며 아는 놈이 있어야 합니다. 그것을 자증분이라 그래요. 자증분은 계산하는 놈이 필요한 것으로 눈으로 보고 귀로 소리를 들었다 할 때 눈으로 보고 귀로 들은 것은 능연, 소연이 반연된 것이며 능연, 소연이 반연하면 제 팔식으로 다시 돌아옵니다. 그것이 현행이 훈종자하는 것입니다. 즉 현행이 훈종자가 되는 법을 도표로 그린 것입니다. 도표를 보면 칠전식이 현행인데 칠전식이 하는 짓을 보고 듣고 하는 제팔식은 장식으로 감출 장藏자를 써서 장식이라고 합니다. 즉 고방에 감춘다는 뜻입니다. 팔식은 고방에 물건을 갖다 놓듯이 칠전식이 행한 것을 감춘다는 것입니다. 수동으로 하여지는 놈과 능동으로 하는 놈이 있는데 하여지는 놈은 소所이고 하는 놈은 능能이라 그랬습니다. 견분훈 상분훈은 반연하는 모양을 그린 것입니다. 칠전식과 팔식을 나누면 다섯 가지가 됩니다. 자증분이 실제로 그것을 훈습 받는 놈입니다. 자증분이 견분에 힘을 주는 것이 견분종자로 팔식으로 훈습이 됩니다. 예를 들어서 동시에 컵을 보면 컵의 모양과 본모양이 한 번에 들어오는데 하나는 견분이고 하나는 상분입니다.

그래서 자증분은 식자체인 견분에 힘을 주어 아뢰야식이 됩니다. 훈은 자증분종자와 견분종자와 증자증분종자와 상분종자라고 합니다. 견분훈에는 후삼분이 곧 견분훈이고 또 상분에 힘을 주어 본질과 영상상분 두 가지가 되며, 상분에 힘을 주어 아뢰야식 속에서 상분은 본질종자까지 갑니다. 본질은 밖에 있는 산하대지이며 영상상분은 육근 속에 박힌 모양입니다. 팔식은 능훈이 되고 칠전식은 상분인데 상분과 견분을 표시할 뿐 제 팔식이 토해놓은 현상입니다. 능훈은 이름을 나열한 것으로 본질이 될 때에는 밖에 있는 제 팔식의 상분이지만 사실을 따지면 그림처럼 되어 제 팔식을 본질이라 했습니다. 증자증분은 그림에서 바깥 쪽에 있습니다. 그것은 능훈의 이름을 나열해 놓은 것이고 본질로 볼 때는 밖에 있는 팔식으로 제 팔식은 본질이지 증자증분이 아닙니다. 칠전식은 능훈이 되고 능훈소생을 이야기할 때 이렇게 된 것입니다. 그림에서 보면 알기가 쉽습니다.

188페이지로 돌아가서 제2절에 소연행상문所緣行相門이 나오는데 소연은 경계이며 행상은 능연의 작용입니다. 능연의 작용을 왜 행상이라 합니까? 요了가 능연에서 나오는데 글 가운데 불가지집수처不可知執受處라는 구절이 있습니다. 소연은 집수와 처인데 종자와 근신을 줄여놓으면 처와 집수가 됩니다. 종자와 근신을 줄이면 처와 집수가 되며 요了라는 것은 능연이 되고 집수처執受處는 소연이 되는 것입니다. 소연이라는 것은 처이며 요는 작용하는 것으로 능연입니다. 또한 작용하는 것을 행상이라고 했습니다. 집수처와 요를 따로 구별했는데 집수처는 소연이며 요는 행상입니다. 그런데 불가지不可知라는 것이 집수처와 요에 같이 걸리기 때문에 송문을 해석하는 8단에 가서는 뭉쳐서 불가지집수라고 한 것입니다. 소연행상문을 하나로 한 것은 8단이며 십의十義로 한 것은 소연과 행상을 갈라놓은 것입니다. 팔단에서는 소연과 행상을 합친 것이고 십의에서는 식체를 가지고 이해하는 것입니다. 팔단은 송문을 해석하는 과목에 있어서는 불가지라는 말이 집수처입니다. 능과 소가 통하기 때문에 하나로 잡았고 십의에 가서는 식체를 이야기하면서 갈라놓았습니다. 팔단에 가서는 합해놓고 십의에 가서는 갈라놓았습니다. 갈라 놓을 때는 능연 소연이 분명히 불가지라는 말로 표현되며 소연과 능연을 싸는 놈이기 때문에 하나로 해놓은 것입니다.

내가 여기서 다 이야기할 수 없으니까 책을 참고하세요. 189페이지에 요了에 대한 해설이 있습니다. 요라는 것은 능연이며 행상은 능연의 작용으로 행동하는 모양상자입니다. 상에는 체상體相, 상상相狀, 상모相貌 이 세 가지의 뜻이 있습니다. 능연의 상은 체상을 얘기합니다. 눈으로 안식을 반연하는데 체상 위로 산보하듯이 걸어가는 것을 말하는 것입니다. 그래서 행상이라고 합니다. 둘째 상상은 상 위로 식이 걸어가는 것입니다. 걸어가는 모양을 이야기했다고 하지만 사실은 걸어가는 태도를 이야기한 것입니다. 셋째 상모는 체본질 밖으로 경계에 행하는 것으로 이 세가지로 행상行相을 설명했습니다. 체 다음 상은 모양으로 걸어가는 것으로 모양 속의 본질은 체라고 하고 겉으로 나온 것은 모양입니다. 보통 이것은 모양 위로 간다, 본질 위로 간다, 걸어가는 모양이다라고 표현하는 세 가지인데 여기서는 불가불 몸 체體를 써야 합니다. 평등지가 진여를 반연할 때는 모양으로 가는 것이 아닙니다. 진여는 모양이 없기 때문에 체로 해야지 상으로 해서는 안 됩니다. 그런 것이 있다는 것만 알면 됩니다. 소연행상문에서 나온 것을 십의十義에서는 갈라가지고 소연문과 행상문으로 해석했습니다. 행상문에서는 요라 하고 소연문에 가서는 집수처라 했습니다. 그래서 집수처는 소연이 되고 요는 능연을 이야기한 것입니다. 능연과 소연은 이름부터가 어려운 말입니다. 능연을 요라고 써야 합니다. 능연이 요를 가지므로 행상이라고 합니다. 반연하는 모양은 복잡합니다.

능연체를 잡는 것에는 네 가지가 있습니다. 그것을 다 하려면 시간이 많이 걸립니다. 요를 이야기하자면 앞에서 그려놓은 것 중에 사분이 요입니다. 소연에 대해서 능연이 따지는 것으로 집수처의 처는 소연이고 요는 능연이고 집수라고 했습니다. 요는 능연이고 집수처는 소연인데 여기에 처가 빠져 있습니다. 처는 기계 집수로 팔식을 집수라고 합니다. 203페이지에 보면 요는 능연 작용이고 집수는 근신根身을 가지기 때문에 팔식에서 근신을 집수라 했습니다. 팔식에서 우리 몸을 근신이라 하며 근신은 오근신으로 유근신이라고 합니다. 몸 속에는 눈, 코, 귀 등 오근을 소유한 몸에서 오근은 소유가 되고 몸은 능히 모든 것을 갖는 몸으로 유근신有根身인데 그냥 근신으로 표현했습니다. 오근이 몸 속에 들어있으니까 오근을 소유한 몸과 팔식과의 관계는 어떻게 됩니까? 팔식이 몸이 된 것을 마치 밀가루를 물에 반죽하면 물 기운으로 반죽이 됩니다. 팔식은 근신이 흩어지지 않도록 만드는 것으로 집이라 합니다. 동시에 오근을 가지고 팔식이 내부에 품는 것을 집이라 하고 팔식이 오근에게 감각을 내게 하는 것은 수受입니다. 눈으로 모양을 알고 감각을 느끼기 때문에 그래서 몸을 집수라 합니다. 그것은 종자나 기계나 근신이 전부 팔식의 상분으로 되어 있습니다.

제 20 강

유식과 화두

근신·기계에서 각수覺受를 내는 품과 밀가루를 물과 섞어 밀가루 반죽을 만드는 것을 안위공동安危共同이라 합니다. 몸도 그렇습니다. 몸도 상황에 따라서 편안한 것이 아닙니다. 그렇지만 우리의 몸은 나와 운명을 같이 합니다. 몸이 없으면 내가 없는 것입니다. 이와 같이 운명을 같이 하는 것을 안위공동이라고 합니다. 팔식하고 오근은 떠날 수 없는 사이이기 때문에 운명을 같이 하는 것이라고 써놓은 것입니다. 또 팔식하고 몸은 같이 있지만 몸이 물질이기 때문에 감각을 내지는 못합니다. 죽기는 동시에 하지만 팔식이 근으로 하여금 감각을 내게 한다고 해서 그것을 능생각수能生覺受라 합니다. 능생각수와 안위공동은 범위가 다르기 때문에 능생각수는 유근신인 몸만 집수가 됩니다. 안위공동 편으로 봐서는 종자種子와 기세간器世間은 말짱하니 안위공동을 같이 합니다. 산하대지가 일어나는 것을 보았습니까? 다음 페이지를 넘겨 설명을 다 읽어보십시오. 복잡해서 머리 식히기 위해서 다른 이야기를 해야겠습니다.

어제까지 이야기에는 우주전체가 벌어진 것 같았지만 그것은 혼미해서 나타난 것입니다. 미迷하면 팔식과 5위 100법이 나타나는 것입니다. 유식연기라는 것은 마음으로 연기하는 것입니다. 진여가 연기하는 것이 아닙니다. 생사윤회를 받는 것은 망妄입니다. 망이란 결정권이 있는 임금자리가 아니고 그냥 따르는 머슴자리로 모르는 것이 망입니다. 망은 무명연기로 진여연기하고는 다릅니다. 종합적으로 망이 연기하는 것입니다. 진여는 연기하는 것이 아닙니다. 원성실성은 아무리 망을 해도 진여일 뿐입니다. 벌레가 아무리 망을 해도 원성실성은 그대로입니다. 원성실성을 모르기 때문에 의타기성이 나오는 것입니다. 우리가 생사윤회하는 것은 원성실성이 아니라 식으로 하는 것입니다. 원성실성을 깨닫지 못하면 생사윤회하게 됩니다. 원성실성을 아는 것은 각이고, 원성실성을 모르는 것은 망입니다. 망이라는 것이 기신론에도 나오는데 무시무명無始無明

입니다. '시始'자는 시간론으로 '처음'이란 뜻이 아닙니다. 무시란 비롯함이 없다, 바탕이 없다는 소리입니다. 콩가루를 쪼개도 콩가루뿐인 것이 바탕이 된다는 것입니다. 이것은 마음으로 만들었다는 것입니다. 무시무명은 기신론에서 설명하고 있는 것과 같습니다. 이것은 진眞을 모르기 때문에 생긴 것입니다. 원성실성에서 '원'은 공간적으로 펴져 어디라도 사무치는 것을 말하며, 시간적으로 생멸을 떠나서 불멸하는 것은 허공과 같다고 했습니다. 원성실성은 진여자리와 같다고 했습니다. 무명이라는 것은 시간적인 것이 아니라 어두운 기운은 뿌리가 없이 나오는 것으로 모른다는 의미입니다. 바탕이 있는 것이 아니라 허깨비라는 것입니다. 무명은 실상이 아니므로 뼈다귀가 있는 것이 아니라는 것입니다. 뼈다귀가 없다는 것은 무명이라는 뜻입니다. 양반도 양반노릇을 하려면 양반 뼈다귀가 있어야 양반노릇을 할 수 있다는 것입니다. 송을 쓸 적에 무수호손無首猢猻을 말하는 것으로 5위 100법은 근본이 없고 깨달음이 없는 무명으로 인한 것입니다. 머리 없는 원숭이가 거꾸로 기어간다는 것이 무시무명입니다. 선가에 나오는 내용도 똑 같습니다. 무명이 체가 아니지만 무명 속에 가득 차 있습니다. 저 미꾸라지 꼬리에서 행동을 하는 것과 같습니다. 하늘에 날아다니는 솔개도 그렇게 행동합니다. 어디든지 유상무상에 꽉 차 있는 것이 원성실성입니다. 어디를 가든지 실속을 가졌다는 것입니다. 꽉 찬 놈이니까 자꾸 찾으려고 애를 쓰고 있습니다. 다른 방법으로 중간에 잘못되어도 화두를 들면 됩니다. 마조스님이나 회양스님은 그런 짓을 하지 않았습니다. 냉정하게 보면 글을 아무리 많이 안다 해도 우리에게 이익을 주는 것은 알기 어렵습니다. 내가 초등학교 다닐 때 선생님께 들은 이야기로 사람이라는 것은 생물이기 때문에 먹기도 해야 되지만 잠도 꼭 자야한다는 것입니다. 지금 이 산승도 팔십이 되도록 8시간 안 자면 찝찝합니다. 생물이 잠을 자거나 밥을 먹거나 옷으로 따뜻하게 한다고 해서 원성실성이 변하는 것은 아닙니다. 적어도 십 년을 앉아서 참선을 해야 여덟 시간 안 잔 것과 똑같습니다. 공부하다 보면 순간에 깨칠 수가 있습니다.

중국의 마조스님의 성이 마씨입니다. 강 서쪽에 살았는데 하루는 제자 백장과 함께 강가를 걷는데 그 때 마침 오리가 날아갑니다. 저게 무엇이냐? 하고 마조가 백장에게 묻습니다. 저것은 오리인데 날아가서 안보입니다. 마조가 백장의 코를 탁 잡아당기니까 '아야' 합니다. 그 순간 깨쳐버립니다. 무명 속에 꽉 차 있는 것을 다 알게 됩니다. 이것을 깨친다고 표현합니다. 무명을 깨는 것이 깨닫는 것입니다. 깨치면 걸을 때나 앉아 있을 때나 안 보이는 것입니다. 십 년을 앉아 있어도 깨친 스승을 만나야 됩니다. 내가 십삼 년을 장좌불와를 했습니다. 저 남산에 있는 돌보다 내가 더 오래 앉았다는 것입니다. 바늘귀에 실을 꿰는데 쏙 들어가면 그만인데 안 들어가면 헛손질을 계속해야 합니다. 결국 깨치는 것이 문제입니다. 십 년, 이십 년을 앉아 있어도 못 깨치면 똑같은 것입니다. 앉아 있어도 소용이 없습니다.

고씨 성의 남자와 장씨 성의 남자가 염소를 먹이는데 고가는 바둑을 두다가 염소를 잃어버렸고 장가는 책을 읽다가 염소를 잃어버렸습니다. 세상 사람들은 책을 읽다가 염소를 잃어버린 것을 바둑 두다가 잃어버린 것보다 더 동정을 합니다. 그러나 염소를 잃어버렸다는 사실은 똑 같은 것입니다. 결국 10년이고 20년이고 앉아 있는 것이 중요한 것이 아니라 깨치는 것이 중요한 것입니다.

불교는 스스로 깨치는 것을 주장합니다. 마조스님은 젊었을 때 아침부터 한 자리에 앉아 부처가 되려고 참선을 했습니다. 이 때 남악 회양선사가 마조를 찾아옵니다. 참선하고 있다가 나오는 마조를 보고 큰 돌에 벽돌을 갑니다.

마조가 무엇을 하느냐고 묻습니다. '벽돌을 갈아 거울을 만들려고 한다'고 하니 마조가 피식 웃으며 '벽돌은 아무리 갈아도 거울이 되지 않는다'고 합니다. 그 때 회양선사가 '그러면 앉아 있는다고 부처가 되느냐'고 한마디 던집니다. 생명을 깨치지 못했기 때문에 온전히 오지도 못하고 받지도 못했습니다. 깨치는 것은 바로 사는 자리입니다. 사는 자리가 되면 전체가 없어지는 것으로 안 보이는 것보다 드러나질 않았는데 전체가 하나가 되는 것입니다. 그래서 부처님은 가까이 있는 몸인 생명을 죽이지 말라는 것입니다. 그런데 우리는 생명을 죽이고 있습니다. 깨치지 못하면 생명이 없습니다. 깨우쳐야 정신을 살리는 것입니다. 천지만물 가운데 드러나서 어디 가도 사는 기운이 나옵니다. 사는 기운을 깨치니까 저 놈은 어떻게 깨는지를 알게 됩니다. 도를 알아야 합니다. 활구를 써서 '뜰앞에 잣나무'가 되는 것입니다. 그 때는 책을 보거나 유식을 공부할 필요가 없습니다. 나를 때려서 깨닫게 하는 방법으로 방과 할로 그 사람한테 암시를 주는 것입니다. 화두라는 것이 만병통치약이 아닙니다. 뒤에는 화두가 그 사람한테 드물게 터질 수도 있습니다. 대부분 나이가 들어 조사는 되었지만 자기소리가 안 나옵니다. 활구소리가 안 나옵니다. 옛날 스님들이 그렇게 했는데 여러분도 해보십시오. 공부가 안되면 살아있는 기운인지 죽은 기운인지 모른다는 것입니다.

또 사구가 있습니다. 고려 말 태고 보우 스님은 대단한 도인입니다. 사는 기운을 찾는 것이 전부입니다. 원성실성이 드러나지 않았습니다. 근경식을 터트리면 유식을 연구하고 공부하는데 도움이 되는 것입니다. 공부를 바로 못하면 바닷가에 가서 모래알 세는 것과 같은 것입니다. 우리는 그런 짓을 하면 안되지요. 제대로 공부를 해야 됩니다. 모래알 세는 것이 뭐가 대단한 것이겠습니까? 자기에게 맞는 것을 찾아서 생명을 찾아야 합니다. 남의 일 하면서 도둑질하고 살면 되겠습니까? 자기 일을 해야됩니다.

중국의 오대산은 유명합니다. 그러나 실제로 가보니 아무것도 아닙니다. 나무가 없는 벌거벗은 민둥산입니다. 나무가 없으니 물도 없는 그런 산중이지만 문수보살이 있다고 그랬습니다. 오대산에 문수보살이 있다고 해서 밤에도 쉬지 않고 계속 걸어 몇 천리를 찾아갔습니다. 도중에 행인에게 문수보살이 정말 있느냐고 물었습니다. 그러자 행인은 확인해줄 테니까 대신 심부름을 해달라는 것입니다. 몇 천리를 왔지만 심부름을 해줬습니다. 대문 있는 집에 돼지를 길렀는데 그 돼지에게 쪽지를 갖다주라는 것입니다. 그래서 문수보살이 있다고 믿고 찾아 갔습니다. 어느 부자집 대문 옆에 돼지가 있는데 암돼지로 황소만 했습니다. 돼지가 순식간에 종이를 주워먹었고 바로 죽었습니다. 그 때 주인이 나오더니 '중놈이 우리 돼지에게 약을 먹여 죽이려 하는구나.' 하며 야단입니다. 죽인 게 아니라고 하니까 '이놈이 거짓말까지 하는구나' 합니다. 그러자 이왕 돼지가 죽었으니까 배를 갈라보면 내가 거짓말하는지 안 하는지 알 것 아니오? 하면서 돼지 배를 가르니 봉투가 들어 있었습니다. 바로 이야기하면 그 돼지가 문수보살이었습니다. 보살이 돼지가 되었다는 것입니다. 편지를 뜯어서 보니 '돼지우리에 있는 그 돼지가 문수보살이라.'라고 쓰여 있었습니다. 문수보살이 이런 짓을 할까요? 돼지가 되어 살 수가 있겠습니까? 돼지의 삶은 만행하는 모습의 한 가지일 수도 있습니다. 만행을 거두어 본래 자리를 찾는 것입니다. 꼭 그렇게 해야된다 혹은 안 되는 것을 주장한다는 뜻입니다. 초등학생일 때 여덟 시간 안 자면 안 된다는 것을 여태까지 잊지 않고서 지금도 그대로 합니다. 속히 깨우쳐야 하는데 깨우치는 것은 스승을 만나야 합니다. 깨우치도록 도와주는 스승이 없습니다. 깨치는 것은 단박에 깨는 것입니다. 백장이 스승님과 강가에서 산책을 하다가 들오리가 날아가는 것을 보고 스승이 백장에게 무엇이냐?고 묻는데 백장이 제대로 대답을 못합니다. 그 때 스승이 백장의 코를 비틉니다. 이것을 계기로 백장이 깨닫고 보니 코 속 거기에도 불성자리가 꽉 차 있더라는 것입니다. 알고보면 벌레 꼬리 속에도 불성자리는 꽉 차 있습니다. 그런 것을 깨치는 것이 선가의 법입니다. 공자 앞에 문자 쓰는 격이지만 유가에서도 그런 법이 있어 선가에서 처럼 그렇게 하라고 합니다.

새처럼 연을 띄웁니다. 연이라는 것은 솔개 '연'자인데 날아가는 솔개 날개 죽지의 사는 자리나 고기 꼬리에 사는 자리가 다 같은 하나라는 것입니다. 사는 기운이 하나이기 때문에 대덕이 말하기를 하늘과 땅은 큰 덕을 낳는다는 것입니다. 생으로 볼 때 성인들은 사는 것이지만 부처님께서 사는 것은 생명으로 생명을 해치지 말라는 것으로 생명을 해치고자 하는 것은 외도이고 생명을 보호하는 것은 정도라고 하셨습니다. 생명을 깨쳐서 생명을 해치지 않는 것이 바로 생명을 살리는 것이며 계를 지키는 것입니다. 생명을 해치는 것이 파계입니다. 우주의 생명체에 손해가 되는 것이 아니라 이익이 되는 것이 바른 사람입니다. 부처님이 출현하여 생명을 해치지 말라는 것이 그것입니다.

무명속에 앉아서 무명을 덮어쓰고 있는데 잡념이 나오는

것이 보이겠습니까? 그것은 참선이 아닙니다. 무명을 보는데 무시무명입니다. 뿌리가 일어났다는 것은 무명풍無明風으로 무명의 바람인데 우리 마음도 무명풍이라고 합니다. 물에 바람이 불면 그렇게 됩니다. 그래서 깨치는데 잡으려고 하면 안 되고 간섭을 해도 안 됩니다. 나는 출가해서 첫눈에 절집 내부를 보고 옳은 것 같지가 않았습니다. 직지사 선방에서는 제대로 하는 사람이 없었습니다. 올바르게 가르쳐 주는 사람이 없었던 것입니다. 불성자리는 나한테만 있는 것이 아닙니다. '앉았다 일어났다' 밖에 하지 않았는데 망상을 일으켜도 망상이 일어나지 않았습니다. 잠 자고 밥먹고 하는 동안에도 망상을 없애려고 하지 않았습니다. 있는 것을 끊으라고 하는 것이 신수대사이며 없다는 것을 아는 것이 육조스님입니다. 선방에 갈 때도 사상을 알고 가는 것이 쉽습니다. 망상이 없다는 것을 알아야 망상이 일어나지 않습니다. 닦아야 할 무엇이 있다고 자꾸 애쓰는 것이 신수대사였습니다. 이것은 본래 무인데 없다고 하면 일어나질 않습니다. 다음은 내가 중이 되어서 그것을 믿었기 때문에 그 때부터 이제까지 걱정없이 살았습니다. 내가 잘 자랐기 때문에 걱정 할 것이 없습니다. 누가 갖다준 것도 아니고 빼앗아 간 것도 아니기 때문에 걱정할 필요가 없습니다. 깨달았다는 소리가 바로 알았다는 소리입니다. 바로 알면 그만입니다.

서양의 소크라테스는 지덕합일론을 주장했습니다. 지덕이 똑같은 것입니다. 중국 명나라 때 왕양명이 지와 행을 주장하여 지행합일론을 주장했습니다. 지자는 행하는 것이 스스로 되고 행자는 본인이 좋이라도 괜찮습니다. 우리는 뭐니 해도 깨치는 것을 주장해야 됩니다. 깨쳐놓으면 깨친 곳에서 살지 깨친 것 밖에는 안 나갑니다. 잠을 자도 근본에서 떠나지 않습니다. 자빠지고 엎어져도 언제든지 연속되는 것으로 내가 하는 것이 아닙니다. 자신이 하는대로 해보세요. 깨치면 더할 것이 없다는 것을 알아야 합니다. 만행지키는 것도 해야되고 자기일도 해야 합니다. 남을 가르치는 것만 하지 마십시오. 어느 정도 하고 자기 속도 차려야 합니다. 자기 속도 못 차리는 사람이 남을 가르칠 수 있겠습니까? 육진 무명속에서 수만 가지 행을 닦아야 됩니다.

제 21 강

소연행상문所緣行相門(8)

소연행상문에서 요了는 행상이며 집수執受와 처處는 소연으로 요는 식을 얘기하는 것이고 처는 식이 반연하는 것인데 밖으로 삼라만상이 식에 의해서 생겼다고 했습니다. 제 팔의 소연을 능생각수能生覺受의 입장에서 류로 나누면 집수와 처가 되며 법을 들면 종자와 유근신有根身과 기세간器世間 셋이 됩니다. 안위공동의 입장에서 제 팔이 선취라면 종자와 유근신도 따라서 선취善趣이며 제 팔이 악취惡趣라면 종자와 유근신도 또한 악취이기 때문에 종자와 유근신은 집수이며 기세간은 비집수입니다. 제 팔에서 유근신인 몸은 집수라고 하는데 오온신이라고도 합니다. 오온신은 팔식하고 관계가 있는데 팔식은 집수 하는 놈이고 몸은 집수를 받는 놈입니다.

팔식은 능집수가 되고 종자와 유근신은 소집수가 되어 집수하는 놈은 제 팔식이고 집수되는 놈은 오온신입니다. 내가 염주를 가졌다면 가져진 놈이 염주이며 염주를 가지는 놈은 나란 말입니다. 이 때 내 손은 능집수고 염주는 소집수입니다. 오온신은 팔식에 소집수가 됩니다. 그러면 몸은 소집수가 되고 팔식은 능집수란 뜻인데 비집수, 집수를 소유하는 것을 육백자로 줄일려고 하니까 글자가 잘 맞지 않아서 그렇게 쓴 것입니다. 팔식은 능집수가 되고 오온신 몸은 소집수가 된다는 뜻입니다.

요는 요별의 뜻인데 식의 행상을 말합니다. 이것은 세 가지로 체상과 상상과 상모를 뜻합니다. 요자는 능연으로 처음에는 색이 아니고 몸의 근신기계를 이겨낸 팔식이라고 했습니다. 그러니까 왜 불가지不可知를 맨 위에 써놓았느냐 하면 그것은 팔식이 작동하는 것을 알 수가 없기 때문입니다. 그것은 매우 대단한 것입니다.

어머니가 아이를 낳지만 실제는 어떻게 낳는지 모르고 낳습니다. 이것처럼 돌아가는 모양새를 모르는 것입니다. 중생은 잘 모릅니다. 그것은 깨치지 못하여 무명에 덮여있기 때문에 무명 속에서는 이것이 확실하지 않습니다. 우리도 그렇지만 벌레나 짐승은 더 덮혀 있습니다. 다른 것이 아니라 모르기 때문에 가만히 있는 것입니다. 이 사상은 가만히 있는데 각각 벌레나 사람이 무명에 덮혀 있어 옳게 보이질 않는 것입니다. 무명에 덮여서 망념이 일어나는 것입니다. 망념이 일어날 때 처음 일어난 망념이 바로 불각입니다. 불각이 무명인데 여실히 진여법이 하나인 줄 모르는 것입니다. 불각이나 무명이나 똑 같은 뜻입니다. 무명이라는 것은 통달하지 못 했기 때문에 모르는 것입니다. 그러니까 원성실성은 하나인데 모르는 사람 수가 몇 백 명이 되는지 알 수 없는 숫자입니다. 그것이 불각인 동시에 무명입니다. 깨치면 지혜가 나오는데 깨치지 못하면 어둡습니다. 깨치지 못하면 불각이고 무명입니다. 정각을 하면 아뇩다라삼먁삼보리를 성취해서 환한 기운이 하나로 나오는데 하나인 밝은 기운으로 어둠이 없어지기 때문에 무명이 아니라고 했습니다. 환한 기운이 없는 것이 무명입니다. 소위 무명이라 하는 것은 환한 기운을 내려놓고 통달하지 못 했기 때문입니다. 통달한 것과 달라서 마음을 쓰는 것이 법성자리를 쓸 수 있는 상황이 못 됩니다. 상응이 되면 물에 물 탄 듯이 동질이 됩니다. 깨치지를 못 하여 상응이 되지 않으니까 상응이 안 되는 생각인 어둠이 일어나 밝은 것과 적대인 상황이 되어 마치 이질적인 기름과 물처럼 합쳐지지 않는 것입니다. 그것이 아뢰야식입니다. 이질적으로 나온 것으로 전체적으로 확대하여 증득을 못 하니까 모자라는 것입니다. 전체적으로 딱 하나가 되면 문제가 없는데 덮혀서 작용을 하니까 하나와 전체가 본질적으로 상응이 안 됩니다.

아는 사람이 있고, 모르는 사람이 있고, 있는 사람이 있고, 없는 사람이 있듯이 상대적이 되어버립니다. 아는 것도 한계가 있고 듣는 것도 한계가 있다는 소리입니다. 그것이 폭이 있다면 전폭적으로 같아지지가 않고 몸은 큰 데 덮는 것은 몸의 절반 밖에 안 되기 때문에 덮히지 않는 것을 모르는 것입니다. 하나가 되어버리면 전체로 알아버리는데 덮히지 않은 상태에서 본 것입니다.

첫 수업에 그림자 이야기를 했는데 기억납니까? 해가 반듯하면 그림자가 없는데 해가 삐딱하니 그림자가 생기는 것입니다. 그림자는 실물과 달라서 그림자는 그림자일 뿐이지 실물과 같지 않습니다. 사진으로 찍어놓으면 사진을 보는 것이기 때문에 맥도 안 뛰고 피도 돌아가지 않고 기운이 전파되지 않기 때문에 모르는 자리가 하나뿐만 아니라 수억의 동물 혹은 육도중생 전부가 그림자 없는 세계를 못 보고 있는 것입니다. 그림자는 실물이 아닌데도 우리는 그림자를 보호하려고 도둑질도 하고 거짓말도 하면서 온갖 짓을 하고 있습니다. 우리가 행하는 모든 행위는 그림자를 보호하는 것 밖에 안됩니다. 이것을 깨치면 어두운 것이 지워지면서 하나로 합해지는 것이 정각正覺입니다. 합해진 것을 이해하는 것을 정견이라고 합니다.

부처님 시대에 육사외도의 사견이 그것인데 삐딱해지는 것 즉 사견은 탈선된 것입니다. 기차가 레일 위로 지나가면 정로이고 벗어나면 탈선하는 것입니다. 탈선되는 것은 사로邪路입니다. 다시 말해서 정견을 얻기 어렵다는 것입니다. 절에 있든 세속에 있던 정견을 얻으면 되는데 정견을 못 얻기 때문에 평생을 절에 있어도 불교를 모르는 것입니다. 절에 있어도 불교를 모른다면 출가하여도 중이 아닙니다. 외도일 뿐, 머리 깎고 중이 되었으면 하지 말아야 합니다. 말이 심한 것 같지만 틀림없는 소리입니다. 중이라고 취급받을 수가 없는 것입니다. 절에 있더라도 불교를 모르면 외도이며 절 밖에 있더라도 불교를 알면 불제자라고 합니다. 그래서 대승을 처음으로 들여온 것이 시교始敎로 법성게와 반야경은 같은 시교始敎지만 반야경은 공시교空始敎라고 합니다. 이것은 상시교相始敎로 법상法相을 자꾸 이야기합니다. 법상이 없다고 이야기 하면 공입니다. 대승의 최고 문턱인 법화경까지 가면 달라집니다.

며칠 동안 이야기 한 불교를 종합해 본다면 우리가 깨치지 못한 것은 무명이며, 무명은 불각입니다. 똑 같은 말이지만 어떻게 몰랐느냐 하면 무명에 덮여서 익힌 기운인 것입니다. 아뢰야식은 종자를 담아놓은 그릇입니다. 식을 담아놓은 그것이 오물오물 일어난 것을 분별망상이라 합니다. 그러나 그것은 부정해야 됩니다. 말이 복잡하지만 굳이 이 얘기를 하는 것은 팔년 동안 설명하고 난 다음에는 상이 없고 식이 없다는 소리가 나와야 하는데 상시교相始敎에는 아직까지 식이 없다는 소리가 안 나왔습니다. 그래서 반야경 사상에서는 색성향미촉법인 근신기계根身器界와 식도 없고 경계도 없다고 했습니다. 식도 없다는 것입니다. 그러므로 상시교는 반야경 사상을 밑받침하기 위해 나온 것입니다. 모두 반야경에서 나오는 것을 인정해야 합니다. 그러니까 안으로는 근이 벌어졌고 그것을 집수執受라고 하며 집수가 밖으로 나오면 처處라고 합니다.

식에서 우리 몸하고 처가 나왔단 말인데 처는 기계器界니까 식으로 그것이 나온 것을 알아야 합니다. 무명은 18계를 가지고 있는 동안에는 불가지不可知입니다. 이 속에 들어있는 것은 알아지지가 않습니다. 내 뱃속에서 나왔다는 것입니다. 내 식속에서 나왔다는 것입니다. 어머니가 아이 낳는 것을 모르는데 즉 아들이나 딸이 몸 밖으로 나오는 것을 알지 못합니다. 처가 너무 방대해서 모른다는 것입니다. 몸은 그것을 모른다는 것입니다. 방대해서 모르는 것과 아예 모르는 그 두 가지로 불가지를 덮혀 씌운 것입니다.

앞에서 얘기한 삼분은 재어지는 것과 재는 자와 그것을 인식하는 것을 삼분으로 이야기 했습니다. 여러분이 자세히 알고 싶으면 집에 가서 책을 읽어보세요. 여기서 공부할 때는 필요 없는 것입니다. 증자증분을 가지고 사분을 얘기했습니다. 더 지어도 안되며 덜 지어도 안된다고 못을 박아 놓았습니다.

199페이지에서는 덧붙여 능연 소연을 가지고 이야기했습니다. 소연 가운데 우리 몸인 유근신에 대해서는 이야기를 했습니다. 세 가지로 벌어지는 것에 대해서는 이야기를 못 했습니다. 우리가 어떤 업을 가지고 사니까 객관인 소연所緣이 수다쟁이가 되어 있습니다. 205페이지 끝에 가면 도표가 있습니다. 집이 있고 산이 있고 또 옆에 사람이 있고 동물과 식물이 있는 그것을 이야기 한 것입니다. 이것이 완전한 불가지不可知 소연행상문으로 여기서 마쳤습니다.

잠깐 반야심경의 오온개공을 설명하면서 지금까지 얘기한 것을 정리하겠습니다. 단지 이것은 알기만 하면 됩니다. 오늘 이야기는 유식보다 한걸음 더 나가는 것입니다. 색色을 오온개공五蘊皆空이라 합니다. 오온의 색이 무엇입니까? 배 젓는 노는 물을 자꾸 분류하는데 노 젓는 법이 이랬다 저랬다 달라지는 것이지 노가 달라지는 것이 아닙니다. 사람은 한 사람인데 똑 바로 찍고 옆으로 찍고 거꾸로 사진 찍어 놓은 것입니다. 다른 것이 아니라 똑 같은 것을 가지고 이랬다 저랬다 한 것입니다. 색은 오온을 가지고 이야기 한 것입니다. 며칠 동안 설명한 것을 다시 설명을 한 것입니다. 다른 것도 다시 설명을 해보면 원성실성은 본각이라고 해도 괜찮고 마음자리 생명이라 하며 또한 진여 중용이라고도 합니다. 그러니까 진여는 마음자리, 생명자리로 청정하다, 평등하다고 했습니다. 그리고 '시법是法이 평등平等하여 무유고하無有高下라'한 것은 법의 상, 모양을 이야기하는 것입니다. 그리고 이것을 자재라고도 했습니다. 또 색은 안으로 혹은 밖으로 여러 가지로 다 통하는 것입니다. 안으로 통하는 것은 '근根'이고 밖으로 통하는 것은 '경境'입니다. 색이 바로 다른 것이 아닙니다.

그러면 색은 어디서 나왔습니까? 앞부분을 공부할 때 심왕 심소에서 그 심왕이 법이라고 했습니다. 심왕 다음에 심소는 식자체입니다. 그러면 색이 어디서 나왔는지 짐작하겠지요. 이것이 연기법으로 구사론에서 이야기했지만 구사론은 어디까지나 밖에 실물이 있다고 하니까 우리 마음은 일찍기 물건을 보고 색이라고 이야기하는 것입니다. 그 다음에 심왕 심소는 나오는 위치가 다릅니다. 색이 어디서 나오느냐 하면 식자상에서 나오는 것으로 이것을 소변所變이라 했습니다. 심왕心王과 심소心所가 색을 낳았다는 것입니다. 색은 이 두 가지의 소변입니다. 색은 소변으로 낳아진 자식 놈이고 심왕심소는 어머니에 해당합니다. 색이 누구집 아들이냐고 물으면 심왕심소에서 심왕은 아버지쯤 되고 심소는 어머니쯤 되는 것입니다. 그래서 낳았다는 것입니다. 그 다음에 몸은 집수라고 했습니다. 그 다음에 육식을 오식이라고 하든지 육식이라고 해도 괜찮습니다. 육식은 육근을 타고 앉았습니다. 종자가 같다는 것입니다. 육식종자나 육근종자는 동일 종자라고 합니다. 갈라놓았지만 평생 서로 떠나지 못합니다. 서로 좋아서 그렇습니다. 그러면 수라는 것은 어떻게 됩니까? 식하고 경 가운데에서 식이 경에 올라앉아서 그렇습니다. 식이 근을 타고 앉아서 밖으로 경을 반연합니다. 식과 근이 합작을 해서 밖으로 반연하는 것입니다. 그것을 수라고 합니다. 안식이 안을 타고 앉아서 형상을 봅니다. 이근을 타고 앉아서 소리를 듣습니다. 눈으로 경을 받아들이고 색을 받아들이고 귀로는 소리를 받아들이고 코로는 냄새를 받아들이는 이것이 오근, 오경이 서로 교제할 때 나오는 작용인 수입니다.

구사론을 공부할 때 말했듯이 몸을 보지 못했습니다. 몸에 대해서 우스운 얘기가 있는데 부처님 제자 중에 아난이 있습니다. 한 번은 걸식을 나갔다가 어떤 여자가 아난에게 혹해서 자꾸 따라오는 것입니다. 아난이 급히 도망을 치듯이 달아나니까 여자는 자기 어머니와 함께 따라오는 것입니다. 그래서 며칠 뒤에 아난이 그 여자의 집에 시주를 갔다가 그 여자 어머니의 주술에 걸리고 맙니다. 부처님께서는 신통으로 아난을 구해냅니다. 다음날 두 모녀를 불러 부처님께서 묻습니다. '아난이 그렇게 좋으냐?' 하니까 좋다는 것입니다. '뭐가 그렇게 좋은가?'하니까 넓은 이마와 오똑한 코 등 다 좋다는 것입니다. 그러면 그 잘 생긴 아난의 얼굴을 따라 코를 하나 도려내고 눈을 떼어 내고 피부를 벗기면 어떻겠느냐? 살을 발라내고 뼈만 남겨놓으면 어떻겠느냐고 물었습니다. 그러니까 아주 보기 싫을 것이라고 대답합니다. 처음에는 아무것도 모르고 한 덩어리로 뭉쳐진 몸에 뭔가 아주 재미나고 예쁜 것이 속에 들었는 줄 알았는데 해부를 해놓으니까 아무것도 아닙니다. 그러니까 무명으로 인하여 곱게만 보였던 것이 부처님께서 해부한 이 몸에는 36가지 오염물이 들어 있습니다. 똥이 모이고 피와 땀이 모이고 고름이 모인 이 몸이 뭐가 그렇게 예쁘다는 말입니까?

제 22 강

심왕心王과 심소心所

부처님은 다릅니다. 사람들은 관리를 못해 무명으로 넘어가는 데 정각을 해서 아뇩다라삼먁삼보리를 성취하면 무한한 광명이 나오게 됩니다. 수는 영납領納입니다. 영납은 받아들이는 것으로 영수증을 떼어 주고 물건을 받아들이는 것과 같습니다. 영납은 무엇을 어떻게 합니까? 육근, 육경, 육식이 근경을 한 곳에 합해놓고 경을 가지고 근에 찍어놓은 것인데 그 육경경계를 영납하는 것이 수受입니다. 육경은 현상을 나타내는 것입니다. 현상을 영납하는 것은 수로 오경이며 현경이라 합니다. 밖에 있는 현경인 오경을 영납해주는 것이 수입니다.

그 다음에 백수百受를 받아들이는 것인데 글자를 한 번

해석해보세요. 이것은 밖에 있는 경으로 육경이 아니기 때문에 한 곳에 바짝 붙여놓으면 무엇이 되겠습니까? 영납해서 받아들인 것을 포갠 것이 육식이고 저 밖에 있는 육경하고 안에 있는 식하고 한곳에 포개놓은 것이 상想입니다. 그래서 아뢰야식 속에 둘을 차곡차곡 넣어둔 것입니다. 저축해둔 것으로 한 번도 내보낸 적이 없습니다. 그것이 상想인데 글자 그대로 사진찍은 것으로 만들어진 것입니다. 이것을 시생이라 합니다. 사진찍힌 것으로 아뢰야식의 많은 종자를 저장해놓은 것이 상입니다. 그런데 무기로 되어 있다고 했습니다. 며칠 전에 공부한 것에서부터 몇 백 년, 몇 천 년 전에 것도 차례차례로 포개어져 있는 것을 영납해 놓았다고 말합니다. 이것들이 어디에 있겠습니까? 담이 쌓여 있어 도망을 못 갑니다. 이때 담은 아뢰야식에 해당되며 담 때문에 도망을 못 간단 말입니다. 이렇게 영납해 놓은 것을 체상體相이라 했습니다. 쉽게 말하자면 오근, 오경, 육식 이것들이 거기에 들어가 있습니다. 된장국 먹고 밥 먹고 또 눈으로 보고, 귀로 듣고 하는 것이 모두 거기에 다 들어있습니다. 종자인데 요즘 말로 표현하면 세포나 유전자 같은 것입니다.

몸에 세포가 몇 개라 그랬습니까? 60조 개입니다. 그 세포는 그냥 된 것이 하나도 없습니다. 눈으로 보았던 것이 탁탁 세포로 생긴 것입니다. 지난 시간에 공부 했던 무기로 되어 있지만 없어지는 것이 아니니까 아뢰야식 속에서 종자가 현행하고 현행한 것과 삼법이 동시에 된다고 했지만 현행은 되지 못합니다. 그러면 아뢰야식 속에 들어있는 전념이 시계바늘 돌아가듯이 톡 꺼지고 후념이 나온단 말입니다. 미래나 몇 해 전의 일들이 식속에서 전념이 꺼지고 후념이 염염念念상속이 됩니다. 염염상속 되는 것을 행行이라고 합니다. 행이란 것은 종자로 생하여 지금도 계속하고 있기 때문에 우리 몸 속의 피가 돌아가고 맥이 뛰는 것입니다. 그런데 그것이 시계바늘이 중지되듯이 중지하면 볼일 다 본 것입니다. 그것이 상입니다. 이것은 색수의 현행내에서 도둑놈으로 식이 그런 짓을 한다는 것입니다. 심왕, 심소에서 심왕은 8개이며 이것을 통하여 심소가 작동을 한다는 것입니다.

앞 부분에서 공부한 것이 이 속에 다 들어 있습니다. 오온이 개공인데 여러분은 오온이 개공이 아닙니다. 오온이 개유로 개공하는 줄 알아야 하는 것입니다. 동산양개가 어릴 때에 어머니 등에 업혀 절에 가서 오온개공이란 소리를 들었는데 분명히 얼굴을 만져보니까 있는데 없다고 하였습니다. 식을 얘기할 때 팔식 얘기가 나오고 요별경식 얘기가 나오는 것이 순서입니다. 요별경식에서 안, 이, 비, 설, 신, 의의 이야기가 뒷부분에서 나오는데 내가 급해서 미리 얘기를 다 하는 것입니다. 이 학문은 육백 자 밖에 있으며 부처님 사상을 전할 때 '개공'의 소리는 나오지 않습니다. 법화경에도 없습니다. 대승경전 가운데서도 첫 문턱에 들어가는 것에서만 나옵니다. 몸이나 인식작용을 하는 것은 전부 무명으로 된 것입니다. 보통 우리는 모르는 것에 익숙해져서 습이 되어 꿈 속에 파묻혀서 정신을 못 차리는 것입니다. 이런 것들이 다 있다고 생각하는 것입니다. 몸만 그런 것이 아닙니다. 나무나 풀도 마찬가지입니다. 요즘에는 이름을 지어서 '만유'라고 하는데 일만가지가 다 있다는 것입니다.

사람들은 저것이 어떻게 생겼는지 모릅니다. 노자의 도교에는 저절로 된다고 하는데 저절로 되는 것이 어디 있습니까? 저절로 되었으니까 '자연'이라고 합니다. 불교는 그런 이야기를 하지 않습니다. 조그마한 좋은 일이나 손톱만한 나쁜 일에도 원인이 있어서 결과를 맺었다는 것입니다. 그러나 원인이 바로 결과를 맺느냐 하면 그것은 아니라는 것입니다. 인과 과 사이에 연이 들어야 한다는 것입니다.

인과 연이 합동작전을 해서 과가 생기는 것으로 이것은 보통 사람들도 다 아는 사실입니다. 콩이 하나 있는데 콩이 바로 열매를 맺는 것이 아닙니다. 콩은 원인이 되고 여러 가지 조건을 연으로 하여 열매를 맺는 것입니다. 인을 주조건이라 하며 보조조건을 연이라고 합니다. 콩은 하나의 씨앗으로 불교도 아뢰야식이라고 하는 씨앗이 들어있다고 합니다. 종자인 씨앗의 이름으로 콩이 하나 있던지 혹은 감자가 하나 있더라도 그것을 그냥 추수하지 못합니다. 추수하기까지는 시간이 필요합니다. 농부가 땅을 파고 씨앗을 심습니다. 그리고 물기운도 들어가야 합니다. 그것은 봄에 꽃을 피우고 잎을 피우고 줄기가 나오고 나무 끝이나 풀 끝에 열매가 달리는 것입니다. 이 열매가 세상에 사용됩니다. 그래서 실과實果라고 하는데 결과이기도 합니다. '과' 자는 나무에 열리는 열매를 뜻하고 풀 끝에 열리는 열매는 '실'이라고 합니다. 똑 같은 것이 아닙니다.

이 책에서는 나누어서 이야기를 해놓았습니다. 하나는 실實이라고 하고 다른 하나는 과果라고 합니다. 먹는 곡식은 실이며 사과나 감을 과라고 하는데 무조건 가을에 추수하는 모든 것을 과라고 합니다. 대부분 식물에 붙여 생활을 합니다. 말에도 어근이라는 것이 있습니다. 말 뿌리 또는 어근으로 일본사람들은 어연이라고 씁니다. 이것을 식물에 붙여서 우리생활에 편리하도록 한 것이 많습니다.

심소상응문心所相應門(8)

이제 제 삼절 심소상응문을 해야 하는데 대단히 어려운 부분입니다. 이때 제 팔식은 심왕을 이야기합니다. 심왕은 곧 식 자상이라고 했습니다. 제 삼절에 심소상응문이 나오는데 심소를 식자상에 내놓고 식삼경이라고 했습니다. 심소라는 것은 심왕을 주인으로 하여 따라다니는 종이나 식구와 같은 것입니다. 심소를 심왕의 종이라 합니다. 그래서 작용이 다릅니다.

처음 강의하는 날 잠깐 이야기를 했는데 심왕이 하는 것은 그림의 윤곽을 그리는 것이며 심소가 하는 것은 윤곽인 동시에 채색을 하는 것입니다. 선생이 제자들에게 그림의 윤곽을 그려줍니다. 이때 윤곽을 그려주는 것이 심왕의 작용입니다. 선생이 그리면 제자가 거기다가 색채를 채우는 것은 심소의 작용입니다. 심왕이 하는 작용을 알아야 하는데 마치 그림을 그리면서 한 부분만 채색하면 안 되는 것과 같습니다. 사람이나 나무나 그 윤곽의 총체를 알아야 채색을 할 수 있습니다. 그래서 다 작용할 줄 아는 것이 심소입니다. 자세한 부분은 하지 않으려고 합니다. 자세한 것까지 하려면 시간이 너무 걸립니다. 나는 선생이니까 윤곽만 이야기 하는 것입니다. 채색은 여러분이 마음대로 해보십시오. 심소상응이라는 것은 심소가 심왕에 상응하는 것입니다. 다섯 가지 작용이 있습니다. 심왕과 심소가 상응되는데 다섯 가지 조건이 있습니다. '촉觸, 작의作意, 수受, 상想, 사思'로 서로 의지해야 합니다. 근과 경이 서로 의지하는데 심왕과 심소를 떠나서 되는 것이 없다는 말입니다. 경이라는 것이 앉아서 심왕을 끌어 접대를 시키는 것입니다. 시봉이란 말이 있지요? 누가 나를 만나러 오면 저 밖에서 손님을 데려와서 나에게 접대시키는 것입니다. '발식취경發識取境'이 다른 것이 아니라 상응법에 대한 설명이며 뒤에 자세한 이야기가 나옵니다. 그러면 심왕이 여덟 개이고 심소는 51개입니다. 이 가운데 팔식은 심왕이고 상응하는 것은 다섯 가지밖에 없습니다. 촉과 작의와 수와 상과 사와 더불어 상응을 합니다.

213페이지 중간 쯤에 촉觸이란 것이 나옵니다. 촉이란 것이 무엇입니까? 삼화성촉三和成觸 이야기가 나오는데 촉觸, 작의作意, 수受, 상想, 사思의 다섯 가지는 이야기를 해야겠습니다. '성유식론' 3권에 삼화분별변이라는 말이 나옵니다. '삼화三和 분별변이分別變異 영심심소令心心所로 촉경위성觸境爲性이라 수受 · 상想 · 사등思等에 소의위업所依爲業이라'고 했습니다. 수상사등에 소의를 놓고 해석해봅시다. 삼화三和라는 것은 근, 경, 식 3가지가 서로 한곳에 모이는 것을 삼화라고 합니다. 해설이 모두 다른데 삼화가 하나가 되면 촉이 됩니다. 심소와 수 · 상 · 사 사이에 촉이 빠졌습니다. 다섯 가지는 촉, 작의, 수, 상, 사입니다. 이것을 등취等取라고 합니다. 불교문자는 참 이상합니다. 열 사람이 있어서 무엇을 들 때 열 사람을 다 들면 등이라 하여 내등이라 합니다. 열 사람이 드는데 서넛 사람이 들고 나머지는 들지 않는 것을 외등이라 합니다. 등취라는 것을 설명할테니 잘 들어보세요. 세 가지가 모인 것이 근경식根境識입니다. 얼굴에 볼을 붙이고 코 하나만 달면 사람 같단 말입니다. 세 가지가 합해서 촉이 되어 삼화가 되는 것을 삼촉이라고 합니다. 삼화를 한 다음에 촉이라는 새로운 기운이 생긴 것이 삼촉입니다. 삼화하기 이전과 모양이 어떻게 달라집니까? 삼화 했을 때와 안 했을 때는 모양이 달라집니다. 따로 떨어져 있을 때와 경전을 대할 때는 달라집니다. 삼화를 하기 전과 삼화를 한 후 모양이 달라지는 것을 변이變異라고 합니다. 변은 마치 물이 얼음 되는 것과 같은 것입니다. 물은 얼기 전과 얼은 후가 다르지요. 얼음이 얼었으면 삼화라 하는데 얼음을 더욱 차게 만드는 것입니다. 삼화를 해서 물이 얼음이 되었다면 얼음이라고 이름합니다. 얼음을 점점 차게 하는 것인 삼화가 되면 삼화 이전과 이후가 변이가 되었는데 변이가 된 놈을 점점 강하게 만드는 것을 분별변이라고 합니다. 삼화를 한 것이 변인데 삼화한 이후에 삼화한 놈에게 변이성을 더 증강시키는 것을 분별이라고 합니다. 이것은 대단히 어렵습니다. 삼화해서 또 분별변이 하면 더욱 단단해지는 것입니다.

심과 심소로 하여금 촉경할 때 '경境'자가 빠졌습니다. 촉경은 여기서 '성性'자라고 봅니다. 작용에는 성용性用이 있고 의용義用이 있습니다. 성용은 처음부터 비로소 나온 것이고 의용이라고 하는 것은 좀 더 두터워진 작용입니다. 불은 따뜻한 성질이 있습니다. 따뜻한 성질은 불의 본질이기 때문에 성용이라고 합니다. 따뜻한 바람에 다른 물건을 태우는 능력은 의용이 됩니다. 그러면 51심소를 성용과 의용을 가지고 해석을 하는데 잘 되어 있습니다. 촉이라는 것이 무엇입니까? 앞에서 촉이라고 했을 때 삼화라고 하여 변이가 되고 변이한 놈이 또 분별이 되어 점점 더 해지는 것입니다. 삼화한 놈이 근, 경, 식이 합해져 자꾸 두터워져 경계를 더욱 굳게 하는 것을 성용으로 봅니다. 그런 동시에 이것이 수와 상과 사와 작의의 밑바탕이 되는 것으로 업을 삼습니다.

예를 들어 이 발판이 무엇인가를 인지해서 이렇게 앉는다고 합시다. 그러면 촉이라는 것은 맨 꼭대기에 놓여서 수와 상과 사와 작의가 밑받침이 됩니다. 그 다음 촉은 끝났고 작의는 무엇입니까? 작의라는 것은 생각해서 어떻게 해야겠다는 것입니다. 작의는 능히 마음을 경각시키는 것을 성품으로 삼는 것입니다. 이것이 성용입니다. 그럼 종자 아뢰야의 싹인 아뢰야식을 따라 작용하는 것이 심소입니다. 아뢰야식은 현행식으로 볼 때도 있고 종자식으로 볼 때도 있습니다. 현행식으로 볼 때 식이 일어날 때는 힘을 빌려서 일어나는 작용을 하게 됩니다. 작의라는 것은 경심警心으로 마음을 깨우친 것이니까 마음에 든 종자 아뢰야식을 경각시키는 것으로 보아야 됩니다. 그러면 능히 각심한 것으로 성을 삼고 소연경을 가지고 마음을 꺼내게 됩니다. 소연경에 대해서는 작의와 심소는 작동을 하여 마음에서 끌어가 반듯하게 만드는 작용을 합니다.

상이라고 하는 것과 수라고 하는 것은 영납이라 했습니

다. 우리에게는 밖의 경계를 능연하는 마음이 있습니다. 자기 마음에 드는 것은 좋아하고 자기 마음에 들지 않으면 싫어합니다. 또 좋아할 것도 없고 싫어할 것도 없는 중간이 있어 세 가지 경계가 있습니다. 순경順境이라고 하는 것은 마음에 드는 것이고 위경違境이라고 하는 것은 싫어하는 것이고 구비俱非라고 하는 것은 이것도 저것도 아닌 것입니다. 어긋난 것도 아니고 순한 것도 아닌 중간을 무기라고 합니다. 그것을 모두 받아들이는 것을 성으로 삼고 그 다음 좋은 것은 좋다고 하고 싫으면 싫다고 하는 것을 업으로 삼는 것입니다.

상想이라고 하는 것은 강의 앞부분에서 사진 찍는 것과 같은 것이라고 했습니다. 상이라는 것은 모양을 취하는 것으로 밖에 있는 경계와 마음인 주관과 객관을 합해 놓은 것을 성으로 삼는다고 했습니다. 그러니까 명언을 가진 것으로 업으로 삼습니다.

사思라는 것은 마음으로 하여금 조작한 것으로 성을 삼아 생각해서 좋은 일이면 해보겠다는 마음을 일으키는 것입니다. 선한 것 등에 마음을 부리는 것을 업으로 삼는 것입니다. 이것에는 다섯 가지 해석이 나오는데 팔식 심왕이 작용을 하면 어느 때 어느 장소든지 나오므로 변행이라고 합니다. 어디든지 팔식이 행동만하면 따라다니는 것을 이야기하는 것입니다.

심소에 51가지가 있는데 제 팔식 심왕을 따라다니는 것은 다섯 가지 밖에 없습니다. 상응문에서는 잠깐하고 마는 것은 상응이라고 하지 않습니다. 언제든지 촉과 작의와 수와 상 사로 더불어서 상응하는 그것은 오심소가 달라도 따라다닙니다. 특히 팔식 심왕에 따라다닌다고 해서 '상常'자로 한 것입니다.

개공에 대한 설명은 반야경에서 하고 오늘은 오온만 이야기합시다. 그것이 유식론에선 있다고 했는데 반야경에선 없다고 합니다. 어떻게 보면 반야사상에 들어가야 정확하게 설명됩니다. 오온이 개공이라고. 오온개공 이야기는 처음 강의하는 날에도 설명을 했는데 사람 눈에 공기가 안 보이니까 공기 속에 다니지만 만약에 공기가 우리 눈에 흙빛이면 부딪칠까 봐 못 다닙니다. 물고기는 물 속에 살지만 물이 눈에 안보인다고 그랬습니다. 그런데 한 가지만 공해도 그렇게 자재를 얻는데 오온이 개공하면 얼마나 자재할 수 있겠습니까? 그래서 이 몸이 사그라든다고 했습니다.

제 23 강

이숙능변

오수상응문五受相應門

지난 시간에는 팔단 가운데에 삼상문과 소연행상문과 심소상응문까지 했습니다. 오늘은 책 217페이지 오수상응문을 할 차례입니다. 어제까지는 촉 다음에 작의, 수, 상, 사를 공부했습니다. 심소의 작용이 51가지나 되지만 제 팔식에 상응되는 것은 다섯 가지 뿐입니다. 수라는 것은 영납으로 받아들인다는 뜻입니다. 그렇다면 무엇이 영납입니까? 오근이 밖에 있는 오경을 받아들이는 것이 수입니다. 그것이 애초부터 그렇게 생기지 않았다면 다행이지만 그렇지가 않다는 것입니다. 밖으로 모양을 보고 좋으면 좋다, 싫으면 싫다, 또 귀와 코도 그렇게 받아들이는 이것이 문제입니다. 보이고, 들리고, 냄새 맡고, 맛보고, 몸에 감촉하는 것, 다음에 뜻으로 좋다, 나쁘다를 판단하는데 우리 생각이 그 밖을 나가지 못합니다. 한 번도 나가지 못했기 때문에 언제든지 눈에 좋은 것만 갖다 대라는 것입니다. 듣기 좋은 소리만 들으려고 하고 조금도 듣기 싫은 소리는 하지 말라는 것입니다. 코로 냄새 맡는 것도 마찬가지로 우리는 거기에 너무 팔려 사는 것입니다. 그저 입에는 좋고 맛나는 것만 갖다 넣고 몸에는 좋은 감촉만 갖다대려고 합니다. 그것이 안 되면 괴로워집니다. 관수시고觀受是苦라 수하는 것이 고입니다. 행하는 것이 오정심으로 나가면 그것이 있다는 말입니다. 삼십칠조도품에 오정심五停心이라는 것이 있는데 관수시고라고 했습니다. 받아들이는 것을 따져보니 즐거운 것은 많지 않고 괴로운 것이 많습니다. 사람도 그렇지만 짐승과 벌레도 받아들이는 것은 고통입니다. 실제로 받아들이는 것 자체가 고통인데 눈으로 보고 생각을 냈는데, 그대로 안 되는 것이 고통입니다. 생각을 내어 부자가 되었으면 좋겠는데 부자가 안 됩니다. 안 되는 그것이 고통입니다. 생각한 것을 행동이 따라가지 못하면, 성취가 되지 않기 때문에 고통으로 느끼는 것입니다. 그것은 사실 어려울 것이 없습니다. 문제는 애초에 눈이 없었다면 꼴보기 싫은 것은 보지 않을 것입니다. 귀가 없다면 듣기 싫은 소리도 안 들을 것입니다.

육식에 가면 온갖 것을 다 수하게 됩니다. 고도 아니고 락도 아닌 것을 무기無記라고 합니다. 제 팔식에서는 그런 복잡한 것은 다 못합니다. 다섯 가지 심소를 가졌는데 그 가운데 수가 있습니다. 촉觸, 작의作意, 수受, 상想, 사思가 나오는데 오늘 하는 것이 바로 그것입니다. 이것을 오수상응문이라고 합니다. 우리가 받는 것은 육식, 칠식이 하는데 그 중에 육식에 가면 오수가 있습니다. 상응문의 글을 새겨보세요. 심소상응문에서 항상 촉과 작의와 더불어 상응을 한다고 그랬습니다. 오변행심소는 항상 상응을 하는데 책에는 상응에 괄호를 쳐놓았습니다. 상응을 두 번 해야 된다는 것입니다. 오변행심소는 촉, 작의, 수, 상, 사로 더불어 상응을 합니다. 오심소에서 특히 수만은 다른 심소가 하는 식을 못합니다. 제 팔식이 받아들이는 것은 육식만큼 범위가 넓지를 못합니다. 제 팔식이 상응하는 것은 오직 사수 뿐입니다. 수가 받아들이는 것은 다섯 가지가 있습니다. 제 팔식의 상응은 오직 버릴 '사捨'자 사수捨受 뿐입니다. 윤곽이 드러나지요.

책을 한 번 보세요. 수에 대한 설명을 읽어보면 알 수 있습니다. 수라는 것은 눈으로 귀로 들어오는 것인데 핍박수逼迫受와 적열수適悅受가 있습니다. 핍박수라는 것은 자기 몸에 해로운 것, 핍박하는 것에 대하여 고감苦感을 느끼는 것입니다. 고수苦受라고도 합니다. 적열수라 하는 것은 자기 마음에 드는 것으로 즉 마음에 좋은 것을 말합니다. 처음 보는 데도 마음에 들어 옆에 더 있고 싶어하는 그런 것입니다. 제 팔식인 아뢰야식에서는 과거 종자를 식으로 훈습을 많이 받는다고 했습니다. 누군가가 나를 화나게 해도 매우 좋은 사람이 있습니다. 잔뜩 화가 나도 옆에서 아무 소리도 안하고 앉아 있는 것입니다. 반대로 무엇으로 찌르는 것처럼 따끔따끔한 사람이 있습니다. 만약에 그런 따끔거리는 사람이 옆에 오래 앉았으면 좋겠다 생각하는 식이 있는데 그것이 적열수입니다. 진작 떠났으면 좋겠다 하는 식은 핍박수라고 합니다.

그런데 인연이란 참 이상합니다. 한 번은 강릉에 갔을 때 강릉장 여관에서 며칠 있는데 밤에 잠을 자는데 새벽이 되면 싸우는 소리가 들려요. 남편하고 아내하고 늘 새벽에 싸웁니다. 남편은 직업이 운전수인데 낮에는 나가서 운전을 하고 저녁 늦게 들어오면 여자가 바가지를 긁어댑니다. 그런데 남자가 그만 떠났으면 좋겠는데 못 떠납니다. 그렇게 평생을 붙어서 바가지를 긁고 긁히면서 사는 것입니다. 참 이상합니다. 인연이라는 것이 나쁘게 인연을 모아놓으면 결국에 가서는 만나 서로 주고 받았던 것을 다 갚게 됩니다. 내외간에도 인연을 잘 지어야 됩니다. 인연 잘못 지으면 큰일납니다.

사수捨受라는 것은 비이수非二受라고 했습니다. 고수도 아니고 락수도 아니고 중간치기 입니다. 몇 해 전에 신문에 난 기사인데 충청도에 사는 어떤 사람이 어릴 때는 여자아이로 자라다가 사춘기가 지나면서 남근이 나왔습니다. 그러면 남자가 되겠어요? 또 그 반대의 사람도 있었는데 아무튼 성은 성분 성姓자를 씁니다. 남성, 여성, 여자도 남자도 아닌 것을 중성이라 합니다. 무기라는 것은 남자도 아니고 여자도 아닌 것처럼 선도 아니고 악도 아닌 것이며, 이것을 사수捨受라고 합니다. 악도 오분, 선도 오분 합해서 사수라고 합니다. 또 악도 아니고 선도 아니니까 사수라고 합니다. 사수을 핍박수에 가서 세분하면 고수苦受와 우수憂受가 됩니다. 적열수에 가서도 락수樂受와 희수喜受로 나누어 집니다. 사수는 중성이니까 마찬가지 입니다. 핍박수에는 고수와 우수가 있는데, 여기서 우수를 취하고 적열수에는 락수와 희수가 있는데 여기서는 희수를 취하여 마음으로 받는 것입니다. 즉 고수에서 우수를 취하고 락수에서 희수를 취하여 심수心受라고 합니다. 핍박수에서 고수와 적열수에서 낙수를 취하여 신수身受라고 합니다. 이것은 육식이기 때문에 안이비설신까지는 몸인 색신입니다. 뜻으로 아는 것은 앞에서 공부할 때 설명했습니다. 우리가 흔히 육감이라고 할 때 고기 육肉자로 알면 안됩니다. 제육감第六感은 마음입니다. 마음으로 느끼는 것을 육감이라 합니다. 몸으로 피부로 느끼는 것이 아닌데 세상 사람들은 피부로 느끼는 것을 육감인 줄 알고 있습니다. 고기 육자가 아니라 여섯 육六자입니다. 전오식과 전오근이 하는 짓을 내놓고 여섯째에는 그것은 모양이 없는 것을 가지고 육감으로 느낀다고 합니다. 팔식이 상응하는 것은 비수非受라 하고 사수라 해놓은 것만 사수라 했습니다. 이것은 드러난 것이 아니니까 그렇게 말하는 것입니다. 219페이지 도표에 보면 전문이 다 나왔습니다. 인·천도 써놓고, 귀·축도 써놓고, 지옥도 써놓고, 초선천, 이선천 해서 중간에 구분을 했는데 이것은 세밀하게 나눈 것입니다. 이 정도 지식이면 해석할 수 있어요. 지금까지 강의하면서 설명한 것은 이 책을 보면 알 수가 있습니다.

제 3절 심소상응문에 대해서는 무부무기無覆無記등 팔식에서 설명이 다 되어 있습니다. 제 4절 오수상응문에서는 심소의 수의 행상에 우희고락사憂喜苦樂捨의 차별이 있음을 이야기 하고 있습니다.

삼성분별문三性分別門

제 5절 삼성분별문에서 삼성이 나오는데 무엇입니까? 우주만물을 나눌 적에 철학적으로 생각하는 것과 또 종교적으로 따져서 생각하는 것이 있습니다. 유루 · 무루는 철학적으로 따지는 것입니다. 또 도덕적으로 따지는 것은 착하다, 나쁘다 등 입니다.

세상에는 종교가 많습니다. 종교와 윤리는 다릅니다. 공자의 유교는 종교가 아니고 윤리입니다. 그런데 종교가 되려면 사후의 세계에 대한 이야기가 있어야 합니다. 유교는 태어나서부터 죽기까지 육신이 가지는 생명이 있는 동안 남한테나 자신에게 해를 주지 않도록 하는 것입니다. 오도吾道는 일이관지一以貫之라 했습니다. 오도는 앞에서 얘기했지만 충서성경忠恕誠敬 그 네 가지 밖으로 나가지를 못합니다. 그것은 이 몸을 가지고 사는 금생 동안에 쓰는 것입니다. 금생, 전생, 후생을 삼생이라 하는데 그런 성격을 띠어야 종교입니다.

기독교에서는 전생을 얘기하지 않습니다. 하느님이 만든 것이 시초입니다. 하느님 명령대로 하면 되니까 전생이 필요없습니다. 하느님이 인간을 만들었다면 만든 그 본질대로 어기지 않으면 천당에 가고 어기면 지옥에 간다고 합니다. 즉 기독교에서는 내세를 이야기하고 있습니다. 불교에서는 이 몸을 받을 때 나무 끝에 걸린 실과實果 같다고 합니다. 즉 과라고 하면 그 과가 되기까지 무슨 과정이 있기 마련입니다. 그래서 인과 연이 합해서 과가 맺어진다고 했습니다. 여러분도 이 정도는 다 알고 있습니다. 이 몸은 전생의 그 기운으로 태어난 것입니다. 금생에서 하는 것이 내생으로 뻗쳐 나간다 해서 삼생을 얘기하는 것이 불교입니다.

그런데 여기서는 삼성분별이라 했습니다. 선악무기인 삼성을 가지고 제 팔식의 자(척尺)를 가지고 물건 재듯이 제 팔식을 재 보는 것입니다. 병원에 가면 체중계로 몸무게를 달아봅니다. 체중계로 달아보듯이 삼성을 가지고 팔식을 재니까 거기서 나오는 것이 무부이며, 선악을 지었더라도 선악과 선도 악도 아닌 무기無記가 됩니다. 무기에도 유부무기有覆無記와 무부무기無覆無記가 있습니다. 무부라는 것은 좋은 성질로 무기성질이라 합니다. 무기성질은 아주 흐릿한 놈으로 그 자체로 얻었을 뿐이지 남을 덮지는 못합니다. 해롭게는 못 한다는 말입니다. 자신이 못나긴 했지만 남을 해롭게 할 정도는 아니라는 것입니다. 이 책상을 덮었으니 무기로 보란 말인데 책의 도표에도 있지만 한도가 있습니다. 선, 악, 무기인 삼성을 나누어 선, 불선, 유부무기, 무부무기를 따지면 들어오는 놈은 사성으로 나누어집니다. 불선을 설명하면 착하지 못하다는 것입니다. 말의 품이 다릅니다. 우리가 어릴 적에 들었던 표현으로는 저 놈 나쁜 놈이다, 악한 놈이다 라고 했는데 맹자는 악하다고 했습니다. 공자는 맹자보다 층이 다른 모양입니다. 공자는 악이라고 쓰지 않고 '아, 그 사람 착하지 못한 사람이구나.' 이렇게 말의 품위가 아주 다릅니다. 맹자는 그저 입으로 나쁜 놈, 나쁜 놈하며 물어뜯는 것처럼 표현했는데 무부무기를 조사해보면 맹자와 공자의 생각을 잘 알 수 있습니다.

심소예동문心所例同門

다음 소절로 넘어갑니다. 제 6절은 심소예동문입니다.

제 팔식의 심소를 가지고 다른 것을 예 한다는 것은 윤리적인 입장에서 살펴본 것입니다. 비교하여 예한다는 것은 견주는 것, 비교한다는 것입니다. 촉등역여시觸等亦如是를 심소예동문에 포함시켜 놓았습니다. 여기서는 오변행만 가지고 얘기했습니다. 촉등이라고 하는데 '등자 속에 예동이다.' 할 때 예동을 밖에서는 등불로 알지 말라는 것입니다. 방안에서는 내등이고 방밖에서는 예동이라 하는데 뜻이 다릅니다. 예동은 곧 촉등으로 다섯 가지입니다. 촉 하나만 들고 밑에 능히 들었으니까 밖에 까지 범위가 넓어지는 것입니다. 등이 촉등이라는 것은 예동인데 촉하는 다섯 가지를 다 들어 촉등이라 하면 이것은 내등인 것입니다. 등 가운데 쏙 들어간 것을 내등이라 합니다. 여기서 등이라고 하는 것은 무엇입니까? 이 부분에 대해서 누가 책을 한 번 읽어봤으면 좋겠습니다. 8단하고 12과는 나왔습니다. 이것을 가지고 제 팔식의 심소상응문에서 마음에 상응을 하는 심소는 7단, 8단, 9단에서 육의로 예동하지만 그렇지 않는 것은 예동하지 않는다는 소리입니다. 촉등도 예동할 때 8단 가운데 여섯 가지 육의만 예동하고 나머지는 예동을 안 했다는 내용입니다.

인과비유문因果譬喩門

제 7절에 가서는 인과비유문입니다. 팔식은 여러 가지 모양을 하고 있지만 종자가 현행을 낼 때도 있고 현행이 종자를 훈할 때도 있습니다. 이와 같이 팔식에는 여러 가지 모양이 있습니다. 팔식은 몸뚱이를 가지고 있을 때 뿐만 아니라 성불할 때까지 한 번도 끊어지지 않습니다. 시계바늘은 늘 째깍째깍 돌아갑니다. 제 팔식은 여러분이 모를 뿐 성불할 때까지 한 번도 끊어지지 않습니다. 이 몸이 있을 때 중간에 한 번씩 끊어졌으면 좋겠는데 끊어지지 않습니다. 죄를 지으면 가사억천겁假事億千劫에라도 소작업所作業은 불망不亡해야 라고 했습니다. 인연을 만날 때에 과보를 받는다고 했습니다. 인간 중에 회우會遇를 하고 태어나도 또한 이것 때문에 달라지지 않습니다.

죄를 지으면 업을 다 닦아도 팔식에는 흔적이 남아 있다는 것입니다. 종자 속에서 전념前念은 갑자기 꺼지고 후념後念이 이어집니다. 그래서 이것이 항상 상속하는데 폭류瀑流와 같습니다. 저놈이 꺼졌으니까 상속이 안 되면 항恒이라 할 수 없습니다. 또 전항류만 믿고 딱 한 번만 전轉하여 상속이 안 되면 폭류가 되지 않는데, 앞의 물이 가고나면 뒤의 물이 이어서 자꾸 연속을 하는 것입니다. 제 팔식의 유전하는 모양이 흡사 전폭이 가고 후폭이 오고 후폭이 오니까 전폭이 가고 자꾸 교차가 되어 성불하기까지 상속이 되는 것을 항전여폭류恒轉如瀑流라 합니다. 이해가 됩니까?

복단위차문伏斷位次門

제 8절은 복단위차문으로 아뢰야식이 언제 없어지는가 하는 것입니다. 성불하면 없어집니다. 그런데 아뢰야식이 없어지는 밑천을 복단하는 것입니다. 예를 들어서 칠판에 글씨를 가득 써 놓았습니다. 지우개로 닦으면 칠판이 나옵니다. 글씨가 얼마만큼 지워지면 칠판이 나오듯이 하나는 지워지고 하나는 나타나는 것입니다. 복단을 한다는 것은 원성실성자리인 진여자리가 나오는 것을 얘기하는 것입니다. 복단은 그렇게 되는 것인데 이것은 아라한에 가서야 완전히 없어진다는 것입니다. 아라한은 소승에서 깨달음의 단계를 말할 때 마지막 단계입니다. 아라한이라는 것은 인도말에 여래아라하삼먁삼불타에서 나온 말로 아라한은 나한이라는 소리입니다. 아라한을 해석하는데 세 가지로 나

누어 써 놓았습니다. 첫째는 삼승의 무학위를 가지고 아라한이라고 합니다. 둘째는 삼승의 무학위와 팔지八地를 가지고 팔지 이상의 보살을 말합니다. 셋째 삼승의 무학위 및 초지 이상을 말합니다. 즉 학설이 다를 뿐입니다.

제 8식의 이명異名

책 234페이지에 보면 제 9절에서는 제 팔식의 다른 이름을 말합니다. 팔식은 이숙식이라고도 하고 아뢰야식이라고도 하고 나중에는 아타나식이라고 할 때도 있습니다. 세 가지 이름으로 나왔습니다. 첫 번째는 심心이라 하고 둘째는 아타나로 되어있습니다. 또 소지의所知依가 나오는데 소지는 변계소집, 의타기, 원성실을 이름합니다. 세 가지 이름 중에 의타기가 나오는데 의타기를 팔식이라 합니다. 그것을 망각하는 것을 원성실성이라 했습니다. 그 다음에 변계소집성은 착각을 하는 것입니다. 의타기성은 변계소집성의 바탕도 되고 원성실성의 바탕도 되기 때문에 소지라고 합니다.

잘 하나 못 하나 팔식이 바탕이 되면 종자식이라고도 합니다. 여러 가지로 착각을 하고, 정각을 하지만 그 근본은 이숙이라고 합니다. 팔식을 종자식이라고도 하고 아뢰야식이라고도 했습니다. 또 이숙식이라고도 하고 무구식이라고 합니다. 성론에는 제 팔식의 이명을 일곱 가지로 들었으며, 뒤에 가면 열여덟 가지 이름이 나옵니다.

유루有漏의 루는 무엇이었습니까? 번뇌를 루라 합니다. 번뇌를 소유했을 때에 이야기이며 번뇌를 벗어날 때는 태도가 달라집니다. 번뇌를 쓰고 앉았으면 생각이 다릅니다. 번뇌를 벗어놓은 것을 우리는 한 번도 보지 못했기 때문입니다. 그런 상태가 되는 것을 무루라고 합니다. 무루가 없어졌다고 하는데 이견已見은 무루를 얘기하는 것이고, 무루 미견에서 이는 미견으로 미는 아닐 '미未'자로 유루를 말하는 것입니다. 책에 도표가 있는데 유루 때는 아뢰야식이라 하고 무루일 때는 대원경지에 상응합니다. 그리고 칠식 유식은 아직 남았기 때문에 팔식만 가지고 이견이 미견이다라고 얘기하는 것입니다. 그러면 과라고 하면 과상果相이 유루일 때는 이숙식이라고 하지만 무루일 때는 이숙식이라고 하지 않습니다. 굳이 익었느니, 바로 익었느니 할 필요가 없는 것입니다. 인상因相에 가서 지종持種을 했지만 이것도 깨달아 무루에 가더라도 몸뚱이를 유지하고 세계를 유지하는 그런 바탕이 있다는 것입니다. 무루에서도 지종이고 유루에 가서도 지종입니다. 소연경에서의 유루일 때는 삼경을 반연합니다. 삼경이 무엇입니까? 팔식의 상분은 종자와 근신根身·기계器界인데 그것이 삼경으로 소연입니다. 상분이 소연은 아닙니다. 무루가 되면 일체법을 막힘 없이 반연합니다. 행상行相은 유루무루 다 같이 요별을 합니다. 또 상응에 가서는 유루일 때 오심소, 촉, 작의, 수, 상, 사뿐인데 무루에 가면 21심소(변행5, 별경5, 선11)와 상응 합니다. 팔식이 51심소가 되려면 칠식과 전육식이 다 들어가야 51심소가 되는 것입니다. 또 오수五受는 사수捨受뿐이라고 했습니다. 사수뿐이라고 했는데 유루와 무루가 사수입니다. 또 삼성문에서 유루일 때는 무부무기지만 무루일 때는 무기가 없어지니까 선 밖에 없습니다.

인과비유문에서 항상 상속되는 것은 유루나 무루는 같습니다. 복단위차문에 가서는 아라한위사라 했는데 여기서는 모든 것이 없어집니다.

제 팔식 존재의 증명第八識 存在의 證明

제 11절 제 팔식 존재의 증명에서는 제 팔식 존재의 증명을 설명하지만 소승교에서는 전육식밖에 얘기하지 않습

니다. 말나식과 아뢰야식은 얘기하지 않습니다. 아직 말나식 얘기는 안 나왔습니다. 소승교에서는 육식밖에 없는데 칠식과 팔식이 있다는 것을 얘기하는 것입니다. 존재하는 것을 증명하는 것입니다.

그 다음 사량식이 나오니까 팔식은 끝납니다. 팔식 하나가 끝났단 말입니다. 이제 무루에 들어가는 경지에 대해서 얘기해야겠습니다. 위位라는 말이 나오는데 위는 칠식, 팔식, 팔식과 육근, 육경을 덮었을 때와 아닐 때는 경지가 달라집니다. 팔식을 가졌을 때는 '나'라는 모양이 있습니다. 그런데 항상 내 모양이 어디에 있거니 하는데, 유식을 배우고 선문이나 불교를 좀 알면 자신의 그림자가 안 보일 때가 있습니다. 지금은 자나깨나 몸이 남아있습니다. 거기서 벗어나질 못합니다. 이것을 아집이라 하는데, 유식을 듣고 화두를 들어서 수행을 하면 자기 그림자가 안 보일 때가 있습니다. 수행을 하면 그렇게 됩니다. 자기 그림자가 안 보이는 것, 자기 그림자가 없으면 남한테도 안 보입니다. 귀신도 못 봅니다. 귀신도 못 보는 경지가 되어야 귀신이 못 잡아갑니다. 귀신에게 보이면 귀신한테 잡혀갑니다. 내가 오늘 귀신한테 안 잡혀가는 법을 얘기하겠습니다. 내 몸뚱이와 내 것을 인정하는 몸이 있으면 귀신한테도 보입니다.

조금만 수행하면 자기 몸이 안 보일 때가 있다는 것입니다. 이 몸으로 사는 것이 없어지면 큰 일날 것 같지요?

옛날 염관스님이 있었는데 소금 '염鹽'자 벼슬 '관官'자 염관스님이 대중을 거느리고 참선을 하고 있었습니다. 지금도 마찬가지지만 칠백 명 대중을 거느리고 있었는데 대개 스님들은 근기따라 한철이나 두 철 정도 하고는 안 합니다. 염관스님 밑에 있던 휘일스님도 참선을 하다가 다른 것은 해보니 잘 된단 말입니다. 좋으나 나쁘나 다 본인의 근성입니다. 본인의 근성이 있으면 됩니다. 휘일스님은 염관스님이 그저 덮어놓고 대중을 받들어라 하니까 하는 수 없이 시키는 대로 했습니다. 스님이 시키는 대로 하는 사이에 나이가 50이 넘어버렸는데 맨날 스님 시봉하는 것과 대중 뒷바라지 하는 것 뿐이었습니다. 어느 날 저녁밥을 먹고 법당 옆을 지나가는데 호랑이처럼 구척 장신이나 되는 험상궂은 놈이 시커먼 옷을 입고 우뚝 서 있는 것을 보고 깜짝 놀랐습니다. '나'라는 것이 남아있으니까 깜짝 놀라는 것입니다. 여러분은 놀라지 마세요. 시커먼 놈이 무엇입니까? 염라국의 사자입니다. 어떻게 왔소? 하니까 '당신 데리러 왔다'는 것입니다.

제 24 강

정법안장正法眼藏 열반묘심涅槃妙心

그러니 답답할 것이 아닙니까? 그 때서야 지나온 과거를 돌아보니 그 동안 스님 시봉하고 대중 바로잡느라 공부를 못 했다는 것을 알았습니다. 사자를 앞에 세워놓고 "내가 허랑방탕해서 공부를 못 한 것이 아닙니다. 염라국으로 가는 것은 이생에서 마지막입니다." 그러니까 스님 시봉과 대중 뒷바라지를 하다가 이렇게 되었으니까 좀 봐달라는 것이었습니다. 스승인 염관스님의 법문을 들어보니 칠 일만 목숨 걸고 공부하면 무슨 수가 난다고 하니 나를 잡아가도 칠 일 후에 잡아가면 어떻겠느냐고 사자에게 사정을 합니다. 그러자 사자가 고개를 갸우뚱 하다가 이것은 내 마음대로 하는 것이 아니라고 합니다. 내 마음대로 하는 것 같으면 그러겠는데 나는 심부름꾼이라서, 명령을 따를 뿐이라고 합니다. '내가 마음대로 하기가 곤란하다'고 하면서 사자는 염라대왕께 가서 말하고 허락을 하면 칠 일 후에 다시 올 것이고, 허락을 안 하면 갔다가 바로 올 것이라고 합니다. 그러자 스님은 그 자리에 앉아 '이 뭣고' 화두를 들었습니다.

지난 시간에 얘기했듯이 바늘 귀에 실이 쏙 들어가듯이 '이뭣고'에 빠져버렸습니다. 7일까지 갈 것도 없이 그 자리에서 들어간 것입니다. 이것은 바로 몸뚱이가 사라지고 없다는 것입니다. 염관스님의 시자가 법당 옆에서 호랑이 같은 저승사자를 보고 깜짝 놀라는 것은 내가 남아있으니까 놀라는 것입니다. 내가 없어지면 놀랄 것도 없습니다. 그래서 헛것을 보는데 공부를 하면 절대 헛것이 안 보입니다. 남한테 무엇을 해도 예사로 알고 자기한테도 예사로 여깁니다. 거기에 대해서 미련이 남고 하는 것이 없어져버립니다. 그것은 바늘 귀에 실이 쏙 들어가듯이 화두 일념으로 쏙 들어간 것입니다. 그 자리에서 합해버렸단 말입니다. 그러면 그림자도 없고 자기라는 것도 없어져버립니다. 마침 사자가 염라대왕에게 가서 얘기를 하니까, '딱하게 됐구나. 칠 일 후라면 무슨 상관이 있겠느냐'고 하면서 염라대왕이 칠 일을 봐주라고 명령을 내렸습니다. 칠 일 후에 사자가 다시 와서 그 시자를 아무리 찾아도 보이질 않았습니다. 그렇게 공부를 해야되는 것입니다.

또 다른 얘기가 있습니다. 파계사에 성전스님이라는 분이 계셨는데 열반에 들기 몇 해 전에 있었던 일입니다. 벌써 수십 년 전의 이야기가 되었습니다. 파계사에서 함께 있었던 주몽스님이 가만히 보니까 이상하게 성전스님의 머리가 없어지고 팔이 없어지고 몸뚱이가 없어지고 그리고 몸이 사라졌습니다. 완전히 마음도 몸뚱이도 없어지고 사라져버린 것입니다. 무아는 그냥 하는 소리가 아닙니다. 성인의 학설에 분명히 나오는 사실입니다. 첫째 우리는 깨치지를 못해서 식이 생기면 색경이 생기는데 그것이 사라지면 없어져버립니다. 나라는 것은 그것이 표준이 되니까 자타가 생기는 것입니다. 공간적으로는 자타가 생기고 시간적으로는 고금이 생기는 것입니다. 고금과 자타가 없는 그 자리에 들어가야 되는 것입니다. 그것이 모두 똑 같은 것으로 내가 해석을 하면 안 되는 것입니다.

부처님께서 법문하실 때 아난이 늘 따라다니며 궁금해 하는 것이 있었습니다. 세존께서 '정법안장 열반묘심'을 가섭한테 전해주었는데 그것은 무슨 물건처럼 주는 것이 아니므로 그것이 무엇인지 궁금한 것입니다. 아난은 세존이 정법안장 열반묘심을 가섭한테 전했다는데 그것이 아무리 보아도 모르겠다는 것입니다. 그래서 어느 날 아난은 사형에게 물었습니다. 세존께서 정법안장 열반묘심을 형님한테 전했는데 그것을 형님이 가졌으니 저에게 좀 줄 수 없습니까? 하니까 '그것은 어렵지 않다. 알고 보면 매우 쉽다.'고 합니다.

문 앞에 세우는 찰간은 요즈음 말로 하면 깃발인데 절 앞에 가면 절을 상징하는 찰간을 세워놓습니다. 이것은 임제종이다, 조계종이다, 염불종이다 하는 상징을 진대라고 합니다. 일본사람은 일본깃발을 세우고 한국사람은 한국깃발을 세우듯이 합니다. 종파에 따라 제 각각 다른 그것이 찰간입니다. 그것을 세워놓는 것입니다. 그 때도 아마 그것이 있었던 것 같습니다. 아난에게 '저 문 앞에 가서 찰간을 일으키고 오너라.'고 했습니다. 그것이 무슨 소린 지 여러분은 알겠습니까? 아주 쉬운 소리입니다. '너 속에 뾰족한 것이 서 있는데 그것을 내놓아라'는 것입니다. 그 놈을 없애야 알아듣는 것입니다. 정법안장은 받는 것과 전하는 것인데 그것을 없애야 알아들을 수 있는 것입니다. 이러한 것을 '화두를 타파한다'라고 하는 것입니다.

그것이 있으면 안 되는 것입니다. 우리는 원래부터 가지고 있는 아집이 있습니다. 자타에도 물론 아집이 있습니다. 병이 된 아집을 가지고 있으니까 안 된다는 것입니다. 아집이 남아있어서는 안되는 것입니다. 그래서 운문사에서 가르치는 것을 중단하고 여기 와서 이 강의를 들으라고 하였던 것입니다. 자타는 없는 것인데 자꾸 나라는 것을 부르고 있습니다. 그 자리에 들어가면 자타가 없습니다. 근경이 없어졌는데 자타가 어떻게 있을 수 있겠습니까? 근경이 없어지므로 공간적으로 자타가 없고 시간적으로 고금이 없는 자리입니다. 자타가 있으면 능소가 있게 됩니다. 그래서 내가 있고 능소가 있는 것입니다. 알음아리로 풀기는 쉽습니다. 공부한다는 것은 알음알이를 떼어내는 작용인데 여러분이 아집을 가지고 있으면 알음알이가 늘어납니다. 그것이 법집인데 잘 못들으면 병이 되고 잘 들으면 약이 되는 것입니다. 약과 병이 둘이 아니라 약병의 합으로 약과 병을 서로 다스리는 것입니다.

석두스님 제자로는 도오와 유엄이 있는데, 유엄이 처음에는 마조스님을 찾아갔습니다. 중국에서 처사로 유명한 사람이 바로 방거사입니다. 방거사가 처음에는 석두스님한테 배우다가 마조스님을 찾아간 모양입니다. 석두스님에게 '우주만법과 벗 삼지 않는 사람은 누구입니까?'를 물었습니다. 그러자 석두는 손으로 입을 가렸습니다. 방거사는 무슨 말인지 못 알아 듣고 마조를 찾아갑니다. 마조스님을 뵙고 방거사는 석두스님에게 했던 질문을 다시 던집니다. '우주만법과 벗 삼지 않는 사람은 누구입니까?' 하니까 '서강에 가서 한 입에 서강 강물을 다 마시고 오너라. 그러면 가르쳐 주마.' 하였습니다. 이것은 지혜로 아는 것이 아닙니다. 마시는 놈이나 마시는 물이나 마시는 입인 능소가 없어집니다. 능소가 없어지면 그것은 만법으로도 안 되는 자가 나타난다는 것입니다. 그래서 이 공부가 되면 천칠백 공안을 다 알게 됩니다. 천칠백이라도 그것은 둘이 아닌 똑같은 소리입니다. 잘 하면 덕이 되는데 잘못 받으면 병이 되는 것입니다.

백장스님에게 하루는 어떤 도사가 불쑥 찾아왔는데 머리카락도 길고 수염도 길게 기르고 있었습니다. '그대는 뭐 하는 사람이오?' 하니까 지리를 잘 본다는 것입니다. 좋은 곳이 있느냐고 물으니까 좋은 곳이 있는데 천명 정도 살 만한 곳이라고 합니다. 그곳이 어디냐?고 물으니 대위산이라는 곳이라고 합니다. 위산이 그곳에 살았기 때문에 위산영우가 되었지 처음부터 위산이 아닙니다. 신령 '영靈'자 도울

'우祐'자를 쓰는 영우입니다. 아 그렇게 좋은 곳이 있으면 내가 가면 어떻냐고 묻자 '스님은 안 됩니다.' 스님과 터가 안 맞다는 것입니다. 흙의 기운을 가진 사람은 살 수있지만 스님처럼 뼈의 기운을 가진 삐쩍 마른 사람은 못 산다는 것입니다. 뼈의 기운을 금치라고 하고, 흙의 기운을 토치라고 합니다. 그러면 많은 제자들 가운데 누구를 보내면 되겠는가 하니 토치를 보내야 된다는 것입니다. 거기에 합당한 사람이 영우였습니다. 영우를 보내겠다고 작정을 했습니다. 그 당시 하림선각이라는 스님이 입승을 보고 있었는데 빛날 '하賀'자 수풀 '림林'자 착할 '선善'자 깨달을 '각覺'자의 하림 선각이었습니다. 입승인 하림 선각은 방장스님 다음으로 자기가 제 2인자라고 생각하고 있었습니다. 입승인 자기를 놔두고 영우를 위산으로 보낸다는 것이 말이 되느냐고 툴툴거렸습니다. 그러자 백장스님은 그 불경한 놈의 불평을 풀어야 될 것이 아니냐 하면서 하림 선각을 불렀습니다. 저녁을 먹고 영우와 하림을 불러놓고 내가 한마디를 일러서 그대들중에 정답을 말하는 사람을 위산으로 보내겠다고 한 것입니다. 물을 마시는 병을 정병이라 하는데 정병을 갖다 놓고 먼저 하림한테 물었습니다. 이것이 무엇인가? 하림의 대답은 '물병이라고 해도 맞지 않다.'고 합니다. '이쪽으로 나오너라.'하여 하림을 제쳐놓고 영우를 불렀습니다. '너 이거 보고 한마디 일러보라.' 하니까 발로 툭 차버리는 것입니다. 그러자 하림을 보고 이것만 봐도 네가 못하지 않느냐? 하면서 영우를 보내게 되었습니다. 개산을 한 첫해부터 10년 동안은 개미 한 마리도 안 옵니다. 10년이 지나니까 꾸역꾸역 사람들이 모여드는데 금새 이천 명으로 늘어난 것입니다. 그곳의 땅을 개발하고 농사를 지으려니까 소가 필요해서 절에서도 소를 길렀던 것입니다.

우리가 무엇을 하든지 간에 10년은 해 보고 그만두어야 합니다. 10년을 하면 뭘 해도 된다는 것입니다. 직지사가 대번에 이렇게 커진 것이 아닙니다. 주지스님이 젊을 때부터 해 놓은 그 힘으로 수십 년을 거쳐 이렇게 된 것입니다. 보통 근기로 이렇게 되는 것이 아닙니다. 근기는 수십 년을 해 봐야 아는 것입니다. 참선을 하든지 한 가지를 수십 년을 하면 근기가 생기는 것입니다. 하다못해 청소를 하더라도 10년은 해야 된다는 것입니다. 사람보다 못한 여우도 오래되면 둔갑을 한단 말입니다. 저 물가에 사는 뱀이라는 놈도 물가에서 가만히 뭘 지키고 앉았으니 거기서 여의주가 나온다는 것입니다. 그런데 사람이 공부를 하다가 안 된다고 집어치워야 되겠습니까? 오늘 화두가 안 들린다고 내일 바꾸면 안 되는 것입니다.

중국의 소동파가 왜 잘났는지 알아요? 한 가지만 잘 일렀습니다. 소동파의 집은 부자입니다. 보통 사람들은 문장이 되려면 곤궁해야 되고 곤궁한 가운데 문장이 나온다고 했는데 소동파는 원래 부자입니다. 중국 사람들은 한 집에 칠대 이상 이십 가구가 함께 살아갑니다. 구세동인가 하는 사람도 하여간 식구들이 한 울타리 안에 살았는데 식구가 수백 명, 수천 명이 됩니다. 그래서 중국에 가면 장가구, 장가 하는데 장가구에는 입 구口자가 들었는데 식구가 수십 명에서 수백 명이 한 울타리에서 살았던 것입니다. 그래서 가족이 수백 명이 되니까 집을 지을 때도 수백 명이 짓습니다. 그래서 각자 배당을 합니다. 또 한 울타리 안에 어른이 수십 명 살고 있습니다. 닭이 처음 울면 일어나서 젊은 사람들이 세수를 하고 각 방의 어르신들한테 인사하러 다닙니다. 그것이 소학의 공부입니다. "닭이 울면 일어나서" 어른께 인사를 하는 것입니다. 수백 명이 사니까 집을 크게 지어서 이 사람 맺고 저 사람 맺고 해서 아들을 낳고 딸을 낳으니 한가족이 되면서 어른들한테 인사드리고 하는 것이 소학의 가르침입니다.

선방에 가서 공부 많이 했으니까, 마을 사람들은 그런 애기를 못합니다. 그런 큰 집에서는 햇살을 잘 받도록 남쪽으로 틔고 북창을 낸 방이 많아 세를 놓습니다. 맹자 어머니가 삼천지교를 했습니다. 맹자를 기를 때 그 어머니가 세 번 이사를 했습니다. 처음에는 묘지 근처에서 살았는데 어린 맹자는 늘 보는 것이 송장 묻는 일 밖에 보지를 못했습니다. 그래서 맹자가 그런 일을 흉내 내니까 어머니가 여기서는 안되겠다 싶어서 시장 쪽으로 이사를 갔습니다. 그런데 이번에는 장사하는 것을 자꾸 흉내내고 놉니다. 여기서도 자식 기를 곳이 못된다 해서 수십 명의 가족들이 사는 큰집에 세를 들어 살았던 모양입니다. 그러니까 북쪽이나 서쪽으로 틘 그런 그늘진 곳에서만 셋방을 얻게 됩니다. 하루는 주인집에서 돼지를 잡았습니다. 어린 맹자가 어머니께 돼지를 왜 잡느냐 물었습니다. 내가 어릴 때는 우리 형님한테 소학을 배웠는데 '동쪽 집에서 돼지잡는 것을 물었다' 이렇게 배웠습니다. 동쪽으로 창을 내고 남쪽으로 창을 내는 것은 주인집인데 주인집에 돼지 잡는 것을 물었다는 소리입니다. 그렇게 물으니까 맹자 어머니가 '너 줄려고 잡는 것이라'고 말했습니다. 그것은 거짓말입니다. 맹자 어머니가 가만히 생각해보니까 자식을 속였단 말입니다. 그래서 거짓말을 가르쳐서는 안되겠다는 생각이 들어 시집올 때 받은 은반지 패물을 팔아 돼지고기를 사서 맹자에게 먹였던 것입니다. 그렇게 교육을 했다는 것입니다.

소동파의 어머니 정씨는 외출을 할 때마다 아들에게 글을 가르쳐 주면서 자꾸 읽으라고 했습니다. 한 3,4년을 그렇게 읽었던 모양입니다. 한 자리에 앉아서 밥먹을 땐 밥먹고 똥 오줌 눌 때는 누고 나머지는 그대로 글을 읽어라고 했더니 어느 날 아이가 없어져버렸습니다. 소동파가 없어진 이유는 아버지가 소동파에게 '넌 그렇게 아는 것이 없느냐?' 하니까 아들은 엄마가 한 가지만 자꾸 읽어야 된다고 해서 그렇게 할 수 밖에 없었다고 합니다. 어디를 가도 한 가지밖에 아는 것이 없고 또 아버지도 안 가르쳐주지 않았느냐고 했습니다. 그래서 소동파는 다른 글이 있는 줄도 몰랐던 것입니다. 마찬가지로 화두도 하나만 가지고 하면 되는데 다른 화두가 있는지 알면 이것저것 자꾸 생각하게 됩니다. 그러자 아버지가 소동파에게 서고에 도서집이 있는데 가서 보라고 합니다. 서고에 있는 수 천권 장서 중에 한 권을 빼서 읽어보았던 것입니다. 그 책을 읽고 또 읽고 하였습니다. 책 읽는 삼매에 들면 저녁이 되고 어두워도 어두운 것을 못 느낍니다. 우리나라에서 글 잘쓰는 추사 김정희에게도 그런 얘기가 있습니다. 다시 소동파로 돌아가서 어두운 것을 못 느끼기 때문에 잠을 자지 않았습니다. 하루 이틀 계속 되는 것입니다. 환한 생각 그대로입니다. 이것도 공부할 때 오래 참고 반복될 때 하는 소리입니다. 며칠 동안 글만 읽고 있는 것입니다. 집안에는 식구가 많으니까 누가 밥을 먹었는지 안 먹었는지 몰랐던 것입니다. 그제서야 아버지는 아들이 생각난 것입니다. 서고에 가보니까 아들이 거기 앉아서 여전히 글을 읽고 있었습니다. 아버지는 깜짝 놀랍니다. 이 순간 어두운 것이 침범하게 되는 것입니다. 생각을 바로 가지고 바로 깨치면 환한 것 뿐입니다. 소동파의 아버지는 그때서야 부인 때문에 일을 저질렀음을 알게 되었습니다. 이것을 십 년이나 모르고 앉았으면 만권권자를 만들었을 것인데 겨우 천권권자 밖에 못된 것입니다. 비록 십분의 일 밖에 안 되지만 그랬다는 얘기가 있습니다. 본래 재주가 있으니 소동파의 글들이 지금까지도 그렇게 읽혀지고 있는 것입니다.

소동파의 동생인 소철의 문장도 대단합니다. 소철의 나한찬을 한 번 볼까요. 나한을 그림으로 그린 것이 아니라 글로써 그린 것입니다.

하납반견이요도霞衲半肩而樂道 설미부안이관공雪眉覆眼而觀空이라. 반쪽 어깨에 저녁노을을 받아 즐기면서 백설

같이 흰 눈썹은 눈을 덮고 있습니다. 성경에 보면 하납이라는 것은 뿔을 달고 나오는데 나한의 가사로 나한을 빗대는 것입니다. 하납을 한쪽 어깨에 척 걸쳐놓고 말입니다. 여기서 나타낸 것이 나한입니다. 달이 밝은 소나무 밑에서 '설미부안雪眉覆眼'이라. 눈같은 눈썹 즉 하얀 눈썹이 눈을 덮었는데 공을 관하고 있다는 것입니다. 재미있는 글이지요?

자 다시 위산 영우 이야기로 돌아가서 위산에게는 제자 앙산이 있었는데, 앙산이 하루는 동쪽 언덕 밑에서 농사짓는 소를 먹이는데 어떤 청년이 헐떡거리면서 어디로 가고 있었습니다. 돌아갈 귀歸자 참 진眞자를 쓰는 귀진이라는 청년인데 조금 있다가 다시 내려갑니다. 앙산이 소풀을 먹이면서 보니 이상해서 '여보게, 젊은이.'하고 불러서 무엇때문에 왔다가느냐 하니까 청년이 말하기를 서로 기연(문답하는 것)이 맞지 않아서 간다고 합니다. 어떤 사실이 있길래 그러느냐 하니까 내가 집안으로 쑥 들어가니까, '너는 어디서 왔느냐' 하고 묻길래 어디서 왔다고 주소를 말했습니다. 그 다음은 너의 이름이 무엇이냐? 하길래 귀진입니다 라고 했습니다. '귀진이 어디에 있느냐?' 하는데서 콱 막혀버렸습니다. 그래서 대답을 못하고 그냥 내려갑니다. 그 때 앙산스님이 내려갈 것 없이 내 시키는대로 한 번

해보라고 합니다. 귀진이는 뭔가 눈치를 챘습니다. 그래서 귀진이가 뭐냐고 물으면 입에도 가득찼고 눈에나 귀에나 코에도 가득 찼다고 하니까 이것은 '네 말이 아니다' 라고 하면서 방장스님은 금방 알아차려버렸습니다. 그런데 귀진이는 자신이 한 말이라고 하니까 방장스님이 이 놈을 쳐야겠다고 하자 그제서야 귀진은 큰일났음을 알고 '제 말이 아닙니다.' 하니 '이놈아 이건 너의 말이 아니라 천명을 지도할 조사스님의 말이다.' 라고 했습니다. 대원경지에 들어오면 환하게 보이는 것입니다. 이것은 여기도 나고 저기도 나는 것인데 전체적으로 대원경지가 통해서 우주에 꽉 찬 기운이 되면 몸 속에 들었다는 생각인 아집이 벗겨져버립니다. 그러다가 나중에 자기모양이 안 될 때가 있습니다.

이야기 하나 더 하겠습니다. 남전스님이라고 있었는데 그 당시에는 시주를 나가면 그 날 돌아올 수가 없었습니다. 그런데 몇 천 명이 날마다 시주 갔다가 빈손으로 돌아옵니다. 그래서 도저히 먹고 살 수가 없어서 농사를 짓기 시작했습니다. 중국 상주에 가면 양산마루라는 지명이 있습니다. 용산 밑에 있는데 회양산 봉암사 땅이 거기까지 뻗쳤다는 것입니다. 마름이라고 하는 직분은 땅을 관리 하는 사람입니다. 땅을 마루라고 하고 땅을 관리하는 사람을 마름이라 합니다. 그런데 양산마루가 있는 곳의 봉암사 땅이 지정국사가 기거할 때 그 땅이 있었습니다. 그 때 남전스님은 어디든지 농사를 지으면서 농막을 만들었습니다. 한 번은 농막을 찾아갔다가 들어간지 얼마 안 됐는데 차장이 나왔습니다. 그런데 이상한 것은 농막에 차장이 있을 리가 없어 물으니까 '스님이 오실 줄 알았습니다.' 하는 것입니다. 간밤에 도량을 지키는 토지신이 스님이 온다고 미리 보고 했다는 것입니다. '이것 참' 하면서 땅을 탁 치며 한탄하는 것입니다. 산승이 수행하는데 힘이 없어서 토지신에게 띄여 탄로가 난 것입니다. 자기가 올 것을 미리 안 것입니다. 공하여 없어지는 것인데 그만 토지신 눈에 띄어서 재수가 없다는 것입니다. 그래서 글귀를 하나 써주었습니다. 산승의 수행이 약해 토지신이 엿보는 것을 입었다는 것입니다. 그래서 한탄하면서 땅을 친 것입니다. 조금만 수행하면 남한테도 안보이고 자기 자신에게도 안 보입니다. 그렇게 되면 말 할 때나 행동할 때 남들과 부딪치지 않는다는 것입니다. 남한테 해로운 소리 안하고, 옆에 누가 사는지 안 사는지도 구별 못하게 됩니다. 그렇게 되어야 수행입니다. 우리가 미숙할 때는 남을 상하게 하는 말이 나오고, 행동만 하면 남한테 거슬리는 짓을 하게 됩니다. 그렇게 되면 안 된다는 것입니다. '참선 수행이 무력하여, 이 몸뚱이의 행동이 토지신의 눈에 띄도다.' 그렇게 자탄을 했던 것입니다.

중국 선방에서는 조실스님이 아침이 되면 밥을 먹고 바루를 묶어놓고 조참을 합니다. 저녁엔 만참을 하고 때때로 소참이라고 해서 법문을 하는데 우리나라에서는 안 합니다. 절마다 그것을 해야됩니다. 불입문자라 해도 방향을 지시해서 가르쳐야 공부가 될 것이 아닙니까? 그런데 그런 것을 안 하면 막막하단 말입니다. 어떻게 하든 여러분이 공부를 잘 해야 합니다. 문제는 유식을 공부한다고 시작했는데 마치 염소고기 파니까 오라고 한 꼴이 된 것입니다. 그런데 내용은 개고기도 못 된다는 것입니다. 그러나 여러분이 잘만 받아들이면 개고기를 파는데 염소고기를 먹을 수 있습니다. 이것에 목적이 있습니다. 나는 '바담풍' 하더라도 여러분은 '바람 풍' 해야합니다. 여러분이 잘 받아들여 주기를 부탁하면서 오늘 강의를 마치겠습니다.

제 25 강

사랑능변思量能變

거체출명문擧體出名門

나누어 준 프린트물을 읽어보라고 했는데 읽어봤는지 모르겠습니다. 이 속에는 그저 이론을 따지려고 하는 것이 아닙니다. 잔소리가 많은 것은 부처님을 본받아서 '중생무변서원도衆生無邊誓願度'를 하는데 바로 중생을 없게 하는데 목적이 있다는 것입니다. '중생무변서원도'가 부처님의 최고 목표입니다. 그런데 보통 사람들은 자기 몸뚱이 하나도 건지기가 힘듭니다. 자기 몸 하나를 건지는 데도 본인이 책임을 져야하기 때문에 옆에 있는 사람에게 폐를 끼치면 안 된다는 것입니다. '중생무변서원도'는 중생이 끝이 없는데 내 힘으로 모두 건지겠다 하는 것이 원래 부처님의 성불한 목표로 우리한테 교훈을 주는 것입니다.

집안의 가장이 되면 다른 가족보다 노력을 더 해야 합니다. 인류를 다 내 힘으로 건지겠다고 하는 사람이 누구입니까? 인류를 내 힘으로 건지겠다고 원을 세운 두 사람 중 한 분이 바로 예수님입니다. 인류 외에도 이 땅덩어리에는 육십만 가지 생물이 있다고 그랬습니다. 다시 말해서 인류와 더불어 육십만 가지 생물이 사는 것이 지구인데 그런 생물 가운데 인류 하나만 건지겠다는 생각보다 일체 중생을 다 내 힘으로 건진다는 것이 더 큰 원이 아니겠습니까? 인류가 육십만 종 가운데 하나라고 하면 그건 육십만 배나 많은 생물을 내 힘으로 건지겠다는 말입니다. 그래서 인류를 건지겠다는 말보다 일체 중생을 건지기 위해서 '중생무변서원도'라 했던 것입니다. 중생무변서원도를 하려면 먼저 조건이 갖추어져야 합니다. 대전제로 중생을 내가 건져야겠다는 것입니다. 그렇게 많은 중생이 몸을 가지고 생활을 하다 보면 고통이 따릅니다. 그 고통을 내가 없애주고 대신에 락樂을 주겠다는 것입니다. 중생에게 고통을 빼내고 락을 넣어주려면 왠만한 힘을 가지고는 어렵습니다.

중생무변서원도 하려면 힘과 더불어 세 가지 조건이 있

습니다. 먼저 '번뇌무진서원단煩惱無盡誓願斷'를 해야합니다. 우리가 생명의 진여자리를 몰랐기 때문에 그릇된 몸뚱이가 생긴 것입니다. 망상의 몸뚱이를 끊어야 되는 것입니다. 목적은 번뇌무진서원단을 하는 것입니다. 다른 사람을 번뇌무진서원단이 되게 하려면 먼저 자신이 번뇌를 끊어야 합니다. 물에 빠진 사람은 물에 빠진 사람을 못 건집니다. 물에 빠진 사람은 물을 벗어나야지 건질 수 있습니다. 다리가 도피안이라고 그랬던가요? 극락을 가려면 번뇌망상의 다리를 건너가야 된다는 것입니다. 여기는 번뇌망상으로 된 중생이 사는 곳입니다. 한 번 갔다 와 보세요. 그러면 달라질 것입니다.

다음 목적은 '법문무량서원학法門無量誓願學'을 해야 합니다. 번뇌무진서원단은 소극적으로는 나쁜 것을 없애는 것이고 적극적으로는 좋은 것을 대하는 것입니다. 부처가 되려면 좋은 것도 해야 하지만 나쁜 것도 알아야 합니다. 우리 몸에 나쁘다는 것을 알아야 끊어집니다. 유식하면 번뇌무진서원단인데 번뇌로 된 몸에 법문무량서원학을 하는 것입니다.

마지막으로 '불도무상서원성佛道無上誓願成'을 한 사람이 '중생무변서원도'가 되는 것입니다. 그래서 이 세 가지 조건이 갖추어져야 비로소 완성되는 것입니다. 우리도 원을 한 번 세워봅시다. 부처님이 원을 세웠듯이 우리도 부처님 같은 원은 안 되더라도 요만큼이라도 되어야겠습니다. 내가 써 놓은 축원은 날마다 식전에 하는 것입니다. '문아명자면삼도聞我名者免三道'하고 '견아형자득해탈見我形者得解脫'이라. 이것이 얼마나 좋은 소리입니까? 새벽마다 했지만 뼈에 사무치진 않았습니다. 모두 발심이 시원찮은가 봅니다. 내 이름만 들어도 삼악도를 면하고 내 모양만 봐도 해탈해서 지옥에 안 떨어지도록 원을 세워야 하는데 그저 네가 옳으냐 내가 옳으냐 하면서 살아가고 있는 것이 우리의 삶입니다. 이것은 원성실성을 깨치지 못해서 그런 것입니다. 그래서 엉뚱한 망상이 해골에서 쑥쑥 나오니까 그것을 '루漏'라 하는데 샐 '루'입니다. 눈으로 코로 자꾸 새어나온다는 말입니다. 그 놈의 씨앗을 멸종시켜야 합니다. 우리의 목적은 지금이라도 남한테 덕이 되는 행동을 하는 것입니다. 일체중생을 다 건졌는데 땡중에게 욕 좀 한다고 해서 마음 상할 필요는 없는 것입니다. 조금 전에도 이야기 했지만 어느 정도 유식을 터득하고 나면 모양이 안 보인다고 했습니다. 모양이 보이면 아직 멀었습니다. 모양을 나타내려면 남한테 덕 되는 모양을 내야 해탈을 하게 됩니다. 그래서 이것은 하루아침에 되는 것이 아닙니다.

세상 사람들은 부자가 되려고 애를 많이 씁니다. 돈 많은 부자는 아무리 성품이 악하다 해도 남한테 덕이 됩니다. 거지는 아무리 마음씨가 좋아도 남한테 덕을 주지 못합니다. 부자 옆에 살면 부자가 아무리 욕심쟁이라도 물건 하나를 들어다주고도 품을 받게 됩니다. 없는 사람은 그렇게 하지 못합니다. 그래서 이 세상에는 모든 것이 풍부해야 합니다. 절에 평생을 다니면서 집 한 채를 못 지어도 나중에 저절로 되는 것입니다. 여러분 뿐만 아니라 전라도나 강원도에 사는 사람들이 직지사에 와 보고는 깜짝 놀랍니다. 이렇게 좋을수가! 극락 같다고 합니다. 이렇게 좋은 곳이 있는지 몰랐다는 것입니다. 또 불국사에는 다보탑, 석가탑도 있고 석굴암에는 부처님도 계십니다. 서양사람이나 동양사람들이 석굴암 부처님을 보고 나면 생각이 달라집니다. 무조건 불교를 믿어버립니다.

인간세상에 몇 백 년, 몇 천 년을 왔다가는 사람들을 보십시오. 빈그릇으로 왔다가 무엇을 담아서 갑니까? '허왕실거虛往實去'라고 합니다. 빈 것으로 왔다가 허왕, 실왕할 때 열매 실實자는 무엇을 담아서 간다는 것입니다. 아무튼 허왕실거가 되어야 합니다. 문아명자면삼도 하고 견아형자득

해탈 해야하는데 주지스님도 그렇지만 덕명스님도 절에 있을 때 다 배웠지만 중생무변서원도를 하려니까 불교만 가지고는 안 되었던 것입니다. 안으로 이것 저것 십삼 년을 공부했는데, 부처님은 6년 동안 고행을 했으며, 현장은 17년을 인도에 갔다왔다고 그랬습니다. 13년을 절에 사는 스님이 속가에 가서 하루밤이라도 묶어 보세요. 그 불편함이 말이 아닙니다. 이불을 덮고 자려고 해도 이불이 불편해 잘 수가 없고 밥을 먹을 수도 없었습니다. 입으로는 어떻게 안 되는 그것이 고행입니다. 혼자 잘 살자는 것이 아닙니다. 오늘 공부하는 내용은 여러분이 들어보지 못했던 출처가 많습니다.

인간이 모르는 문제가 많습니다. 이 세상에서 부자는 아주 욕심이 많고 가난한 사람 곁에서도 사람들이 덕을 보는데 말입니다. 불교는 이렇게 좋은 문화재를 만들어 놓았습니다. 학문이라는 것은 정신력을 개발하는 것인데 정신 개발 학문이라는 것은 참 묘한 것입니다. 나와 아무 상관없는 사람도 나한테 다 덕이 되는 것입니다. 예를 들어서 저 남산에 돌 계단이 있는데 나하고 아무 상관이 없는 것 같습니까? 이 몸이 눈으로 귀로 집합한 종자가 모여서 되었다면 남산에 좋은 돌 기둥이 우뚝 서 있는 것은 남산에 좋은 빛입니다. 그 기운에 의하여 내가 정화가 되는 것으로 정말 돌맹이 하나로, 소나무 한 그루 심어 둔 것이 아무 상관이 없는 것이 아닙니다. 옆에 있는 사람뿐만 아니라 돌 하나 나무 한 그루 풀 한 포기가 나한테 전부 덕이 되는데 덕 되는 줄 모르고 살아가고 있습니다. 공기가 없으면 사람이 살 수가 없습니다. 공기가 나한테 얼마나 덕을 배푸는 것인지 알아야겠습니다. 태양이 없으면 썩어서 살지 못합니다. 무정까지도 나한테 덕을 입히고 도움을 주는데 유정이야 말할 것도 없습니다. 유정 무정 모두 나의 스승이고 나의 부모입니다. 이런 사상은 좀 바꿔야 합니다. 세상의 모든 것은 나의 부모이고 나의 스승인데 우리는 그것을 모르고 살아갑니다. 즉 은혜를 모르고 사는 것입니다. 좋은 종자를 심을 때는 좋은 결과를 보게 됩니다.

좋은 곳에 직지사 같은 절을 지어 놓으면 얼마나 많은 사람들에게 덕을 주는지 모릅니다. 요즈음 사람들은 저녁에도 일하고 새벽에도 일한다고 하는데 고단해서 어떻게 그렇게 하는지 참 희한하단 말입니다. 그런데 모두 새벽에 빠지지 않고 듣는다고 합니다. 보통으로는 못하는 것입니다.

여러분이 무엇이든지 감사한 생각을 가지고 사는 것, 고맙다는 생각을 가지고 살면 하루도 불편한 것이 없습니다. 고마운 종자가 생성이 됩니다. 고마운 세포가 생겨 혈액속에서 왕성해집니다. 그런데 남을 미워하면 미워하는 세포가 생겨 좋을 것이 없습니다. 고마워하고 감사하는 마음 즉 부처님도 감사하지만 일체중생이 나한테 감사한 일을 끼치고 고마운 일을 해준다고 생각할 때 좋아지는 것입니다. 나도 이 세상에 나와서 한 사십까지는 남을 미워했습니다. 그런데 어느 날 생각해보니 그게 아니었습니다. 그것은 다름이 아니라 부처님 말씀을 배우고 유식을 배우고 좋은 법문을 듣고 보니까 잘못되었다는 생각이 들었습니다. 나중에는 그런 생각마져 없어지니까 다른 사람 욕도 안하게 되었습니다. 잘못해도 그냥 봐 주고 그것을 탓하지 않습니다. 중국에서는 먼저 난 것을 선생이라 합니다. 먼저 '선先'자와 날 '생生'자를 씁니다. 여러분한테 내가 선생입니다. 선생은 먼저 난 사람으로 경험이 많다는 것입니다. 먼저 난 사람한테 배우는 것입니다. 그것을 선생이라고 합니다. 학교에서 분필로 공부 가르치는 사람만 선생이 아니라 옆에 있는 은인, 이웃집에 사는 하루라도 먼저 태어난 사람은 자기보다 경험이 많으니까 선생인 것입니다. 말도 할 줄 모르고 행동도 잘 못할 때 옆에서 먼저 난 사람을 보고 말을 배우고 행동을 따라 하는 것입니다. 태어나서 옆 사람을 보고 말도 배우고 행동도 배우는 것입니다. 이 세상에서 훌륭한 것은 배움이 많은 것이 아니라 현장 경험이 많은 것입니다. 남보다 더 잘 하고 장기가 많은 것은 밖에서 먼저 난 사람한테서 배운 것입니다.

아직 '이숙능변異熟能變'을 공부하지 못했습니다. 사량은 무엇을 가지고 사량이라고 합니까? 이숙능변이 제 팔식이고 사량능변思量能變은 제 칠식을 나타내는 것입니다. 제 칠식을 사량능변이라 했습니다. 제 칠식에 대해서는 오늘 다 공부하겠습니다. 책 한 장을 넘기면 팔단에 대한 도표가 나옵니다. 거기에 보면 '거체출명문擧體出名門'이라는 말이 나오는데 거체라는 것은 '사량능변'으로 이것은 칠식을 명하여 말나식이라 합니다. 말나의 출체를 보면 차제이능변次第二能變은 거체擧體이고 시식명말나是識名末那라 하는 것은 출명出名입니다. 유식에서는 아주 정확합니다. 인명론법이 되어서 분명합니다. 하나라도 빼거나 더 해도 말이 안 되는 것입니다. '차次' 하는 것은 제 팔식 다음의 뜻으로 제 칠식을 나타냅니다. 제라는 것은 제1이며 그 다음으로 '차'자는 제2이니까 제 2는 칠식에서 이 식의 이름이 말나입니다. 칠식에는 이름 짓는 방법이 두 가지가 있습니다. 여기서는 무엇이라고 그랬습니까? 안식할 때 '식'자는 제 칠식을 쓰고 제이第二라 할 때는 말나식입니다.

제 26 강

전육식과 말나식과의 관계

제 일은 안식, 제 이는 이식, 제 삼은 비식, 제 사는 설식, 제 오는 신식, 제 육은 의식, 제 칠은 말나식, 제 팔은 아뢰야식이라고 하는데 말나식과 아뢰야식은 당체득명當體得名이라 합니다. 당체득명當體得名을 두고 이름을 지은 것입니다. 이 두 가지는 책 끝부분에 나오는 말인데 미리 안 하면 얘기가 잘 안 되기 때문에 먼저 합니다. 말나식이나 아뢰야식은 여섯 가지 이름에 붙였다 뗐다 하는 것으로 육합석六合釋이라고 부릅니다. 해석할 때 육합석을 붙이면 모이는 범주가 다르고 떼면 범주가 또 달라집니다. 자꾸 내용이 달라지는데 모이는 도수에 따라 세상 만법은 이합집산으로 떠났다가 모였다가, 모였다가 또 흩어졌다에 따라 생기는 것입니다. 예를 들어서 물이 있습니다. 학교에서 배운 물은 수소와 산소가 모이는 것에 따라서 다른 것입니다.

화강암이라는 돌이 있습니다. 화강암을 분석을 해보니까 질돌 성질과 차돌성질, 운모 세 가지로 되어 있습니다. 만약 세 가지 요소에서 두 가지만 있으면 화강암이 안 되는 것입니다. 또 세 가지보다 더 많은 성질을 가지고 있으면 다른 돌이 됩니다. 중국의 궤변 학자 공손룡은 황당한 말을 합니다. 단단한 돌은 돌이 아니라고 그랬습니다. 세 가지에 단단한 것을 하나 더 보탠 견석은 돌이 아니라는 것입니다. 궤변 같지만 논리에 맞는 소리입니다. 붙이고 떼는 것에서 생기니까 제 육식인 의식은 의주득명依主得名이라 합니다. 246쪽에 '차명하이此名何異 제육의식第六意識 차지업석此持業釋 여장식명如藏識名 식즉의고識卽意故 피의주석彼依主釋 여안식등如眼識等 식이의고識異意故' 라고 나옵니다. 또 그 다음에 안경이 있는데, 주인에 의지하여 일어나는 것을 의주석依主釋이라고 합니다.

예를 들어 대목리라는 사람이 있어서 직업이 그림 그리는 것입니다. 업을 가지고 이야기 하는데 자기 업은 다 배워서 압니다. 의주석은 주인인데 누구 집 아들이다 혹은 누구 집 남편이다 할 때는 낮은 놈을 예로 들어 높은 것을 이야기합니다. 의주득명依主得名 할 때는 높은 사람을 예를 들고 낮은 사람을 이야기 할 때 사용합니다. 그리고 의사석依士釋이라는 말이 있는데 '사'는 선비 '사士'자로 낮은 것을 예로 들어 높은 것을 이야기 할 때는 의사석이라고 합니다. 또 쌀이 있으면 쌀을 담는 그릇을 쌀괘라고 합니다. 그것을 유재석有財釋이라고 합니다. 상위석相違釋, 인근석隣近釋 등 여섯 가지가 있는데 붙였다 뗐다하는 바람에 의미가 달라져서 '육합석六合釋'이라고 하지 '육이합석'이라고는 하지 않습니다. 반드시 붙였다 뗐다하여 의미가 달라지기 때문에 육합석이라고 해야 합니다. 이런 논법이 모두 여섯 가지로 의주석, 지업석, 상위석은 서로 틀린 것을 말합니다. 상위석, 유재석, 대수석에서 수를 띈 것이 또 하나 있습니다.

삼보와 육바라밀의 목적은 중생무변서원도 하는데 있다는 것을 알아야 합니다. 중생무변서원도를 하기 위해서 이런 짓을 자꾸 하는 것입니다. 아뢰야식은 장식이라고 했는데 이것은 무명이니까 성불할 때까지는 어두운 기운이 계속되어 불생불멸하는 것입니다. 앞에서 상속은 '항전여폭류恒轉如暴流'라. 이것은 성불 할 때 까지 한 번도 끊어진 적이 없습니다. 말나식도 마찬가지로 객관 팔식이 있는데 칠식의 견분이 팔식의 견분을 잡아가지고 한 번도 끊어짐이 없이 똑같습니다. 제 각각 아뢰야식에 따라가서 그 속에는 항상 종자가 들어 있습니다. 상속이 되고 그것을 귀속시킬 때에는 종자식이라고 할 때도 있어 장식이라고 이름을 지었습니다.

말나라는 것은 뜻 '의意'자입니다. 뜻 '의意'자는 어떤 작용을 하느냐 하면 다른 말로 표현하면 참 복잡합니다. 사량이라고 하는데 사량식입니다. 이것은 자꾸 생각하는 것으로 사량은 곧 분별하는 것입니다. 이것저것 따지는 것입니다. 뜻 '의'자는 사량인데 사량을 어떻게 하느냐? 식이라 하면 칠식이나 팔식도 다 사량을 합니다. 사량을 하는 도수가 제 팔식의 이름을 지을 때에는 장식이라 하는데 '장'자에는 세 가지 뜻이 나옵니다. 종자를 가진 것으로 그치지 않는데 다른 식은 그렇게 못합니다. 종자를 가진다는 뜻은 칠식이나 육식에는 없습니다. 사량도 하지만 지종持種하는 것은 팔식만 가졌기 때문에 여러 식에 통하는 작용을 팔식에서 아뢰야식으로 이름을 지은 것이며 장식이라고도 합니다. 말나식은 사량의 뜻이며 뜻 '의意'자로 식도 사량을 합니다. 제 팔식은 사량을 안 하는 것 같지만 식이라고 이름을 붙이면 아주 미미하게 사량을 합니다.

제 칠식을 사량식으로 하는 것은 시간적으로나 공간적으로나 언제든지 사량함으로 항심사량恒審思量이라고 합니다. 사량을 하되 시간적으로 언제나 한다는 뜻입니다. 사량을 안 하면 아주 심각합니다. 그런데 제 팔식은 사량을 하되 항사량은 하고 심사량을 못합니다. 그리고 제 육식도 심사량을 합니다. 심사량은 온갖 것을 다 생각합니다. 제 육식은 심사량은 하지만 항사량이 안됩니다. 전오식은 제 팔식처럼 항상하는 것도 없고 심사량도 못합니다. 식이라는 이름을 부여했기 때문에 사량식이라는 이름을 준 것입니다. 제 육식에서도 똑같은 소리가 되는데 그래서 문제가 생깁니다. 말나식과 아뢰야식은 당체득명當体得名이고 안이비설신의 여섯 개는 의근득명依根得名입니다. 눈알이 포도알 같이 되었다는 말이며, 코는 쌍조갑 같이 되었고 귀는 처음으로 피는 잎사귀의 모양으로 이름을 그렇게 지은 것입니다. 전부 모양을 가지고 전육식이라고 한 것입니다. 전육식 여섯 개는 바로 의근득명依根得名입니다. 그러면 포도알처럼 생긴 것을 안근으로 의지하는 식, 쌍조갑 같이 생긴 것을 비근으로 의지하는 식, 잎사귀 모양 같이 생긴 것을 이근으로 의지하는 식등 근을 의지하는 일은 육근인데 육경도 색식이라고 하며 의근득명입니다. 하여간 의근득명과 당체득명은 다릅니다. 안근을 의지하는 식, 이근을 의지하는 식, 비근을 의지하는 식, 설근을 의지하는 식, 신근을 의지하는 식에 대해서 이해하겠습니까?

말나식은 말나가 근이 되어 밑천이 됩니다. 말나식에서 안근이 근을 의지하면 불공의不共依라고 합니다. 전육식을 이해하는 불공의입니다. 근은 불공의라 하여 다른 사람에게는 안 줍니다. 안근은 인식하는 안식 범주가 안 밖에 안 됩니다. 다른 사람의 안은 될 수가 없다는 소리입니다. 또한 코나 귀에 그려지는 것이 아니라는 것입니다. 꼭 자기만 수용하는 것으로 불공의가 다른 사람과 같이 하지 않는 것을 근이라고 합니다. 그런데 제 육식을 의식이라고 하는데 말나를 근으로 하여 인식하는 것으로 곧 사량하는 것입니다. 칠식도 사량을 하고 육식도 온갖 것을 다 반연을 합니다. 그러면 분명 당체득명이 틀림없지요? 그러나 육식은 의근득명인데 제 칠식은 당체득명으로 사량하기 때문에 자기 업을 가지고 자기가 할 때는 당체득명이고 의식이라고 할 때는 사량한 제 칠식을 불공의라고 하기 때문에 의식이라고 한 것입니다. 다 가진 놈은 제 칠식으로 의식이라고 하고 제 육식도 의식이라고 합니다. 그러니까 그것들이 섞일까 봐 인도말로 제 칠식을 '말나'로 표현하고 육식만을

'의식'이라고 이름한 것입니다.

앞에서 근을 의지해서 이름을 짓기 때문에 전육식은 그렇게 됐는데 식이 작용할 때는 반드시 근이 필요하므로 근이 없으면 안된다고 했습니다. 눈의 근인 포도알 같은 것이 없으면 저 밖에 보이는 어떤 모양도 눈을 통하여 볼 수 없습니다. 이식도 마찬가지로 있어도 모릅니다.

엄마 뱃속에서 고막에 병이 나면 이 세상 소리를 배우지 못하고 벙어리가 된다는 것입니다. 뱃속에서부터 벙어리가 되어서 나온 것은 고막이 다른 사람의 음성을 받아들이지 못한 것이 그 원인입니다. 우스운 소리 하나 하겠습니다. 저 언덕에서 당나귀가 소리를 내도 말을 못배웠으니까 당나귀가 하품을 한다고 합니다. 소리를 못 듣고 모양으로만 보니까 그렇게 표현하는 것입니다. 그런데 식은 근을 세 가지 동그라미를 그려서 능소를 여섯 가지로 썼습니다. 그러면 전육식은 근이 있습니다. 제 육식에서는 말나식이 근입니다. 이것 뿐만 아니라 전육식이 작용할 때는 저것은 '소다' '사람이다' '집이다' 식으로 밖에 못합니다. 전육식은 경을 비출 때 한 순간 혹은 찰나를 지나지 못합니다. 저것이 '산이다' 했을 때 산에 나무며 풀이 있음을 전육식이 읽는 동안에 빛을 쬐면 그 뒤에서 알고 하는 것은 실제로 제 6의식이 하는 것입니다. 그러니까 전오식은 활동할 때 찰나에는 이것이 비추면 이면에서는 반드시 제 육식이 작용을 하는 것입니다. 어쨌든 자기들끼리 장난하고 있는 것입니다. 제 육식의 작용에서 근은 말나식이라고 했습니다. 전육식이 일어날 때 어느 하나만 일어나면 쫓아가서 뒷받침해줍니다. 즉 사량하는 것은 제 육식에서 나오는 것입니다. 밑바탕이 되어 의식 작용을 하는 것입니다. 그러면 전오식이 작용할 때는 반드시 제 육식이 밑받침을 해주는데 불공의不共依인 전오식이 인식을 해서 한 가지로 작용을 합니다. 요놈이 언제든지 일어나면 따라가서 명확히 해주니까 공의共依가 됩니다. 하여간 이 놈이 자본이 되는 것입니다. 요즘은 사업할 때 자본을 대주는 사람이 따로 있지요? 내가 자본을 대면 물주가 공의가 됩니다. 전육식의 물주는 말나가 됩니다. 이것이 전부 공의共依가 되는 것과 불공의不共依가 되는 것이 있어 아주 복잡합니다.

제 27 강

불공의不共依와 공의共依

제 팔식 종자의 능생

책 259페이지에 보면 사량식에 대한 도표가 나옵니다. 제 육식, 제 칠식, 제 팔식이 다 나오지요? 전오식인 안근, 이근, 비근, 설근, 신근은 동경의同境依입니다. 전오식은 불공의不共依라고 하여 한 가지를 수용하는 격格이고 제 육식은 분별의分別依라고 하는 것입니다. 전오식은 대상을 있는 그대로 받아들이는 것 밖에 못합니다. 크다 적다 하는 것은 반드시 제 6의식에서 드러납니다. 촉을 이야기 할 때에 분별식이 확실이 드러나게 됩니다. 전오식에서 제 육식은 분별의로 공의가 되고 제 칠식은 아집을 하기 때문에 나라는 때가 묻는 것입니다. 무엇을 보면 탐하여 도둑질을 하고 성불하기 전에는 항상 깨끗하지 못합니다. 깨끗해질 때는 성불하는 길이 나오고 깨끗하지 못하면 중생으로 떨어집니다. 칠식에는 아집이 있습니다. 제 팔식 견분은 제 칠식 견분이 잡아서 아집을 하기 때문에 염染이 되는 것입니다. 전오식에서 제 육식은 분별의가 되고 제 칠식은 염정의染淨依가 됩니다. 제 팔식은 근본의가 되어 팔식이 한꺼번에 일어나기 때문에 의근意根이라고 그랬습니다. 의근의 제 육식이 제 칠식의 불공의가 되었습니다. 어떤 곳에 가면 제 육식과 제 칠식과 제 팔식을 합쳐 의근으로 봅니다. 전오식하고 의근을 합쳐서 육근이라고 합니다. 공의와 불공의를 자세히 설명하면 제 육식에서 불공의는 제 칠식을 이름 지을 때에 불공의라 했습니다. 그런데 공의에는 공동으로 수용하는 근이 있는데 제 육식의 불공의는 제 칠식이고 공의는 제 팔식이 됩니다. 칠식에 가서는 불공의만 나오면 됩니다. 그렇다면 제 칠식의 불공의는 무엇이며 제 팔식의 불공의는 무엇입니까?

다시 책장을 넘겨 247페이지 제 2절에 보면 소의문所依門이라고 나옵니다. 그리고 맨 마지막 줄에 칠식하고 팔식하고는 서로 불공의가 근이 된다고 하였습니다. 제 칠식의 불공의의 근이 제 팔식이기 때문에 의피전依彼轉이라 합니다. 제 팔식은 의피전과 같다고 했습니다. 전자는 제 팔식의 불공의를 근으로 해서 제 칠식이 작용한다는 것입니다. 소의문이라고 할 때 무엇을 소의로 삼았습니까? 앞에서 불공의가 무엇이며 공의가 무엇인지 이야기를 했습니다. 제 칠식은 제 팔식을 불공의로 작용하기 때문에 의피전입니다. 제 팔식과 제 칠식이 불공의를 지었다고 했습니다. 도표에 보면 제 칠식이 있는데 불공의 끝에 있는 제 팔식은 전오식에 가서 안식이 안근을 의지해서 일어나게 됩니다. 또 안식은 의근을 의지해서 일어나지만 제 육식은 제 칠식에서 불공의가 일어난다고 하였습니다. 단지 우리가 모르고 있는 것입니다. 그러면 똑 같은 소리로 안근은 안식작용을 하고 이근은 무엇 때문에 이식을 의지하여 작용하겠습니까? 이것은 애매한 소리가 아니라 제 칠식과 제 육식의 근이 바로 마음입니다. 물질로 된 팔식에도 붙은 것이 아니라 누가 만들어 놓았는지 모르는 것입니다. 제 칠식은 자체가 없는 것이 아닙니다. 자체가 없으면 붙을 곳이 없기 때문입니다. 자체라는 것이 어디에서 나오는지 알 수가 없습니다. 누가 만들었는지 모르지만 만들었다는 것은 말도 안 되는 소리입니다.

유식에서는 그것을 인정하지 않습니다. 몸이 있어야 왔다갔다 하지 몸이 없다고 하면 되겠습니까? 몸은 확실히 있습니다. 왔다갔다 하는 몸이 있다는 소리입니다. 안식이 안근을 의지하는 것입니다. 제 칠식은 물질로 근을 잡는 것이 아니라 마음으로 근을 삼는데 마음이란 제 칠식을 근으로 해서 일어나는 것입니다. 물질을 통해 마음이 일어나기도 하지만 전오식은 물질을 통해서 일어나는 것이고 제 육식은 자체가 마음이기 때문에 마음을 뿌리 삼아 일어나는 것입니다. 제 육식은 마음으로 육감을 이야기했습니다. 왜 육감은 물질에서 일어나는 것이 아니라 마음에서 일어나는 것입니까? 육식은 육식자체가 마음이기 때문에 제 칠식을 딛고 일어난다는 것입니다. 전오식 밑에서 불공의로 인해 동경의가 일어났는데 이것을 오근五根이라고 합니다. 제 육식, 제 칠식, 제 팔식을 합쳐서 의근意根이라고 그랬습니다. 여기서 저기까지 하나로 취급을 합니다.

또 183페이지에 도표가 나오는데 본질이 자증분과 같은 것이 아니냐고 질문했습니다. 이 본질은 팔식이 현행할 때 한 줄로는 팔식을 토해 놓는데 그것이 바로 종자입니다. 팔식에서 마음을 토하는 것입니다. 견분이 연기될 때 주관으로 하는 것이 팔식이고 상분을 토하는 것은 5위 100법이라 그랬습니다. 이것을 합하여 칠전식이라 하며 심사에 물심이 다 들었지만 팔식이 본질이 될 때는 전칠식의 자증분이 힘을 주어서 견분의 마음에 영향을 미치며 제 팔식의 상분과 본질을 만듭니다. 자증분이 상분에 힘을 주어서 견분을 하는데 이것이 본질에 영상을 주는 영상상분影像相分입니다. 본질에서 산이나 들이나 물건이 있는 것은 안식 밖에 있고 그 속에 지닌 것을 영상상분이라고 합니다. 이 속에 들어오기 전에 밖에 있는 실제 물건은 본질상분本質相分이라고 합니다. 이 말들은 본질을 설명한 것으로 토해 놓은 놈인 5위 100법을 육근에 들어와서는 영상상분이라고 하고 문 밖에 있는 것을 본질이라고 합니다. 이제 확실히 알겠지요.

책 267페이지에 나오는 제 3절 소연문所緣門은 넘어갑니다. 의피전依彼轉이 나오는 259페이지 도표를 보세요. 그림에 칠식, 팔식 밑에 불공의라고 써놓았습니다. 의피전依彼轉이라고 하는 것은 불공의를 가리키는 것입니다. 제 팔식을 의피依彼라고 썼는데 제 칠식은 제 팔식의 불공의에 의해서 일어나기 때문에 팔식을 의지합니다. 소의문에 있어서는 제 팔식을 의지해서 나왔다는 것입니다. 소의문을 보면 어떤 사람이 있어 속으로 자기는 의피전이라고 하여 앞으로 무엇을 하는지 돌아보는 것입니다. 자신을 반연하는 것입니다. 제 칠식은 제 팔식에서 나와서 제 팔식을 반연하는 것입니다. 제 팔식 견분은 마음인데 제 칠식 견분이 제 팔식 견분을 보고 나라고 집착을 하는 것입니다. 의피전에서 나와 제 팔식의 의미를 보는 것입니다. 희안한 이야기로 짐승들은 어미가 새끼를 낳으면 태어난 새끼가 어머니 등으로 올라갑니다. 우리처럼 윤리가 없기 때문에 자신을 반연하는데 이것은 제 팔식의 무엇을 의지해서 나온 것입니까? 제 팔식 속에는 제 칠식 종자가 있습니다.

친인親因의 현행은 제 팔식을 가지고 증상연增上緣으로 삼습니다. 명언이 너무 과해서 인연을 할 때에 네 가지를 배우는데 여기서는 두 가지만 합니다. 심지법은 두 가지인데 여기서 팔식이 전부 나왔다는 것입니다. 전칠식이 밖에 나가면 칠전식七轉識이라고 합니다. 도리어 종자를 심어오는데 이것은 제 칠식이 제 팔식의 종자를 만드는 것입니다. 여기서 제 칠식이 나갈 때에 종자에는 제 칠식과 제 육식 종자가 각각 있습니다. 제 칠식 종자도 있고 제 육식 종자도 들어있습니다. 제 팔식에는 종자가 있기 때문에 다른 종자는 상관이 없습니다. 제 칠식은 나갈 만한 종자입니다. 종자를 친인親因으로 삼는데 친인은 곧 자기 종자로서 이것이 나올 때에 종자는 친인이 되고 전체 팔식은 증상연增上緣이 됩니다. 증상연을 인연이라고 할 때 씨앗이 곧 인연입니다. 인을 곧 인연으로 봅니다. 인과 연이 다르지만 받는 씨앗이 있으면 씨앗을 돕는 조건이 인이며 인을 돕는 것은 연이라고 합니다.

제 28 강

소연문所緣門 (7)

인을 친인으로 본 것은 의피전이라는 씨앗으로 인과 연은 다릅니다. 인의 이름을 연으로 보는 것입니다. 인은 연도 되고 인도 되는 동시에 연도 됩니다. 그것을 인연이라 합니다. 연에는 증상연增上緣과 친인연親因緣이 있습니다. 첫 번째 인연은 친인연으로 잡았습니다. 인연이 될 때 전체의 80%는 증상연이 되는 것입니다. 그래서 연을 하나 붙여준 것 뿐 다른 의미가 없기 때문에 인이 곧 친인연이 되는 것입니다.

예를 들어서 콩을 심을 때 토지인 땅, 사람이 물을 주는 행위 등 콩이 자라는데 돕는 조건들을 증상연이라고 합니다. 증상연은 두 가지로 이야기합니다. 먼저 여력與力이라고 하는 것은 힘을 주는 역할입니다. 사람의 힘이나 땅이 전부 다 그런 힘을 주는 것은 아닙니다. 씨앗이 발아하고 성장하는데 힘을 주는 것이 여력입니다. 더불어 '여與'자, 힘 '력力'자로 여력이라고 합니다. 그리고 부장不障하는 것도 돕는 것이 되기 때문에 다른 곳에서는 얘기 못하는 것입니다. 다시 말해서 곡식을 심어 놓았는데 여러 번 태풍이 불어서 그 곡식을 영글지 못하게 하는 것입니다. 부장도 증상연으로 봅니다. 여력은 힘 주는 것으로 인연은 되지만 해치지는 않습니다. 다시 말해서 그것을 돕는 것이 된다는 것입니다. 오히려 적극적으로 참석하는 것입니다. 증상연은 여력에서 종자는 친연이 되고 현행 팔식은 칠식에서 나오는데 증상연이 됩니다. 종자는 친연이 되고 전체 현상은 증상연이 됩니다. 팔식을 의지해서 낳는다는 말은 인연과 증상연이 들어있다는 것을 설명하고 있습니다. 그러면 연이 일어날 때에 칠식이 도로 칠식이란 것은 무슨 말입니까? 자체로 보면 견분이 됩니다. 제 팔식을 뜯어보고 '나'라고 집착하는 것이고 소집은 제 팔식 견분이고 능집은 제 칠식 견분입니다. 그것을 아는 것은 인연으로 인하여 반드시 내가 있다는 것을 번연하는 것입니다.

자성행상문自性行相門(7)

'자성행상문'할 때 자성이라는 것은 당체를 두고 하는 소리입니다. 자성은 당체로 행상은 당체가 행동하는 것입니다. 이것을 사량식으로 번역하면 의식이라고 합니다. 뜻 '의意'자는 사량한다는 말입니다. 사량을 해도 항심사량恒審思量입니다. 항과 심, 두 가지를 한다고 그랬습니다. 그러니까 제 칠식은 항심사량이니까 사량하는 것으로 성性을 삼고 사량하는 것으로 상相을 삼기도 합니다. 사량하는 것으로 성과 상을 삼는 것입니다.

심소상응문心所相應門(7)

제 5절에 가면 심소상응문이 나옵니다. 팔식에 상응하는 식이 몇 개가 된다고 했습니다. 제 칠식에 상응하는 것은 4번뇌입니다. 칠식은 네 가지로 번뇌하고 항상이라고 하는 것은 잠깐이 아니고 늘이라는 말입니다. 늘 상응한다는 말입니다. 같은 글자로 늘 상응한다는 말은 아치와 아견과 아울러 아집과 아만과 아애를 일으키며 이것이 근본 심소상입니다. 그 뿐만 아니라 네 가지 근본번뇌와 상응하는 동시

에 결합을 합니다. 즉 상의집합하는 의미가 있습니다. 이것을 우리 말로 표현한다면 --와, --과라는 접속사로 이것과 저것을 잇는 말입니다. 그러니까 서로 똑 같은 것으로 안경과 분필이라고 하면 과라는 접속사로 다른 것을 의미한다는 것입니다. 상의相依가 무엇인지 알겠지요? 상의만 띄어놓는 것이 아니라 무엇과 무엇이 상의하는 동시에 합하는 것도 되어 두 가지 뜻을 가진다는 것입니다. 상의집합이 4번뇌이며 그 다음에 촉과 함께 하는 네 가지는 아치, 아집, 아만, 아애로 이것의 실제 번뇌는 열 가지나 됩니다. 열 가지 가운데 실재하고 상응하는 것은 네 가지 밖에 없습니다. 네 가지를 든 것은 여섯 가지는 없고 촉과 나머지를 둘로 보지 않습니다. 첫째 해석이 있고 둘째 해석이 있는데 첫째 해석에서도 두 가지가 나옵니다. 네 가지는 상의집합에 떼어놓은 것으로 4번뇌에서는 다른 것이 나오는데 여타입니다. 그러면 뜻을 새길 때에 나머지 촉등이란 것은 촉이 다 들어간다는 뜻입니다. 여기서 나머지 촉등과 같이 했다면 이것은 앞에서 팔식 가운데 오변행에 든 것과 근본 4번뇌와 합하여 아홉 가지가 되는 것입니다. 촉등과 같은 뜻으로 아홉 가지는 상응한다는 말입니다. 또 두 가지 가운데 첫 번째 해석에서 두 가지가 나오고 둘째 해석에서는 네 가지입니다. 나머지란 말은 팔식에서 상응하는 것으로 촉등의 오변행이 여기서는 무부무기가 아닌 유부무기를 토대로 해서 짤랐다는 것입니다.

그러면 첫째 해석의 두 가지는 네 가지 근본 번뇌 밖에서 낸 나머지인 촉이 5변행에 나오고 4번뇌에서 합해 그것들로 상응한다는 것입니다. 두 번째는 제 팔식에서 촉이 야기한 것으로 무부무기로 되어 있는데 듣는 것이 없어 그 자체로는 못 듣는다고 합니다. 무부무기 밖에서 유부무기를 지적해서 나머지를 일했다는 것입니다. 그러면 두 가지의 개수를 보면 4번뇌와 5변행을 합해 아홉 가지입니다. 첫 번째 나머지는 촉등이 되는데 무부무기와는 성질이 다릅니다. 그래서 결국 아홉 개 밖에 안 되지만 아홉개 뿐만 아니라 다른 것으로도 봅니다. 같은 페이지 아랫줄로 내려가면 '무부무기와 섭한다.'가 나오는데 만약에 그것을 가지고 촉등을 무부무기로 본다면 두 번 중첩이 되는 것으로 맞지 않습니다. 나머지 '여'자를 4번뇌의 근본으로 하고 촉등 5변행이 있고 그 다음에 나머지가 있다는 것입니다. 나머지는 연구만 했는데 딱 한 번입니다. 이 밖에 아홉 가지는 나머지가 있다는 것입니다. 나머지의 뜻을 새길 때 4번뇌하고 상관이 있는데 이것은 아치와 아집과 아만과 아애와 상응하니까 나머지의 촉등과 같습니다. 나머지 속에는 많은 의미가 있습니다.

다음 페이지로 넘기면 설명이 잘 되어 있습니다. 나머지 번뇌에 대해 네 가지 학설이 복잡하게 다 다릅니다. 나머지를 가지고 다섯 가지로 생각하는 것도 있고, 여섯 가지로 생각하는 것도 있고, 여덟 가지로 생각하는 것도 있고, 열 가지로 생각하는 것도 있습니다. 그런데 이것의 정의는 여덟 가지가 정확하다는 것입니다. 조금 전에 아홉 개 외에도 '혜慧'가 들어가야 합니다. '혜'가 들어가면 열 가지가 되고, 여덟 가지를 더 하면 열여덟 가지로 상응되는 것입니다. 유부 삼성변에서는 팔종八種으로 합니다. 근본 '본本'은 네 가지가 있었지만 5변행이 있었고 그 다음에 혜가 하나 더 있습니다. 아홉 개에서 혜를 하나 더 보태어 열 개가 되는데 여덟 개를 더 보태 십팔로 상응한다는 말입니다.

앞에서 말했던 팔식에는 무부무기인데 칠식은 근본 염染인 8염八染 중에 물이 들어 자기뿐 만 아니라 남을 해할 때는 유부무기가 된다는 것입니다. 제 칠식은 유부무기에 속합니다. 자기라는 계에 속하며 세계로 즉 삼계가 있습니다. 우리가 사는 곳은 욕계로 욕심쟁이가 사는 곳이란 말입니다. 남한테 잘 할 줄 모르는 그런 것이 우리의 욕계입니다.

사선천의 색계와 사천의 무색계는 어떻게 사는지 모양이 없으니까 보지를 못합니다. 이것은 선정인데 선정을 좋아하는 곳은 정과 혜를 겸한 것으로 색계입니다. 정이 겸한 것이 선입니다. 선이라고 하는 것은 정만 닦는 것이 아니라 혜가 나와야 선입니다. 선자는 정과 혜가 함께 하는 것이라고 했습니다. 선禪자는 인도말로 선나禪那라는 뜻으로 인도말의 음을 써놓은 것으로 의미가 없습니다. 즉 음을 써놓은 것으로 터닦을 '선'자이지 임의로 써놓은 것은 아닙니다.

옛날 중국 사람들은 제대로 안 듣고 하느님이 시켜서 한다고 했습니다. 천자가 봄이 되면 태산에 가서 제사를 지냅니다. 제사 지내는 것은 백성의 뜻이 이렇다 하면서 대신 혼자서 지내는 것입니다. '하느님 봐주세요.' 하면서 제사 지내고 백성한테는 하느님이 또 이렇게 명령을 했다고 하는 것입니다. 정치도 수단으로 하늘에 고하고 또 하늘의 명령을 전달하는 것입니다. 태산 밑에 운운산 정정산에 조그마한 언덕이 있습니다. 하늘에 제사를 지낼 때에는 축을 쌓아서 제사를 지내고 땅에 제사를 지낼 때는 땅을 깎습니다. 이것은 추한 것을 없애는 형식입니다. 우리가 기도할 때에도 집에 금줄을 쳐서 사람을 못 들어오게 하며 향을 피우는 것은 땅 위에 더러운 것을 없애고 노란 흙이 나오도록 하는 것입니다. 그 다음에 지신한테 제사를 지냅니다. 그것이 터 닦는 것입니다. 봉선奉禪이라고 할 때에 선이란 터 닦는 것인데 동일한 축을 쌓는 것을 봉건이라고 합니다. 그러므로 봉건제도에 선이라고 하는 것은 터 닦는 것입니다. 이것은 인도 말하고는 아무 상관이 없는 것입니다. 인도말에도 선나라는 것이 있으니까 다를 것이 없습니다. 착할 '선'자를 써도 해로울 것이 없고 또 '오'자가 생각나는 것은 섬나라 일본의 '오또상'으로 우리말로 '오'자를 쓰고 '또'자를 써도 일본 말하고는 아무 상관이 없습니다. 중국 제자制字의 원리인 육서六書를 보면 가차와 전주로 이것은 이에 사용하는 글자의 음을 빌려서 표현하는 것 뿐입니다. 이것이 가차문자假借文字입니다. 육서 가운데 선이라는 것은 인도말로 정定과 혜慧의 통합입니다. 정과 혜를 한 몸에 합하는 것을 선이라 하며 선방의 참선하고는 상관없다는 것을 알아야 합니다. 선하는 것에 책임을 넘기는 것입니다.

옛날 중국이나 일본이나 우리나라는 제정일치였습니다. 제사 지내는 것과 백성에게 정치하는 것이 둘이 아닙니다. 제사 지내는 책임이 정치하는 것이고 정치하는 책임이 제사 지내는 것입니다. 일본말로 정치하는 것을 '마쓰리'라고 하는 것도 똑 같은 말입니다. 제사 지낸다는 소리입니다. 제사 지내는 일이 백성 다스리는 일입니다. 팔공산은 신라 때 제사 지내는 산으로 중국의 태산과 마찬가지로 나라의 산으로 제사 지내는 산이라는 것입니다. 심지법사는 팔공산 동화사의 스님인데 신라왕족 출신입니다. 중악中岳(경상도성의 팔공산을 가리킴)에 우거하고 있을 때입니다. 마침 속리산의 영심永心대사가 진표율사의 불골간자佛骨簡子를 이어받아 과증果證 법회를 개설한다는 말을 듣고 찾아 갔으나 이미 기일이 지나 법회에 참여할 수 없었습니다. 그리하여 그는 마당에 꿇어 앉아 예배하고 참회하였습니다. 그렇게 칠 일을 지내는 동안 큰 눈이 내렸지만 심지가 서 있는 곳으로부터 사방 10척에는 눈이 휘날리면서도 내리지는 않았습니다. 승려들은 신이神異하게 여겨 당堂에 들어오기를 허락하였으나 심지는 병을 구실로 사양하면서 여전히 마당에 머물러 있었습니다. 문득 팔꿈치와 이마에서 피가 흘러 마치 진표율사가 선계산에서 피흘리던 일처럼 지장보살은 날마다 찾아 와 위문하는 것이었습니다. 법회가 끝나고 산으로 돌아가는 길에서 그는 깜짝 놀랐습니다. 자신의 옷섶 사이에 두 간자가 끼어 있는 것이었습니다. 영심대사에게 돌아가 아뢰니 영심대사는 말했습니다.

"간자가 함 속에 있는데 어찌 그럴 수 있는가?"

확인해 보았더니 함은 그대로이고 간자는 보이지 않았습니다.

영심대사는 이상하게 여기면서 간자를 겹겹이 싸서 감추어 두었습니다. 그리고 심지는 떠나갔습니다. 심지대사가 도중에서 보니 또 먼저와 같았으므로 다시 영심대사에게 되돌아갔습니다. 영심대사는 탄식하며 말했습니다.

"부처님의 뜻이 그대에게 있으니 그 뜻을 받들라."

심지는 그것을 머리에 이고 산으로 돌아왔으며, 산신이 두 선사와 더불어 그를 맞이하여 산꼭대기로 인도하더니 그 아래 엎드려 삼가 간자를 받는 것이었습니다. 심지는 말했습니다.

"이제 땅을 가려 부처님의 간자를 모시려 한다. 이는 마땅히 우리들이 정할 일이 아니니 그대들은 나와 함께 높은 곳으로 올라가 간자를 던져 계시를 받도록 하자."

그들과 함께 산정에 올라 서쪽을 향해 간자를 던지니 간자는 바람을 따라 날려갔습니다. 신령들은 노래로 회답하였습니다.

가렸던 바위가 멀리 물러나 숫돌 같이 편편해지고
낙엽이 날아 흩어지니 앞이 밝아지누나

불골 간자를 찾아 내어,

정결한 곳에 모시고 치성을 하리라.

노래 부르기를 마치고 숲속의 샘에서 간자를 찾아 그곳에 당을 지어 모셨는데 지금 동화사桐華寺(팔공산에 있는 절) 참당 북쪽에 있는 작은 우물이 그곳입니다. 팔자간자는 구자간자의 본분이고 팔자간자를 개수로 치면 안됩니다. 공산에다가 팔자를 하나 더 올려서 팔공산이 된 것입니다.

제 29 강

계계분별문界繫分別門 (7)

제 7절은 계계분별문의 '수소생소계隨所生所繫'입니다. 계계분별문의 수소생소계는 태어남에 의해서 얽매임이 된다고 하는데 어디에서 태어나는 가를 이야기하는 것입니다. 팔식이 태어나는 장소에는 아치, 아집, 아만, 아애 네 가지 번뇌가 나온다고 했습니다. 몸이 욕계에서 나면 그 자체를 말하는 것으로 팔식이 나는데 칠식은 자연히 매어지는 것입니다. 칠식에는 사종 번뇌인 아치, 아집, 아만, 아애에 얽메이게 됩니다. 어제까지는 태어나는 장소라고 하다가 이렇게 된 것입니다. 그런데 태어나는 장소가 이제 매우 많습니다. 삼계가 태어나는 장소가 되는데 삼계를 세분하면 구지로 나누어집니다. 지난 시간에 구지를 논했는데,

아홉 땅을 말하는 것입니다. 구지를 나누면 첫째는 욕계입니다. 욕계를 다른 말로 오취잡거지라고 합니다.

요즈음 내가 자는 방에 개미가 들어와서 같이 자자고 몰려옵니다. 아주 복잡합니다. 이와 같이 오취가 서로 모여 사는 곳이 오취잡거지입니다. 잡스럽게 사는 것을 뜻합니다. 색계를 가지고 네가지로 쪼갠다고 했을 때 첫째가 이생희락지離生喜樂地입니다. 이생희락지를 초선이라고도 합니다. 왜 이생희락지라고 하느냐 하면 우리 인간들의 욕구에는 성취하고자 함이 있어 추합니다. 성취하고자 함은 곧 추하다는 말인데 또 장애가 많아서 고추장苦麁障이라 그래요. 고추장 이것이 아주 탁하고 욕심도 많습니다. 이생희락지에 가면 고니, 추니, 장이니 하는 것을 떠나버립니다. 이것들이 떠나니 희락이 생기는 것입니다. 즉 즐거움이 생긴다는 것입니다. 여읠 '리離'자 거기에서 약간의 희락이 생깁니다. 그래서 이생희락지라 합니다.

이선천으로 가면 정묘리精妙利라 합니다. 정미로울 '정精'자 하고 묘할 '묘妙'자, 날카로울 '리利'자로 정묘리를 희구하는 것입니다. 이선천에서는 정묘리를 구하니까 고와 추와 장을 여의게 됩니다. 그래서 이선천을 정생희락지 定生喜樂地라 합니다. 정생희락지에 정이 생기니까 또 이생희락지보다 한층 더 올라가는 것입니다. 비로소 정묘리에 들어가는 것입니다. 조금 더 들어가면 삼선천에 가게 됩니다. 이희, 희락 이것을 또 여여진일보 할 때 이희는 여기서 희락으로 좀 더 나아가는 것입니다. 그 다음에는 사념청정지捨念淸淨地라하여 자꾸 여여진일보 하는 것입니다. 여기서 염을 여의는 것을 사념청정지라고 합니다. 이렇게 나가는 것이 순서에 맞는 것입니다. 그렇게 진일보해서 나가는 것입니다.

이것은 전부 선이지만 달마선과는 다릅니다. 이것은 추념해서 세념으로 자꾸 들어갈 뿐 무념까지는 못갑니다. 추념에서 세념으로 가면 그칩니다. 초선천에 들어가기 전에 욕계 육천이 있습니다. 욕계 육천은 우리가 색계 삼천에 올라가는 사다리 노릇을 하는 곳입니다. 자꾸 올라가면 욕계에는 육천이 있고 욕계 또한 색계와 합하면 십팔천이 됩니다. 초선천에 삼천, 이선천에 삼천, 삼선천에 삼천으로 삼삼은 구가 되는데 사선천에 가면 구천이 나옵니다. 무색계에 가면 공무변, 식무변, 무소유, 비상비비상천이 있고 욕계 육천하고 색계 십팔천하고 무색계 사천까지 모두 이십팔천이 됩니다. 그러니까 소천에만 수미산과 같은 중심을 둡니다. 수미산을 중심에 두고 모여있는 칠금산등을 소천이라 합니다. 소천을 천개를 모아놓은 것을 소천세계라 하고 소천세계가 천개 모이면 중천세계이고 중천세계가 천개 모이면 대천세계라 합니다. 그런데 초선천만 하더라도 욕계가 천개나 됩니다. 그런데 사선천 안에는 욕계가 마음 맞는 것이 있단 말입니다. 우리는 보통 백억이라고 하는데 사실은 만 단위가 됩니다. 숫자 영이 아홉 개인 것이 삼천대천 세계가 됩니다. 이것을 한 불국토라 합니다. 즉 불국토 하나를 대천세계라 하는데 대천세계가 열 개면 십삼천대천세계로 삼천대천 세계가 열 개라는 소리입니다. 그런데 여기 불국토에서 석가모니가 교화를 한단 말입니다. 내가 그 화장세계가 있는 책을 가져 왔는데 운문사에서 강의할 때 복사해서 여러분에게 나누어 주라고 했습니다. 그것을 받았으면 언제든지 써먹을 수 있습니다. 여기 직지사에 이렇게 건물을 지어놓으니까 써먹잖아요. 우리가 반드시 무엇을 해놓으면 그것이 공이 있는 것입니다. 공이 이만저만 한 것이 아닙니다. 내 소리도 들으면 대단치 않아도 성불할 때 밑천이 되는 것입니다.

다음에 무색계가 있습니다. 여기 사천이 또 나옵니다. 그것은 다 아는 것입니다. 이것은 한국에서 하는 달마선과는 다릅니다. 추념麁念해서 세념細念으로는 들어가되 무념無

念에는 들어가지 못하고 세념에서 그치고 맙니다. 그러니까 저 비상비비상천이라 하더라도 세념에서 끝이 나며 무념까지는 가지 못합니다. 세념이란 지난 시간에 공부했던 번뇌망상을 자꾸 모아서 종자로 심은 것을 말합니다. 그것이 자꾸 들락날락하면서 생명에 영향을 준다는 것입니다. 그것을 좋아하여 우리가 깨지 못한 무명으로 받아들이는 종자를 다른 말로 식이라 합니다. 결국 식이 안 좋아서 야단입니다.

그런데 유식에서는 언제든지 윤회하는 것은 깨닫지 못한 무명으로 귀신 모양으로 지내다가 변해서 자꾸 나온다는 것입니다. 진여가 그 속에 들었다고 그랬습니다. 진여는 그 속에서 지내는 동안 벌레가 되거나 사람이 되어도 그대로 있는 것으로 줄어드는 것도 아니고 느는 것도 아닙니다. 그래서 윤회하는 것은 깨지못한 상태의 식인 무명이라 합니다. 그것이 여기서는 원각자리입니다. 다시 말하면 원성실성이 윤회한 것이 아닙니다. 이것은 깨닫지 못한 것을 어느 정도 받아서 전체적으로는 못쓰고 부분적으로 쓰는 것입니다. 그래서 우리가 전체를 모르고 자꾸 돌아다니는 이유입니다. 이 아뢰야식과 무명은 성불하는 과정입니다. 이것이 뚝 끊어져서 사그라지면 부처가 되는데 그것이 쉽지 않다는 것입니다. 저 귀신 눈에도 진여가 있다는 것은 모릅니다. 오직 무명을 깨쳐 연기의 세계를 인식하는 것입니다.

달마선을 살펴보면 우선 두 가지가 모여 있습니다. 정과 혜의 통칭이라 했습니다. 달마선에서 먼저 정과 혜를 해석합니다. 우리나라에서는 보조스님이 유명합니다. 무엇을 정이라고 하는가? 유식에서 얘기하는 것과 마찬가지입니다. 문제는 육근과 육경입니다. 육근 육경이 자꾸 오고가고 해서 고생을 합니다. 육근 육경 밖으로는 못 가봤다고 했습니다. 육근이 육경을 반연하므로 밖에 있는 것이 능선으로 한 곳에 딱 붙어야 됩니다. 그런데 갈라져서 문제입니다. 근과 경이 나누어져 자꾸 실물처럼 되는데 성불하기 전까지는 어디서 연기를 깨치는 가를 살펴봅니다. 깨닫지 못해서 육근과 육경 속에서 반연하는 그것이 여기에 들어가게 됩니다. 육근은 밖으로 나가고 육진은 밖으로 나가지 않고 그대로 있습니다. 그것이 여기에 들어와 있습니다. 들어왔다가 또 나가기를 경계에서 왔다갔다 할 뿐 경계 밖에는 못 나가는 것입니다. 꿈꾸는 것과 마찬가지입니다. 꿈 생각이 일어나면 꿈 속에도 밖에 경계가 있고 외경이 있고 내심이 있는 것과 같습니다. 단지 꿈 속에서 경계와 꿈의 근경이 왔다 갔다 했지 꿈 밖에는 못 나가는 것입니다. 무명속에서 꿈 꾼 사람이 꿈 속에서 놀 듯이 육근이 정定이 되지 못하고 육경을 있는 그대로 받아들입니다. 육근과 육경이 있는 그대로 받아들여서 왔다갔다했을 뿐입니다. 밖으로 한 번도 못나갔습니다. 육근으로 합하든지 육경으로 합하든지 하면 됩니다. 육근이 육경과 합하여 하나가 되는 것을 정定이라고 합니다. 여기 경계를 타고 앉아서 마음을 내는 것은 진여심이 아닙니다. 반연한다는 것은 근과 경이 왔다갔다하는 것으로 안에 있는 육근이 밖에 있는 육경을 끌어들여서 이놈이 가든지 저놈이 오든지 하나가 되어야 합니다. 둘이 대립해서는 안 됩니다. 근으로 합하든지 경으로 합해야 됩니다. 그래서 선 할 때 경계만 남고 실체가 없다는 소리가 나오는 것입니다.

임제종에서도 같은 소리를 합니다. 육근이 육경과 합하여 하나가 되는 것을 정이라 합니다. 근과 경이 떨어져서는 안됩니다. 육근이 육경과 합하여 한 덩어리가 되는 것은 진여심이고 반연해서 두 덩어리로 상대가 되어 왔다갔다하는 것은 망심입니다. 하나가 될 때 그것을 정이라 합니다. 그 다음에 '심경이후무心境而後無'해야 심은 안에 있고 경계는 밖에 있는 것입니다. 여기서 근경이라고 하는 것은 근과 경으로 심경이라 쓰고 있습니다. 후무해야 '조감무흥照感

無興'이라, 심경이 후무後無해야 됩니다. 이것이 대립하면 식이 됩니다. 화두를 들 때 심경이 후무해야 몸에 경계가 없어집니다. 육근과 육경이 없어져 아무 것도 안 보이게 되는 것입니다. 심경이 후무해야 능히 모든 일에 성심을 다하여 화두를 드는 사람이 신信을 발 해가지고 근원자리로 돌아가면 허공이 사라집니다. 실개소운 하는 것을 보아야 됩니다. 상당할 때는 최소한 이런 경계를 체험해야 하는 것입니다. 자꾸 망상을 따라 왔다갔다 하면 그것은 생사에 윤회하는 것입니다. 따라서 왔다갔다하는 것이 화두와 하나가 되어야 하는데 화두라는 소所가 따로 있고, 능能이 따로 있으면 안 되는 것입니다. 언제든지 주관객관이 합해서 작용이 되든지 화두를 따라가서 합하든지 화두를 떼어 가지고 합하든지 하나가 되어야 하는 것입니다. 하나가 되어야 하는데 화두 드는 사람 따로 있고 드는 화두 따로 있으면 되겠습니까?

이야기가 자꾸 벌어지는데 옛날에 우두 법륭선사라는 사람이 농서지방에서 토굴을 짓고 혼자 공부하고 있었습니다. 어느 날 한 농부가 보니 선사가 토굴에 들어가는 것은 분명히 보았는데 며칠을 공부를 했는지 나오는 걸 보지 못했습니다. 그런 우두 법륭선사가 도신대사를 한 번 만나려고 그랬는데 아예 만날 수가 없었습니다. 요즈음도 토굴을 짓고 공부하는 사람들이 많습니다. 그 무슨 망상을 부리고 앉았는지 알 수가 없습니다. 나는 천축사 무문관에 들어앉아서 6년 동안 가만히 낮잠 자다가 나왔습니다. 아무도 간섭하는 사람이 없어 낮잠 자기 아주 좋았습니다. 혼자 있는 것이 참선 공부 잘하는 것 같아도 실제로는 안되는 것입니다. 대중하고 같이 있으면서 공부를 해야되는 것입니다. 하다못해 도인이 없으면 오래된 뱀이라도 재주를 부리는 것입니다. 뱀도 오래 되면 재주를 부리고 너구리도 오래되면 재주가 생기고, 개도 십 년을 키우면 사람이 자기를 잡으려고 하면 알고 달아납니다. 닭도 삼 년 이상은 먹이면 안 된다는 것입니다. 다른 모양으로 변하는 것입니다. 닭 몸뚱이가 헛간에서 뱀으로 변하는 것을 보았습니다. 개도 십 년이상 살면 변한다는 것입니다. 도신대사가 하루는 어느 곳을 지나가다가 거름 무더기 같은 곳에 그림자가 서려 있는 것을 보고 이상하게 여겼습니다. 그래서 돌 무더기를 지나고 물을 건너 봉진노전이라는 그곳을 일부러 찾아갔습니다. 찾아들어가니까 컴컴한 굴 속에 나무 같은 것이 있어서 쿡 쑤시니까 무엇이 움직이는 것입니다. '여기 들어앉아서 무엇을 하느냐?' 하니까 '마음을 관하고 있다.'고 합니다. 도신대사가 관觀자를 써서 '관하는 놈은 누구며 어떤 물건이냐?'고 묻습니다. 물건이 있어 두 개로 나누어져서 관하는 놈이 있고 관해지는 놈이 있는데 관한 놈이 어떤 놈이며 심시하물心是何物고, 마음을 관하는 놈이 어떤 물건인고? 하니까 콱 막혀버렸단 말입니다. 그러자 도신대사가 다시 묻기를 여기 앉아서 누구한테 배우느냐고 하니 그 수좌는 혼자서 한다고 했습니다. 이렇게 혼자 공부해서 되겠느냐고 꾸중을 하자 수좌가 대답하기를 공부를 배울려고 도신대사를 아무리 찾아다녔지만 어디에 있는지 알 수가 없었다고 하면서 혹시 도신대사 계신 곳을 아느냐고 묻습니다. 그러자 도신이 바로 나다라고 하면서 도대체 여기서 뭘 먹고 공부하느냐고 물으니까 낮이 되면 까마귀, 까치가 가져다주는 과실 같은 것을 먹고 지낸다고 합니다. 남천시에 있는 어떤 농막을 찾아가니까 미리 올 줄 알고 이놈들이 생사를 꿰뚫은 것입니다. '까마귀 까치한테서 네가 상을 받는구나. 까마귀, 까치가 잘 한다고 과실 가져다 주는 것이 아니라 너를 놀리는거야 이놈아. 알겠느냐?' 그리고는 떠났습니다. 도신대사를 만나기 전까지는 까마귀 까치가 과실을 물어다 주었는데 그 날부터는 아무것도 없었습니다. 도신대사를 만나 화두를 제대로 알고 나니까 까마귀 눈에 수좌의 모습이 안 보였던 것입니다. 이제는 원숭이 뿐만 아니라 어떤 짐승의 눈에도 안 띄게 되는 것입니다. 이런 공부를 해야된다는 것입니다. 도신대사를 일찍이 만났으면 그런 일이 없었을텐데 말입니다. 이것이 귀신한테도 안 되는데 까마귀 눈에 보였던 것입니다. 실제로 화두를 들어 '구자무불성拘子無佛性' 하든지 '정전백수자庭前栢樹子'를 들면 달마가 깨친 것과 조주고불이 깨친 것이 다 들어 있습니다.

만약에 머리가 아프든지 배가 아프든지 해서 약을 먹으면 약기운이 병을 녹이듯이 화두도 그렇게 되는 것입니다. 그 놈을 들면 이미 근경이 다 사그라집니다. 심경이 구경이 되어 근과 경이 사그라지니까 환한 빛만 하나 뿐인 것입니다. 환한 거울처럼, 거울에 먼지를 닦아놓고 발로 밟으면 뿌옇게 됩니다. 거울은 있는대로 비추어 사람이 있으면 사람을 비추고 개가 있으면 개를 비추는 것을 '혜慧'라 합니다. 조감무흥照感無興이 되어야 합니다. 화두를 드는 것만이 공부입니까? 화두가 없을 때도 공부가 되어야 합니다. 나중에는 화두가 근경에 남으면 그것이 밧데리가 되는데 만약 우리 눈에 공기가 보여 돌처럼 보인다면 어떻게 돌아다니겠습니까? 머리가 부딪칠까 봐 못 다닙니다. 그러나 전부 공해 버립니다. 종자가 되지 않고 전부 공하기 때문에 몸도 그렇게 됩니다. 공부가 처음부터 잘못되면 평생해도 소용없고, 못 배우면 그것도 마찬가지입니다.

해인사의 백운 스님은 나이 60세를 넘어 장좌불와를 했다고 자랑했던 스님인데 성철스님 밑에 있으면서 어떻게 그런 사람이 나왔는지 모르겠습니다. 장좌하면 깨쳐야 되지요? 몽둥이로 패든지 해서 고쳐 놓아야지 아무리 장좌불와를 해도 소용없고 토굴 짓고 혼자서 아무리 공부해도 소용없고 어두움이 없는 성자도, 도사스님이 되어 만나도 그것은 외도입니다. 아무리 공부를 잘 해도 깨친 사람에게 인가를 받기 전에는 외도이지 불교가 아닙니다. 그 동굴 속의 수좌도 도신대사를 만난 다음에 비로소 제대로 사람 구실을 하게 되었단 말입니다. 그래서 달마선에서 공부하는 것은 소승에서 하는 것과 근본적으로 다릅니다.

내가 며칠 전에 여기서 선문염송을 강의했습니다. 달마선에서 공부 잘 한 사람이 그 업보에 따라서 송한 것을 모아 놓은 것이 염송입니다. 염송 강의를 할 때 첫머리에 미리도솔래未離兜率來란 말이 나오는데 바로 석가모니가 도솔천에서 내려왔다고 그랬습니다. 미리도솔래는 도솔천을 떠나기 전에 이강왕궁已降王宮하여 이미 왕궁에 내려왔고 미출모태未出母胎하야, 마야부인의 배 속에서 나오기 전에 도인이필度人已畢이라, 중생제도하기를 다 마쳤다는 것입니다. 이렇게 이야기 하는데 육식이나 칠식을 가지고 그것을 따지겠습니까? 그런 소리는 '식' 밖에 소리요. 식이 터진 다음에 나온 소리인 것입니다. 둘째는 세존이 '견명성오도見明星悟道'하였다고 했습니다. 부처님이 밝은 별을 보고서 도를 깨쳤다는 것입니다. 거기에 대해서 '송'한 것이 있는데 바로 염송입니다.

예를 들어서 휴가를 내어 집으로 가는데 귀성길이 꽉 막혔다는 이런 뜻입니다. 세상 사람들은 석가모니가 납월팔일 새벽에 저 동천에서 떠 있는 별을 보고 마음이 탁 열렸다고 했습니다. '인견명성몽변해因見明星夢辨解'라 하는 것은 사람이 밝은 별을 봄으로 인해서 문득 꿈을 돌이켜 분별에서 벗어났다고 하면 이해가 됩니까? 별을 보고 그렇게 한 것입니다. 밝은 별을 보는 것으로 인해서 견성했다고 하면 이 사람도 마찬가지입니다. 별을 보고 견성하는데 밑천이 되는 것이 아닙니다. 앞에서 십 년 장좌한 것이 헛수고라고 했습니다. 깨치지 못하면 헛손질이니 십 몇년 못 깨고 바늘 귀에 헛손질을 했단 말입니다. 장사할 때 밑천드는 것처럼 말입니다. 바늘 꿰는 데 밑천 드는 것이 아니지요. 그

놈 헛손질한 것이 원인이 되어 견성했다고 하면 말이 안 되는 소리입니다. 밝은 별을 보는 것으로 인해서 견성했다고 하면 이 사람도 마찬가지입니다.

'천재도개매千載桃改梅'란 천 년 묵은 복숭씨에서 매화가 나왔다는 얘기입니다. 즉 천 년을 묵은 복숭씨에서 매화가 나왔다는 것입니다. 그것은 귀신 눈에서 진여가 연계했다는 것인데 말이 안됩니다. 진여가 연기해서 중생이 되었다면 나중에는 부처로 변했다가 다시 중생이 되라는 것인데 그건 말이 안된다는 것입니다. 그래서 나무꾼이 나무를 보고 '어이쿠 도깨비다' 하는 것처럼, 나무가 도깨비 되는 법은 없습니다. 나무는 언제나 나무이지 도깨비로 보면 망령이 되는 것입니다. 돌을 보고서 어이쿠 호랑이다 하는 것처럼 돌이나 나무가 도깨비나 호랑이가 된다는 것은 아닙니다. 그렇게 되는 것을 당체라 합니다. 그 물건이 그대로 되는 것은 이치입니다. 이치 '치治'라는 것은 나무넝쿨이 도깨비가 된 것은 아니지만 도깨비를 보는 밑그림이 된다고 할 수는 있습니다. 그것을 이치라 합니다. 그것으로 인해서 착각을 하는 것은 되지만, 그것이 그 놈이 되는 것은 아닙니다. 그것이 그 놈 되는 것을 가지고 진여가 연기한다 하면 안 된다는 것입니다. 말은 되는 것 같아도 진여의 입장에서 맞는 말이 아닙니다. 만약 진여가 변해서 중생이 된다고 하면 틀린 것입니다. 진여는 절대로 변하지 않습니다. 유식의 종지인 진여는 벌레 속이나 사람 속이나 나무 속에서나 절대로 변함이 없이 그냥 그대로 있다는 뜻입니다. 밑도 끝도 없이 망녕이 덮였을 뿐이지 변하는 것은 아닙니다. 이것은 변계소집성遍計所執性이 언제든지 윤회하는 것으로 원성실성은 그냥 있다는 것입니다. 이 말이 맞지 않고 이해가 되지 않는 것 같아도 나중에 보면 그렇지도 않습니다.

제 30 강

제 팔식 존재의 증명

제 팔식은 대승에서 말한 것이기 때문에 존재의 증명에 대해서도 대승경전에 언급되어 있는 것을 바탕으로 해야 합니다. 먼저 '대승아비달마계경'에 보면 무시시래계無始時來界 일체법등의一切法等依 유비유제취由比有諸趣 급열반증득及涅槃證得이라. 제 팔식은 무시이래로 일류상속해서 일체 제법에게 인이 되며 또한 연이 됩니다. 이와 같이 이 식은 능히 일체 제법의 인연이 되기 때문에 유정의 유전과 환멸이 행해지는 것이라고 합니다. 그러므로 깨달음을 성취했다 해도 이 식이 없으면 안 되는 것입니다.

둘째 해심밀경에서는 아타나식기심세阿陀那識其深細 일체종자여폭류一切種子如暴流 아어범우불개연我於凡愚不開

演 공피분별집위아恐彼分別執爲我라. 제 팔식이 일체의 종자를 집지해서 제법을 현행을 시키는 것이 매우 깊으므로 부처가 중생에게 개설치 않는 것입니다. 만약 개연하면 중생은 그것을 실아라고 잘못 집착하기 때문에 개설치 않는 것입니다.

견성을 한 사람이 요즘 사람들에게 권하는 말이 '천년도래당천래千年到來當千來'입니다. 이것은 어려운 소리가 아닙니다. 그것이 인이 되어 견성하는 것이 아니라 공부하는 것은 따로 있습니다. 내가 여러분에게 권하는 것은 견성입니다. 어떤 농부가 농사짓다가 저 산에서 토끼가 내려와서 암놈 숫놈이 농부 옆에서 죽었다고 '천년도래당천래' 하면 안됩니다. 옛 사람이 했으니 나도 그렇게 해야겠는데 사람마다 체질이 다릅니다. 다른 사람이 먹어 어느 정도 나았다고 나도 그렇게 되는 것이 아닙니다. 그 사람이 견성성불해도 나는 복잡합니다. 병이 있어 이 약 저 약 다 먹었으면 난 죽었을 것입니다. 체질이 다른데 어떻게 다 똑같을 수 있습니까? 그러나 체질은 다르지만 잘만 하면 깨칩니다. 진여도 마찬가지입니다. 아집을 가지고 하면 공부가 안 됩니다. 아집을 놓고 해야지 아집을 그대로 둔 채 공부하면 '천년도래당천래'라는 이 소리가 해로울지도 모르겠습니다. 이것과 같은 소리로 '탁' 치는 것입니다. '틀렸다' 하는 것은 여러분 몸은 마음의 찌꺼기란 것입니다. 조갱이라고 하는 것은 국맛을 보는 것으로 정성으로 해야 됩니다. 조갱은 임금이 백성을 조정할 때 국맛 조정하듯이 백성을 조정한다는 뜻입니다.

복숭아와 매화의 이야기를 할 때 복숭아가 매화 되었다고 하는 것은 있을 수 없는 일입니다. 복숭아일 때 무명 속에서는 깨는 기운이 없습니다. 무명 속에는 깨는 기운이 없기 때문에 복숭아를 무명에다 비유한 것입니다. 복숭아와 부처님이 깨는 것은 다릅니다. 즉 성불하는 것은 다릅니다. 복숭아가 매화 되는 것은 말도 안 되는 소리입니다. 여러분이 잘 모르고 하는 소리입니다. 이제 부처님은 북방에서 공부 안 하고 따뜻한 남부지방으로 한 사람 한 사람 찾아갔습니다. 부처님이 깨달은 법을 전파하러 간 것입니다. 하늘이 잘 하고 잘 못하는 것이 아니라 내가 자진해서 화복禍福을 구하는 것이 불교의 윤리입니다. 중동지역에는 하느님을 있다고 가르칩니다.

매실에서 매화가 나온 것은 맞고 복숭아에서 나왔다는 것은 틀린 소리입니다. 한 번 들어보세요. 선생님 말씀은 앞뒤가 맞지 않다는 것입니다. 같은 일을 하면서 착한 제자는 착한 일 받고 우리가 하는 일은 고행이 아닙니까? 똑 같은 뜻으로 고행을 해서 락을 받는다는 것은 같은 말이 아닙니다. 스승이 대답할 수가 있어야 하는데 고행을 해서 락을 받는 것은 복숭아에서 매화가 나오는 소리와 다릅니다. 이것을 이해해야 합니다. 그렇지만 매화를 보고 부처님이 도를 깨쳤다는 소리가 전혀 이익이 없는 것이 아니라는 것입니다. 잘 먹고 잘 사는 사람에게는 당치 않지만 가난한 사람, 밥 못 먹는 사람에게는 조그마한 것에도 이익이 있단 말입니다.

조조가 수십만 대군을 거느리고 적군을 치러 가는데 군인들이 목이 타서 더 이상 행군을 할 수가 없었습니다. 그러자 조조가 능선만 넘어가면 매실 밭 수천 평이 있는데 빨리 가서 매실을 따먹자고 군인들을 설득하여 진군을 했다는 것입니다. 매실 나무의 소리가 깨달은 사람에게는 그 소리가 그 소리 같지만 깨닫지 못한 사람한테는 득이 된다는 것입니다. 욕계, 색계는 알아도 그만, 몰라도 그만입니다. 여기서는 팔식, 칠식이 어떻게 작용하느냐는 것입니다. 책 291페이지 아뢰야식에서도 삼위三位가 나왔습니다. 일一위, 이二위는 유루有漏이고 제 삼위는 무루無漏입니다. 294페이지 11절을 읽어보면 이교二教와 육리六理를 잘 알 것입니다.

요경능변了境能變

전육식과 제 육식이 다르고 통通팔식과 제第 팔식이 다릅니다. 제 팔식 할 때는 여덟 번째 제 팔식이지만 통팔식은 전부를 묶어 놓은 것입니다. 도표는 칠단이 있는데 여기서는 단이 줄어 9의義가 되었습니다. 앞의 2종의 능변은 종종으로 차별이 되어 일문으로 들어갈 수 있다는 것입니다. 일문을 일문으로 차별합니다. 안근으로 보아 색경이라 할 수 있습니다. 성경을 가져가도 안식에서는 통하지 않습니다. 의근득명依根得名이 통하지 않는다는 말인데 이근은 이근이 인지할 수 있는 인에만 통합니다. 귀로 듣는 것밖에 못하는데 벌레들은 우리만 못하여 촉각 하나만 가지고 눈, 귀를 대표합니다. 중생이 사는 것을 보면 각자가 다 다릅니다. 바다에 가면 새우 처럼 생긴 것이 침이 없어도 다른 생물을 뜯어먹는 벌레가 있습니다. 그 놈은 소와 뱀의 피를 빨아 먹으니 침이 있을 필요가 없습니다. 그래서 이 세상의 물정을 저승에서는 못 써먹습니다. 하나를 깨달은 사람은 듣는 것이 마음이고 보는 것이 마음으로 생명이 하나임을 알아요. 밥먹는 생명 따로, 옷 입는 생명 따로 있는 것이 아닙니다.

다음 페이지로 넘겨 제 2절에 보면 체와 용의 자성은 체라고 되어 있습니다. 제 육식에서 눈은 모양을 구별하고 귀는 소리를 구별합니다. 경계를 아는 것은 관여하는 것으로 상을 삼기도 합니다.

제 3절에서 삼성분별은 선, 불선, 무기를 이야기하고 있습니다. 또 제 4절에서는 전육식에 대해 상응하는 것은 심소라고 했습니다. 심왕은 몇 개입니까? 전육식 여섯 개와 말나식과 아뢰야식으로 심왕은 여덟 개인데 심왕에 상응하는 것이 심소라고 했습니다. 여기에 전육식에서 심왕에 상응하는 심소는 51개입니다. 이것을 가지고 요경식了境識이라고 합니다. 요경식은 전육식에서 요경하는 것입니다. 전육식이 요경하는 것은 제 팔식과 제 칠식에 비하여 수승합니다. 그래서 전육식을 요경이라고 하는데 꺼끄러운 경계로 추조한 경계라 합니다. 그리고 육위를 다섯 가지 종류로 나눠서 이야기합니다. 육위는 변행遍行, 별경別境, 선善, 번뇌煩惱, 수번뇌隨煩惱, 부정不定을 말합니다. 이것이 수 즉 삼수와 상응하는데 너무 복잡합니다. 종자에서 이런 것들이 나온 것입니다. 전육식이 한 번 일어나느냐 안 일어나느냐가 문제입니다. 오늘은 '선, 불선, 무기' 까지 공부하고 나머지 부분은 다음 시간에 하겠습니다.

제 31 강

유식공부와 도

실제로 유식은 세밀하게 들어가게 되면 아주 복잡합니다. 그래서 나중에 원망을 할까 봐 변명을 좀 해야 되겠는데 유식에 대한 설명은 안 하고 자꾸만 딴 얘기만 한다고 하지마세요. 유식은 전문분야로 아주 복잡합니다. 우리가 그렇게까지는 알 필요가 없습니다. 전공을 하려면 그럴 필요가 있지만 참선하는 사람들에게는 대강만 해도 됩니다.

내가 40세까지는 보통으로 살았는데 가만히 생각해보니까 이래서는 안 되겠다는 생각이 들어서 다시 발심을 했습니다. 내가 40세 전에도 이런 것을 주장 하지는 않았지만 실제로 마음을 살피는 공부는 했습니다. 그런데 제가 자꾸 끌려다니기만 하고 저 밖으로 나가지 않아서 40세에 다시 발심해서 산중으로 들어갔습니다. 그 중간에 해인사에서 만난 스님으로 마을에서 학원 원장노릇 하다가 절에 와서 중론을 강의했습니다. 스님의 이름을 우봉신이라고 불렀습니다. 그 스님이 내가 유식을 안다고 그랬던 모양입니다. 그래서 사람들이 나를 찾아와서 강사가 어떻게 유식을 아느냐고 했습니다. 내가 유식은 천재라도 안 배우면 모른다고 말했습니다. 또 유식은 참선을 한다고 아는 것이 아닙니다. 이것은 배워야 아는 것입니다. 안 배운 참선자들은 잘 모르는 것이라고 그랬습니다. 이것은 남을 비방할 때를 알고 비방을 해야 됩니다. 무엇이든지 한 가지만 골똘히 알아도 됩니다. 그런데 한 가지를 골똘히 해서 아는 것이 쉽지는 않습니다. 이 소리가 쓸데없는 소리 같지만 들어보십시오.

내가 유식을 배울 적에 한 번에 알게 된 것이 아니라 듣고, 또 듣기를 3~4차례 연속해서 들었습니다. 그렇게 반복해서 안 들으면 모르는 학문입니다. 다른 사람이 볼 때는 저 사람은 학점이 모자라서 또 다니는 줄 알지만 학점은 따 놓고 했습니다. 그렇게 하지 않으면 모르는 것입니다. 그렇게 노력해서 아는 학문인데 참선한다고 알아지는 것이 아니란 말입니다. 이것은 전부 통해서 하는 것이 아니고 쪼개서 하는 공부입니다. 이제 여러분한테 부탁하고 싶은 것은, 무엇이든지 한 가지를 꾸준하게 반복하라는 것입니다. 이 말은 내 경험입니다. 유식은 한 번만 듣고 그만 두는 것이 아니라 듣고, 또 들을 수록 알아지는 것이 있습니다. 그래서 남한테 배울 때도 한두 번 해서 되는 것이 아닙니다. 이런 소리 하면 우습지만 우봉신 같은 사람이 세상에 많습니다. 자신은 해보지도 안 하고 덮어놓고 남을 비방하는 것입니다.

당나라 때 한퇴지가 그런 류의 사람입니다. 또 당나라 헌종 때 김건포라는 관리가 있었습니다. 천자인 헌종이 저 봉상사에 탑을 세워 부처님 정골을 모시고 직접 절을 했단 말입니다. 그런데 절을 하니까 '아! 천자의 위신으로 그럴 수가 있습니까?' 하며 못하게 합니다. 부처는 딴 사람이 아니라 평생을 빌어먹은 사람인데 살아서 우리나라에 들어온다 해도 그저 국밥 한 그릇 주고 떨어진 옷 한 벌 주면 족할 그런 부처에게 천자가 절을 한 것입니다. 내가 아주 어릴 적에 읽은 책인데 읽으면서 책이 이상하다고 생각했었습니다. 청량한 위인으로 살아있는 것도 아니고 더구나 뼈다귀에게 절을 하면서 그런 비방을 늘어놓는 것입니다. 그때 한퇴지(한유)라는 사람이 형조판서로 있었습니다. 형조판서는 요즘 말로 법무장관입니다. 그것도 젊은 사람이 천자가 그렇게 하면 안 된다고 대들다가 그만 삭탈 관직을 당하고 조주로 귀양을 갔습니다. 그래서 태전선사가 한퇴지와 얘기나 좀 할까 싶어서 교두로 한퇴지를 찾아 갔단 말입니다.

여러분은 이 이야기를 재미로 듣지 말고 의미있게 들어보세요. 그전에 벌써 태전선사도 한퇴지와 같은 족속인데 면천한 사람입니다. 한퇴지가 비록 귀양을 갔더라도 형조판서까지 지냈던 사람이므로 받들어야 될 텐데 좀 이상한 방법으로 대하는 것입니다. 또 한생이란 사람도 매일 한퇴지를 비방하고 다닙니다. 그래서 하루는 한생을 불러 '네가 그럴 수가 있느냐?'고 야단을 쳤습니다. 내가 나이로 봐도 너보다 많고, 항렬을 봐도 너보다 높고, 지위를 봐도 형조판서를 지냈는데 네놈이 다니면서 날 비방하고 그러느냐 하니까 '에이, 아저씬 암만 그래도 나보다는 못해요.' '그래, 네가 나보다 나은 것이 뭐냐?' 하니까 '나는 회조준순주會造逡巡酒하고 능개경각화能開頃刻花를 할 수 있다' 고 합니다. 알 '회會'자 지을 '조造' 자로 준순의 술을 만들 줄 알고, 명령만 하면 한 순간에 경각화頃刻花를 피울 수 있다는 것입니다. '준순주' 한다는 것은 즉 술을 담구면 몇 달을 삭히고 나서 먹는 것인데, 그래, 네가 그런 능력이 있다고 하니 '이 자리서 술을 만들어보라.'고 한 것입니다. 지금 바로 능개경각화能開頃刻花라. 준순주를 경각에 할 수 있다고 했으니 만약 못하면 너는 매를 맞을 것이다 하였습니다. 그래서 하인을 불러 콩이나 팥을 가져오라고 하여 네가 개경각화開頃刻花를 한다고 하니까 한 순간에 꽃을 피게하라고 합니다. 꽃은 봄에 피어서 열매 맺는 것인데 그 자리에서 꽃을 피게 한다는 것입니다. 그러자 땅을 어기적어기적 파헤쳐 씨앗을 내더니 곧 그 씨앗이 손에서 떨어져나가니 싹이 나오는 것입니다. 그 싹을 자세히 보니까 잎에 무슨 글구가 하나 써 있었습니다. '운현진영진가정雲現秦嶺陳家停'이라, 집이 깊은 구름에 갖혀 진현에 있는데 설은만경마부진雪銀萬境馬不進이라, 눈이 만자나 쌓여있는데 말이 눈에 빠져 빨리 앞으로 가지를 못합니다 하는 내용이었습니다. 한퇴지는 헌종 때도 몇 해를 그 장난을 하다가 쫓겨 조주로 간 것입니다. 초가을에 떠나서 겨울이 되도록 그 말을 타고 갔단 말입니다. 하루는 눈이 펑펑 오는데 갈 길은 멀고 여관은 보이지 않고 난교라는 다리만 보이는 것입니다. 여관이 어디쯤에 있는지 도무지 알 수가 없고 혹 저 재를 넘어가면 잘 곳이 있을 는지 모르겠다고 생각했습니다. 말을 타고 지나가는데 눈에 푹푹 빠진 다리가 난교라는 것입니다. 태산준령인데 앞의 고개는 진영이란 재였습니다. '운현진영진가정'이라, 구름 가득 한데 어느 곳에 여관이 있는가 말입니다. '설은만경마부진'이라, 눈은 만자나 쌓였는데 말이 앞으로 가질 못하고 푹 빠졌다는 것인데 참 희한한 이야기지요? 그래서 한탄을 하면서 글을 채우는 것입니다. 한퇴지는 백 번 죽어도 임금한테 충성을 한다는 것입니다. 그래서 조주로 귀양을 간 것을 기록 했던 것입니다. 한퇴지는 사실 그곳에 가서 불교를 어떻게 하든지 망쳐야겠다는 생각을 한 것입니다. 그래서 부임하는 핑계로 그곳에 간 것 입니다. 관헌에 있는 이방을 불러서 이 곳에 예쁘고 얌전한 여자는 없는가? 하면서 미인계를 쓰려고 했습니다. 그러자 이방이 하는 말이 '이 곳이 그래도 가장 큰 고을인데 미색이 없겠습니까?' 하면서 홍련이란 기생이 있는데 아주 예쁘다는 것입니다. 여기서 서쪽으로 약 5~60리 가면 태릉산 너머 축령봉이 있는데 축령봉 아래서 숯돌장사하는 홍련이라는 기생을 시켜 어떻게 하든 유엄스님을 파계 시키면 큰 상을 주겠다고 밀약을 한 것입니다. 그래서 홍련은 태전스님을 찾아가서 3년 동안 온갖 짓을 다 했습니다. 처음엔 늙은 스님께서 덕이 높으시다는 소문을 듣고 배우러 왔다고 하면서 남장을 하고 삼평인가 하는 아이와 함께 노스님을 시봉했습니다. 태전스님이 봄이면 산에 가서 나물을 뜯고 나뭇가지를 주워서 불을 때야 하는데 할 수 있느냐고 하니까 할 수 있다고 하면서 그렇게 3년을 지냈던 것입니다. 어느 때에는 삼평이 하고 한 방에 자기도 하고 또 바로 태전스님 옆 방에서 자는 것입니다. 어떤 때에는 이 여자가 옷을 훌딱 벗고 발가벗은 몸을 내놓고 자기도 합니다. 그렇게 3년 동안 온갖 짓을 해봐도 안 되었습니다. 정한 기한인 3년이 다 되어 떠나는 날이 왔습니다. 떠나는 날 형색을 들어내고 여자라는 사실을 다 털어놓은 것입니다. 그러면서 '다시 스님을 뵈러 오겠습니다'라 한 것입니다. 돌아가면 사형을 당하겠지만 그동안 여기에 있었던 증표로 귀감이 될 만한 무엇인가 한 귀절 써달라고 합니다. 그 당시 절에서 행자를 할 때에는 머리카락을 자르지 않았기 때문에 다음 날 아침에 곱게 머리를 손질하고 치마저고리를 입고 스님 앞에 나타났습니다. 그래서 스님이 여자의 치마에 증표로 시를 한 구절 써 주었습니다. '십년불하축영봉十年不下鷲嶺峰'이라, 내가 여기서 10년을 수행하면서 축영봉을 내려오지 않았다는 것입니다. '관색관공즉색공觀色觀空卽色空'이라. 공을 관하여 색을 끊으니 색이 곧 공이더라는 것입니다. 색을 즉해서 공을 관했더라는 것입니다. '여하일적조계수如何一滴曹溪水' '긍타일엽홍련중肯墮一葉紅蓮中'이라. 어찌 조계의 물 한방울을 홍련의 잎사귀에 떨어뜨리겠는가 하는 소리입니다. 육조스님이 조계산에서 법문한 내용을 홍련의 치마에 써 주었던 것입니다. 태전선사는 미리 짐작한 것이 있었던 모양입니다. 그리고 홍련은 자기 집에 가서 하룻밤을 자고 떠나갔습니다. 홍련이 한퇴지를 만납니다. 한퇴지가 홍련에게 어떻게 되었느냐고 묻자 홍련은 대답하지 않고 대신 치마를 가져다가 펴놓았단 말입니다. 그러니 읽어봤을 것이 아니오. 한퇴지는 홍련에게 그렇게 태전스님의 도력이 높더냐고 물었습니다. 홍련은 '아이구 말도 마십시오. 제가 알몸으로 옆에 누워서 다리도 얹어보고 별짓을 다해도 하늘 같이 높았으며 태산같이 움직임이 없었으며 저는 하늘에 나는 잠자리 한 마리 같았습니다.' 잠자리 한 마리가 태산을 가로질러 날개를 흔들며 가는 것과 마찬가지라는 것입니다. 이것은 굉장한 내용입니다.

그래서 한퇴지는 더 이상 스님을 괴롭히면 안되겠다고 하면서 한 번 직접 가봐야겠다고 합니다. 그렇게 그 절에 들락날락하다가 나중에는 행자인 삼평이 하고 수작도 해봤지만 결국 한퇴지도 손발을 들고 말았습니다. 한 번은 태전스님이 한퇴지에게 문제를 냈는데 한퇴지가 모르니까 삼평이가 옆에서 답답해서 책상을 탁탁 두드립니다. 그제서야 한퇴지가 눈치를 챕니다. 그런데 스님이 삼평이 보고 '너 무슨 짓을 했느냐?' 하니까 그 대답이 '먼저 정定으로 동하고 뒤에는 지智로써 죽 빼냅니다.' 한 것입니다. 이고라는 사람이 있었는데 바로 한퇴지의 제자였습니다. 이고도 자기 스승처럼 덮어놓고 불교를 비방하는 것입니다. 그 때 태전선사 사제로 약산 유엄선사가 있는데 석두스님의 제자였습니다. 약산 유엄선사는 화두를 타파하여 깨달음을 얻은 사람입니다. 이고가 약산 유엄선사를 찾아간 것입니다. 마침 뜰에서 동자가 차를 다리고 있었는데 '너희 스님 계시느냐?' 하니까 어디 가고 없다고 하면서 방에 들어가 기다리게했습니다. 그런데 약산 유엄선사는 이고가 올 줄 알고 미리 동자에게 시킨 것입니다. 이고가 나를 찾아오거든 없다 하라고 시킨 것입니다. 그래서 서너 번을 찾아오니까 마지막에는 '스님 계십니다.' 하면서 어디 계시냐? 고 물으니 절 뒤에 가면 평평한 곳에 적송 수백 그루가 꽉 들어섰는데 거기에 앉아 있다는 것입니다. 선사는 물병을 갖다놓고 물을 마시면서 정진하고 있는 것입니다. 그 곳에 찾아간 이고는 처음부터 수작을 합니다. 인사를 하는데 기분이 상한 모양입니다. 그래서 이고가 멋쩍게 부르니 유엄스님은 '이 문이로다.' 합니다. 그러자 이고가 내가 와서 보니까 저 멀리서 누군가가 '도인'하면서 불렀는데 그 소리를 못 들었습니까? 그러면서 이고는 유엄스님을 실제로 보니까 소문으로 듣는 것보다 못하다고 생각했습니다. 유엄스님은 체구가 조그마한 노장입니다. 그래서 껄껄 웃으면서 하는 소리가 '그대는 어떻게 해서 귀는 그렇게 귀하게 여기면서 눈을 그렇게 업신여기느냐?' 그랬단 말입니다. 보통사람이 묻는 것 하고 다릅니다. 그 말을 듣자 좀 섬뜻합니다. 그래서 옷깃을 올리고 다시 인사를 하고 도를 물었습니다. 그렇게 도를 물으면서 돌아다니다가 후일에 이고는 도를 깨쳤습니다. 그런데 어떤 것이 도입니까? 하니 바로 손가락으로 하늘에 떠 있는 구름을 가리키면서 물과 물병을 보며 물병에 들어있는 물 같은 것이라고 합니다. 그러니 알 턱이 있습니까? 그래서 설명을 해달라고 합니다. '운재청천수재병雲在青天水在甁' 이라. 구름은 푸른 하늘에 있고 물은 병에 들어있구나 하는 그것이 도인 것입니다. 구름은 하늘에 있고 물은 병에 있더라는 그 말에 이고가 일어나서 다시 절을 합니다. 처음 볼 때에는 조그마한 사람이 보잘 것 없어 보였는데 그 한 마디를 듣고 보니 아주 달라 보였던 것입니다.

제 32 강

유식과 법성게 法性偈

대장간에 가 보면 묵은 쇠를 불에 달궈서 때리다가 물에 담그고 또 쇠를 달구어 때리기를 반복합니다. 쇠똥은 다 빼 버리고 맑은 쇠를 내도록 하는 것입니다. 삼베 짜는 것도 삼을 이어서 베를 짜는 것입니다. 삼베 놓는 줄을 가지고 그 놈 똥을 빼는 것입니다. 여러 번 중복해서 똥을 빼고 빼는 것입니다. '연득심성' 즉 깨끗한 것이 학 같다는 것입니다. 몸 형상을 단련해서 얻으니까 깨끗한 것이 마치 학의 모양과 같습니다. 살림살이를 보니 아무 것도 없고 병 하나 갖다놓고 살고 있는 것입니다. '송하천주영언경'이라. 소나무가 일천 주나 되는데 살림살이가 병 밖에 없었던 것입니다. 다른 소리는 없고 '운재청천수재병雲在靑天水在甁'이

라. 구름은 청천에 있고 물은 병에 있다는 것입니다.

일제 시대에 대구 동화사에서 일본 사람이 훈련을 시켰습니다. 그 때는 일본사람이 강의도 했습니다. 대구에 최순교라는 사람이 있었는데 권상수 선생이 찾아와서 자꾸 글을 써 달라고 하여 써 주었습니다. 그래서 권상수 선생은 병풍을 하나 받았습니다. 그때 동화사 스님이 옆에 앉아 있다가 이 글이 누구의 것이냐고 물었던 것입니다. 그 글은 태전선사의 사제되는 약산스님 글인데 나도 강의하다 보면 바꾸어서 말 할 때가 있습니다. 그래서 내가 '선생님 잘못 알고 있는 것입니다.' 했더니 그럼 누구 글이냐고 동화사 스님에게 또 물었습니다. '그건 태전스님 사제되는 약산스님 글 아닙니까?' 했더니 '아! 그렇구만.' 권 선생님 같은 분은 나보다가 아는 것이 몇 백 배인데 동화사 스님도 글을 잘 하지만 착각을 할 때가 있었던 것입니다. 권상수 선생에게 모르는 것을 가르켜주는 것 같았습니다. 착각할 수도 있고 바꿔 말 할 수도 있습니다.

법성게法性偈

옛날이나 지금이나 서로 뜻이 맞아야 무엇인가를 할 수

있습니다. 요즘에는 돈을 출자해서 주식 회사를 세웁니다. 우리가 만나서 뜻이 맞아 무엇을 하려면 돈이 있고 재산이 있어야 합니다. 옛날에는 추렴을 곡식으로 했습니다. 벼를 몇 되 씩 거두어 뭘 해보는 것이 소위 계입니다. 여자들이 계 하다가 계주가 도망가서 계원들이 망하는 경우가 있습니다. '계契'자의 의미가 그런 뜻의 글자입니다. 사람들이 출자를 해서 일도 하고 점심이라도 먹고 뭐 그런 것을 옛날에는 곡식으로 했다는 것입니다.

서울서는 벼라 하고 경상도는 나락이라 합니다. 신라 때도 농업이 많이 발달했는데 삼국유사를 보면 불국사를 지을 때 복조란 사람의 집에 중이 탁발을 가니까 베 삼십 필을 시주했다는 기록이 있습니다. 베 한 필에 곡식 삼십 석을 줬다는 것입니다. 지금처럼 화폐가 없었습니다. 관리들에게 월급을 줄 때도 곡식으로 대신 주었습니다. 그런 곡식인 벼를 신라만 나락이라고 합니다. 신라 사람은 녹봉 주는 것이 나락인데 신라할 때 '비단 라羅'자하고 녹봉 '녹錄'자해서 처음엔 나녹이라 했습니다. 다른 사람들은 어떻게 말하는지 모르지만 나는 그렇게 알고 있습니다. 그것이 변해서 나락이라고 부르는 것입니다. 신라 때 나록은 녹을 주던 물건으로 알면 됩니다.

장자에 보면 포정이라는 백정이 소를 19년 동안 잡았습니다. 19년 동안 소를 잡았으니 길에 소가 지나가면 가죽은 가죽대로 뼈는 뼈대로 나누어 보였습니다. 여러분도 글을 오래보면 포정에게 소가 나누어져 보이듯이 글이 똑똑 떨어져 보입니다. 말 뜻을 알고 들으면 무슨 말인지 알기 쉽습니다. 글을 볼 때 갈라져 보는 것을 과목科目이라 합니다. 포정이 소를 볼 때에 갈라져 보이고 분해되어 보이듯이 글도 그렇게 보이는 것을 과목이라고 합니다. 법성도란 마치 소 한 마리를 두고 어디까지 머리고 어디까지 가죽이고 심줄이고 뼈인지를 아는 것입니다. 그것이 법성도에 대한 과목이라는 것입니다. 법성게를 또 분삼分三이라 했습니다. 첫째는 법法이고 둘째는 지知이며 셋째는 행行으로 보았습니다. 그리고 법을 둘로 나누는데 이 세상은 법성게 뿐만 아니라 모든 법은 5위 100법이라고 했습니다. 심도 있고 책도 있고 불상도 있어 그것들이 하나가 되었던 것입니다. 집에는 서까래도 있고 대들보도 있고 기둥 등 여러 가지가 어울린 것이 집인 것과 같은 것입니다.

법이라 해놓고 법 가운데는 보통 실상이라 하는데 실상은 본모양입니다. 유식론에서 실상은 원성실성의 본질이고 의타기성을 연기라고 합니다. 실상은 본질이고 연기는 현상입니다. 겉모양은 연기이고 속 모양은 실상입니다. 부처님의 45년 설법 가운데 21년 동안 설한 반야경은 실상을 이야기 한 것입니다. 본체를 이야기 한 것입니다. 21년 반야경은 '유심연기'라 하여 밖으로 육근 육경을 이야기 한 것은 연기법입니다. 유식은 연기입니다. 진여는 실상이고 파동으로 퍼진 것을 연기라고 합니다. 여기에 물이 있을 때 물은 실상이며 물에 바람이 불어 파동을 일으키면 연기에 대한 현상으로 이해하면 됩니다. 파도는 연기이고 물 자체는 실상입니다. 이것은 실상을 보자는 뜻입니다. 글을 보면 '법성원융무이상法性圓融無二相 제법부동본래적諸法不動本來寂'이라 했습니다. 뜻은 법성원융하여 두 가지 모양이 없으니 실상속에서 보면 본래 적적하다는 것입니다. '무명무상절일체無名無相絕一切' 그 자리는 이름도 없고 모양도 없어 일체가 끊어졌다는 것입니다. '증지소지비여경證智所知非餘境' 알고보면 실상 그대로입니다. 실상이라 할 때 보통 중생들은 분별하여 팔식으로 알며 증지證智는 부처님이 가지는 평등지입니다. 증證한 지智는 부처님이 가지는 것으로 보살들은 증한 지로 알지만 보통 우리들이 아는 것과는 다릅니다. 증득한 지혜로 알 뿐이고 나머지 경계가 아닙니다. 이것은 실상에 대해서 능연과 소연을 논한 것입니다. 그러면 실상은 본체인데 연기에 가서는 소연과 능연에 대해 나누어 보았습니다. 유식에서 능연은 팔식, 소연은 5위 100법입니다. '진성심심극미묘眞性甚深極微妙'라, 진여의 성품은 매우 깊어서 미묘합니다. 이것은 기신론 연기와 마찬가지입니다. 유식연기에 가서는 망妄이 연기緣起를 하고 진성은 연기를 하지 않습니다. 대승에서는 이것에 진성이 연기한다고 했습니다. 연기법에 들어가면 소연, 능연이 있는데 소연 가운데 능연기가 있고 소연기가 있습니다. 그러면 본래 적적하지만 적적하지 않고 동한 곳으로 나오는 것입니다. 연기는 능연기로 진성자리는 심심해서 본래 미묘합니다. 진성자리는 죽은 놈은 아니지만 죽었다면 고꾸러져 움직이지 않는 것입니다. 우리가 사는 자리는 원성실성으로 자성을 지키는 것이 아니고 연을 따라서 상이 된다는 말입니다. 소연기는 능연기로 변해서, 즉 실상이 변해서 5위 100법이 될 수 있다는 말입니다.

소연기를 둘로 나누어 보았는데 호상연기互相緣起와 차제연기次第緣起라고 그랬습니다.

제 33 강

호상연기互相緣起와 차제연기次第緣起

중론에서 연기를 이렇게 설명하고 있습니다. 우리는 실상자리가 움직이면 한편은 공간으로 퍼지고 한편은 시간입니다. 퍼진 물건끼리 서로 비교해 보면 이것이 있기 때문에 저것이 있습니다. 가루가 수백 개 수천 개 되지만 삼단으로 된 수풀, 삼단으로 된 짚단만 공간적으로 나가는 것입니다. 서로 의지하는 것을 호상연기라고 했습니다. 유식론에서도 호상연기가 나옵니다. 서로 맞대는 것은 공간적으로 사용하는 것입니다. 전념이 툭 꺼지고 후념이 나오듯이 종자가 생종자 할 때에 그것은 차제연기라고 합니다. 다시 말해서 호상연기는 공간적이고 차제연기는 시간적으로 구분해 놓은 것입니다.

법성게에도 호상연기의 이치가 들어있는데 공간적입니다. 일중일체다중일一中一切多中一, 일미진중함시방一微塵中含十方. 많은 가운데 하나 들었다는 것은 하나가 곧 일체이고 일체가 곧 하나라는 말입니다. 하나 속에 시방이 들었듯이 낱낱이 그렇게 되었다는 것입니다. 즉 호상연기로 보았다는 것입니다. 차제연기는 시간을 보는 것입니다. 무량원겁즉일념無量遠劫卽一念, 일념즉시무량겁一念卽是無量劫. 시간을 여러 가지로 벌려서 이무애, 사무애. 이사무애, 사사무애로 나누어 십행문을 내놨지만 별 것이 아닙니다. 예를 들어서 파도와 물은 하나입니다. 파도가 천파만파 해도 하나 속에 들어 있습니다. 파도는 여러 개지만 물은 하나로, 하나 가운데 들었듯이 물결마다 파도마다 물 아닌 것이 없습니다. 일체가 물 가운데 여러 가지 파동이 들었고 일중일체가 된 것입니다. 파도가 모두 물입니다. 다중일多中一, 일一에서는 하나를 이야기하는데 물을 이야기하는 것이며 다多라고 하는 것은 파도를 이야기하는 것입니다. 이것은 바로 하나 속에 다 들어있다는 것입니다. 물 가운데 많은 파도가 들었고 파도마다 모두 물이라고 할 때에 모두는 다 하나입니다. 하나 가운데 일체는 파도고 하나는 물이고 많은 가운데 많은 것도 물이고 파도도 낱낱이 물이지 다른 것이 아닙니다. 그러니까 하나가 곧 일체로 물이 파도고 파도가 물이라는 것입니다.

그 다음은 집단을 가지고 이야기를 하는데 하나가 곧 일체로 시간연기적인 것이 공간으로 가는 것은 집단입니다. 이 놈을 이렇게 하고 저 놈을 저렇게 하듯이 수풀이 여러 가지로 서로 의지하는 것은 하나가 곧 일체로 한 티끌 가운데 이것은 매우 복잡한 것입니다. 십행문에 가면 전유錢喻가 나옵니다. 돈 열 냥을 가지고 있는데 한 냥을 빼놓으면 열 냥이 안됩니다. 그렇지만 한 푼 한 푼 낱낱이 열푼을 대표할 수도 있습니다. 그렇게 되는 것은 전유의 비유입니다. 예를 들어 우리나라 국민은 몇 천, 몇 만 명입니다. 한 사람 한 사람이 한국을 대표할 수 있습니다. 그것이 민주주의로 누구든지 대통령이 될 수 있습니다.

그 다음 차제연기는 시간적입니다. 일념이 곧 무량겁이고 무량겁은 일념이라 그랬습니다. 시간적으로 보아 과거, 현재, 미래에서 과거와 현재가 관련되어 있는데 무엇이 현재인가 파악을 하고 내세워 보세요. 그러나 현재라는 물건이 없습니다. 물체가 없는 것입니다. 관념으로 이름 지은 것으로 어떤 형상이 있는 것이 아닙니다. 과거도 마찬가지로 현재라는 것은 시간적으로 있을 수가 없는 것으로 단지 우리가 느끼는 것이지 현재는 벌써 미끄러지고 없어 파악할 수가 없습니다.

무소득이라는 말은 실물이 손에 잡히는 것이 없다는 것입니다. 중생은 식심으로 갖는 것이지 실물은 없다는 것입니다. 천지만물을 따져보면 전부 다 그렇습니다. 허깨비일 뿐 알맹이가 들어 있는 것이 하나도 없다는 말입니다. 책상을 부수어 먼지를 내면 그 낱낱의 먼지 속에 책상이라고 할 아무 것도 없습니다. 나무도 마찬가지고 책상도 마찬가지로 그것은 이름만 있을 뿐입니다. 유가설아법할 때 명언名言으로 설했다고 했습니다. 명언으로 설하는 것은 실물이 없다는 것입니다. 우리 몸도 마찬가지입니다. 과거에 익혔던 성질이 뭉쳐서 그 속에 무엇인가 들어있는 것 같지만 나라는 것은 없다는 것입니다. 나라는 것이 없으면 어떻게 됩니까? 그림자로 치면 그것은 변계소집성입니다. 생명을 모르니 생명의 본질에는 무엇인가 있는 것 같습니다. 즉 변계소집성은 그림자라는 말입니다. 법이라 할 때에 5위 100법 하든지 5위 1법 하든 간에 모든 것의 벌어진 것을 법이라고 그랬습니다.

그런데 구세십세호상즉九世十世互相卽이라. 일념은 앞에서 물결과 파동이야기를 했듯이 무량 겁은 긴 것을 얘기하는 것이고 일념은 짧은 것을 이야기하는 것입니다. 우리가 이왕 시간 속에 사니까 시간을 두고 얘기해 봅시다. 현재에서 지나온 것은 과거이며 아직 오지 않은 것은 미래입니다. 그러면 현재에도 과거, 현재, 미래가 있고 과거에도 현재, 과거, 미래가 있었을 것입니다. 또 미래에도 과거, 현재, 미래가 있어 그것을 구세라고 하는데 삼삼은 구입니다. 그래서 과거 현재 미래가 구세입니다. 그놈을 꿰는 무엇인가 있을 것입니다. 염주를 꿰는 끈과 같이 끈을 보태는 것이 십세입니다. 그러므로 구세 십세는 티끌과 티끌이 시간을 꿰뚫어 공간적으로 합하여 나타나는 것이라 할 수 있겠습니다. 구세십세호상즉 해야만 그것이 과거가 현재가 될 수 있고 미래가 현재가 될 수 있다는 것입니다. 또 현재가 과거가 될 수 있고 미래가 될 수 있는 것을 관념상으로 알아봤는데 그것은 구세 십세가 서로 붙어 있어서 그렇습니다. 또한 뒤집어가지고 과거가 미래 될 수 없고 미래가 과거 될 수 없습니다. 그대로 과거 삼세는 과거 삼세이며 현재 삼세는 현재 삼세이고 미래 삼세는 미래 삼세란 말입니다.

차제연기에 가서는 세간연기라 합니다. 일념즉시무량겁一念卽是無量劫 구세십세호상즉은 세간에서 말하는 것입니다. 세간연기와 출세간연기를 누가 한 번 해봐요. 달라지는 것을 이야기 했는데 출세간연기는 세간연기의 모양과 좀 다르지요? 냄새도 다릅니다. 생사열반상공화生死涅槃常共和, 잉불잡난격별성仍不雜亂隔別成처럼 말입니다. 이상하게 출세간 연기에서도 이렇게 쭉 늘어놓은 것을 누가 알겠습니까? 실상법에 있어서 여러 가지 법성, 연기, 무상 그런 내용을 진리로 정하여 나머지 경계에 드는 것을 부처님이 알고 보살이 안단 말입니다. 그래서 이제 구세십세가 되었지만 이런 법이 있는 줄 누가 아느냐? 말입니다. 우리가 모르는데 누가 알았습니까? 아는 것을 증證이라고 그랬습니다. 증자는 알아차리는 것으로 주관과 객관인 이理와 사事가 합한 것을 말하니까 알아듣는 사람은 말하는 것입니다. 누가 아느냐? 석가모니가 첫번 째로 알았다는 것입니다. 증이란 자기가 증한 것과 증한 것을 남한테 베푸는 것이 있는데 물건을 임지자성任持自性하는 것이 있고 임지하는 동시에 궤생물해軌生物解하는 것이 있습니다. 대의적으로 석가모니가 증지했습니다. 나름대로 증한 것이 있고 능인은 설한 것이라고 하니까 잉불잡난이 있어 잘못이 드러난 것입니다. 삼매 가운데 드러나는 것은 중생의 연기와 달라서 우리는 진여 연기속에 파묻혀 있지만 석가모니는 그것을 드러냈습니다. 그것을 입으로 몸으로 드러낸 것이 팔만대장경인데 번출한 것이라고 합니다. 가만히 있을 수가 없어 앉아 있지를 못합니다. 속에서 그 기운이 북받쳐서 눈으로 입으로 나오는 것입니다. 번출한 것은 자전식하고 다른데 그 많은 가운데 여의주 같은 것을 보배라고 합니다. 말하자면 중생을 이익되게 하는 것으로 꽉 차 있습니다. 팔만대장경을 깬 경지는 삼라만상이 입으로 설명 안 해도 드러나는 것입니다. 석가여래 부처님 입으로 설했다고 이야기했습니다.

예를 들어서 대통령이 어디를 나가면 사진을 찍는데 사진 찍는 사람은 여럿이지만 대통령은 하나입니다. 그것을 이야기하는 것입니다. 번출여의부사의繁出如意不思義, 우보익생만허공雨寶益生滿虛空, 중생수기득이익衆生隨機得利益이라. 법화경에서 비는 똑 같이 내리는데 큰나무는 큰나무대로 작은나무는 작은나무대로 중간나무는 중간나무대로 양에 차도록 맞습니다. 밥이 아무리 많아도 사람은 세 공기 이상 못 먹습니다. 사람들에게 망심이 왜 생기느냐 하면 원성실성은 하나인데 모자란 것도 없고 남는 것도 없습니다. 그것을 모르니까 여러 모양의 몸을 받는데 파리의 몸도 받았습니다. 파리의 몸을 받고 보니까 충만한 법성자리가 허전합니다. 못 깨면 허전하여 밖에서 보태야 괜찮은 줄 압니다. 하느님과 똑 같이 만드는 것을 몰랐기 때문에 에덴의 동산에 들어가서 선악과를 따 먹어야 인과가 나타나는 것을 압니다. 예수교도 깨지 못하면 저절로 허전해지니까 밖으로 물건을 탐하게 되고 탐하게 되면 괴로움이 생기는 것입니다.

하나로 보지 못하는 것을 불각이라고 그랬습니다. 불각을 해놓으면 중생수기득이익衆生隨機得利益으로 몸은 살지만 불각이 여기에 가하면 밑자리가 씨가 됩니다. 씨라는 말인데 아는 것에 병이 들어버립니다. 아는 것이 병들었으니까 모른다는 것입니다. 치痴로 모르는 것입니다. 불각이 이에 가서는 치痴가 됩니다. 치가 되니까 큰 것은 잊어버리고 작은 것만 찾습니다. 사람은 사람대로 그 하나의 셈으로 하나를 모르는 것이 생긴 것입니다. 하나에 합하지 않으면 하나가 아닌 것이 생겨납니다. 하나에 합하면 부처이지만 합하지 못하면 중생이지요. 하나를 모르면 아뢰야식으로 하나를 합하지 못한 것입니다. 하나하고 다릅니다. 하나 아닌 것이 생겨서 하나가 아닌 것입니다. 합해서 하나가 안 된 것은 치痴가 되었습니다. 즉 치가 되니까 탐하게 됩니다. 치가 식은 아닙니다. 병으로 탐을 하는 것입니다. 안

되니까 탐을 하고 또 탐을 안 하면 증證이 되는 것입니다. 구지에 가서는 탐진치가 아니라 망이 된다는 것입니다.

부처님은 말만 하면 진언이 나옵니다. 망이 아닙니다. 망이 되면 거짓말이 나옵니다. 예수는 복음, 복되는 소리가 나옵니다. 남한테 나가면 복되는 소리가 나옵니다. 우리는 깨지 못해서 그렇게 하지 못합니다. 우리한테는 망이 되어 복음이 아닌 세 가지가 나옵니다. 첫째 양설, 혓바닥을 둘로 사용하는데 뱀이 혓바닥 내미는 것이 됩니다. 둘째 기어라는 것은 겉 다르고 속 다른 것으로 겉으로 비단처럼 번지르르하게 꾸미는 것입니다. 그래도 기어와 양설은 순경인 것입니다. 더 심한 것은 욕이 나오고 악구가 나오는데 이것은 역경입니다. 구口에서는 망妄이 나오고 신身에서는 정情이 나오는 것입니다. 이것은 남녀 간에도 벌어지는 것입니다. 벌레도 숫놈 있고 암놈이 있어 새끼치고 가정을 꾸미는데 희한한 일입니다.

제 34 강

법성게法性偈 _ 구래부동명위불舊來不動名爲佛

사람들은 음행을 하는 것이 좋은 것인 줄 압니다. 또 그것을 많이 하기 위해서 살고 있습니다. 사람만 그런 것이 아니라 벌레도 그렇게 합니다. 그것을 깨닫지 못한 거짓 몸으로 그렇게 됩니다. 음과 양이 갈라졌듯이 세속에는 날아다니는 벌레, 특히 남녀 간의 그 행사하는 것이 제일인 줄 압니다. 그렇게 밖에 생각을 못합니다. 그래서 그런 짓을 많이 해서 몸이 약해지니까 소를 잡아먹어야 됩니다. 굼벵이라도 잡아먹어야 되고 뱀을 다 잡아 먹고 그럽니다. 이것은 음행을 많이 하는 집단 의식이 하는 것이 아니라 살생을 하게 되는 것입니다. 기운을 돋우려고 했던 것이 도리어 살생을 하여 의도적으로 행위를 한 것이 되었습니다. 가령 물고기나 네 발 짐승 등을 살생하여 그 놈을 끓여먹으니까 도적인 것입니다. 이 도적은 좀도둑이 하는 짓이 아닙니다. 살도둑을 다른 말로 표현하여 도적이라고 합니다. 거짓 몸으로 깨치지 못하면 살도둑을 하게 되는 것입니다. 살도둑을 하는 몸은 사람이나 벌레나 똑 같은 것입니다. 이 속에서 현행을 일으키고 자기가 일으킨 것이 다시 들어와서 또 동작을 하고 또 나가고 꿈에서도 또 한 번 일으키는 것입니다. 그러면 이것을 어떻게 터뜨리겠습니까? 앞에서 얘기했듯이 육근, 육경, 육식 18계가 터져야 됩니다. 터져서 참말로 세계가 나오는 것이 꿈입니다. 꿈과 마찬가지로 우리가 아무리 해봐도 이것은 마음으로 생각하고 무명으로 생각할 수 있지 참으로 생각하지는 못했단 말입니다. 그럼 그렇게 안 될 때는 몸에 대해서 지는 것입니다. 이것이 진짜라면 내일, 모레 생각할 것도 없이 바로 대비를 하는 것입니다.

공자 말씀에도 군자의 몸은 오늘이 바로 천하만사를 하는 날입니다. 무명이면 애써 이렇게 할 필요도 없고 안 하면 됩니다. 좋다고 해도 안 합니다. 공자 말씀에 군자는 천하만사를 내일 모레 하면서 미리 걱정하는 법이 없습니다. 우리는 앉아서 내일 걱정, 모레 걱정을 합니다. 걱정의 양상도 많은데. 내일걱정, 모레걱정, 몇 년 후의 걱정, 십 년

후의 걱정을 미리 하니 걱정이 많을 수 밖에 없습니다. 군자는 천하에 하필 그렇게 안할려고 해도 그렇게 되는 것을 무적無適이라 합니다. 적자는 마땅히 해야한다는 뜻이니까 즐겁지 않습니다. 이 기엽機葉이라는 것은 되는 대로 그때 그때 인지한다는 것입니다. 이것 하나만 해도 평생 동안 지킨다 해도 다 못지킵니다.

불각인 상태에 있으면 그렇다는 것인데 앞에서 증하는 것은 그것까지 하는 것을 뜻합니다. 우리가 눈을 못 떠 안 보여서 그렇습니다. 증을 알아 해인삼매에 들면 자기가 증해지는 것으로 남한테도 득이 갑니다. 예를 들어서 여기 전깃불이 있는데 전깃불이 환한 것은 자증득으로 그렇습니다. 그것은 여러 분이 눈 뜨고 밝은 것을 보는 것입니다. 환한 전깃불은 자기대로, 또 촛불이 자기대로 밝습니다. 밝은 것은 자증득이고 밝은 것이 남에게 밝게 비춰 주는 것은 이타득利他得이라 그랬습니다. 그러면 악한 사람은 악한 빛을 자증득으로 익히면 자기로 인해서 남한테 해독을 끼치게 되겠지요? 책에 뭐라고 써놓았는지 볼까요? 문아명자면삼도聞我名者免三道라, 내 이름 듣는 이는 나쁜 고통 벗어나며, 견아행자득해탈見我行者得解脫이라, 내 모양 보는 이는 생사번뇌를 해탈합니다. 문아명자라 했을 때 밝은 촛불 보는 것이 면삼도免三道하고, 견아행자라 했을 때 날 보는 사람, 듣는 사람은 해탈을 얻는 다는 것입니다. 앞에서 능인해인삼매중能仁海印三昧中 번출여의부사의繁出如意不思議라 했습니다. 그렇게 해놓으니까 중생이 얻어 가지더라는 것입니다. 이타득利他得이 됐습니다. 그럴 때도 이와 타는 마치 종지에 물 떠 놓으면 종지에 나쁜 것이 지고 사발에 물 떠 놓으면 그렇게 되는 것입니다. 중생의 수에 따라 물 드는 것입니다. 우리 중생은 아직 부처님 덕을 못 봤습니다. 스스로 눈을 떠야 하는데 언제나 꿈 속입니다.

부처님의 그 덕을 언제 보느냐? 이것이 문제입니다. 밤에 악몽을 꿔봤지요? 예를 들어서 호랑이가 달려들면서 물려고 하거나 또는 악귀나 도적놈이 와서 덮칩니다. 그러면 꿈 속에선 아무리 도망가고 몸을 비틀어도 꼼짝을 안 합니다. 밖에서 오는 핍박은 악입니다. 해야 되는데 안 되는 것입니다. 그러니까 꿈을 깨면 같이 와서 면할 수 있습니다. 이것이 증에 가서는 부처님이 깨달은 덕을 말합니다.

표에서는 멸과滅果라고 합니다. 고집멸도에서 고는 무엇이며 고가 어떻게 생겼어요? 우리는 지금 고를 받고 있습니다. 고란 실과입니다. 우리 몸뚱이가 저 나무 끝에 실과가 생기듯이 과거의 과가 고입니다. 과거의 그릇된 신구의 身口意 삼업으로 고의 몸뚱이를 받게 됩니다. 그러니까 부처님이 소승한테 가르치는 것과 우리한테 가르치는 것이 달랐습니다. 소승은 약하니까 '너희들 봐라, 저것이 무섭지 않느냐? 이것이 너희 몸에 붙어있는 온갖 고인 것이다.' 라고 고를 먼저 걸어 놓습니다. 고과를 파헤쳤지만 과거에 중국에서는 그릇된 이들이 온갖 것으로 저지해 놓아도 몸의 독기로 소도 다 잡아 먹었다는 것입니다. 그런 것이 모두 모여 신구의 삼업으로 고가 됩니다. 무서운 고를 받는 것이 겁이 나서 공부를 하고 수행을 하여 선업을 보여주고 그 다음에 고를 끊게 하는 것입니다.

그렇게 수행으로 출세간이 되어 열반이 됩니다. 부처님의 해인삼매 가운데 무엇을 들여놓았다고 그랬습니까? 그런 좋은 것으로 깨달으면 좀 달라집니다. 그래서 그것을 하려면 37조도품으로 서른일곱 가지 도를 닦아야 깨닫는다고 했습니다. 부처님은 재주가 있어 그렇게 가르쳤습니다. 부처님은 늘 이런 것이 있다, 잠을 깨게 하는, 꿈 꾸는 것은 없어도 된다고 했습니다. 멸이라 그랬는데 고를 먼저 보이고 과를 보입니다. 과는 인을 살펴 비추면 되는 것으로 인과가 계도가 되는 것입니다. 나는 그 과목을 멸과라 했습니다. 꿈을 깨고 18계를 벗어놓으면 열반적정을 증했다고 하는 것입니다. 악몽을 꾸다가 꿈을 깨면 악몽은 없어집니다. 즉 멸과를 깨면 잠 밖으로 나오는 것으로 멸과를 토했다는 얘기입니다. 18계를 벗어나 본질에 돌아가면 중생 때의 망상으로 살 때 벗어날래야 벗어날 수 없고, 끊을래야 끊을 수 없던 망상을 가히 두 자로 쓰면 불가不可 파자叵字입니다. 여기서 불은 아닐 불不자 때와는 다릅니다. 그래서 이기영 박사가 '망상을 쉬지 않으면 깨달지 못한 것이다'라고 한 것은 비슷하긴 해도 글자 뜻은 모르고 한 소리입니다. 가히 쉴래야 쉴 수 없는 망상 그것을 깨고 나면 없어진다는 것입니다. 그 멸과를 깨달은 것을 표지라고 합니다. 또한 이것을 불가파자不可叵字라고 합니다. 불가파자는 가히 쉴래야 쉴 수 없었던 망상을 깨고 나면 모두 없어져 흔적이 없습니다.

그 다음에 표했으므로 표했다고 하는 것이고 또 그 다음에 수인을 닦는 인을 했다는 것입니다. 악몽이 중생에게 떠나면 중생이 고통당한 체계가 싹 끊어진다는 것입니다. 싹 끊어진다는 소리는 거기서 이제 인을 닦아야 하는 것입니다. 고를 면하려면 집을 끊어야 하는데 이것은 수인을 해석한다고 했습니다. 거기에 들어가려면 진에 계합해야 하며 진여자리를 깨야합니다. 반연이 없는 선교방편입니다. 무연선교착여의無緣善巧着如意는 무연으로 보는 그것을 깨치는 것입니다. 무연선교로 여의주를 딱 잡아야 됩니다. 책에는 표멸과 밑에 무엇이라 새겨져 있습니까? '이런 연고로 행자가 본지하는 행을 가히 쉴래야 쉴 수 없는 것으로 종전의 망상이 반드시 다시 일어나지 아니 함이로다.' 라고 되어 있습니다. 그리고 무연선교로 여의는 본성이라 하여 본성을 딱 깨친 것이 파자叵字를 하는 것입니다. 파자를 해서 계진이 되므로 진에 계합하는 것입니다.

그 다음 진수입니다. 법화경에 나오는 장자와 궁자의 비유에서 부자집 아들이 거지 생활을 하면서 아버지 집에 올 때까지 육도를 윤회했습니다. 빌어먹는 거지가 되어 아버지의 집 대문으로 들어왔다고 그랬습니다. 그러니까 고향집 문 앞에서 기가 죽은 그 때부터 망이 없는 줄 알고 대신 진이 있는 줄 깼으니까 그 때부터 하는 짓 마다 진과 계합한 행동이 나옵니다. 귀진歸眞한 다음에는 그저 뭉그러지나 자빠지거나 늘 그 자리가 진보일 뿐 퇴보는 안 됩니다. 진과 계합했으니까 시간이 지날 수록 좋은 것만 생겨서 진수라 합니다. 귀가수분득자량歸家隨分得資糧. 진리의 세계로 돌아가면 분에 따라 자량을 얻는다는 것입니다. 귀가하는 것은 진여의 세계로 돌아가는 것으로 그 귀진을 하는 것은 귀가에 첫걸음을 놓는 것입니다. 그 때부터 차차 집으로 돌아가면서 분을 따라 자량을 얻는 것입니다. 이제 그대로 가면 수행자는 저절로 수행이 됩니다. 이 때부터는 진리에 어긋나지 않습니다.

그 다음에 성득成得이라 그랬습니다. 성득에서 오성은 개진은 오가 되고, 진수는 소가 되고, 증이 서가 되어 차차 생기는 것 마다 계합하는 재주가 생깁니다. 장엄법계실보전藏嚴法界實寶殿이라, 계합하는 것은 다량의 무진보를 써서 특히 보전寶殿을 장엄하게 됩니다. 진수를 하면 저절로 성득이 되는 것입니다. 그러니까 궁좌실제중도좌窮坐實際中道座가 마지막입니다. 실제로 궁좌는 마침내 중도의 자리에 앉았다는 것입니다. 실제로 중도는 본성이 아니므로 구래로 중생이 되어 어디로 가든 본래대로 가는 것입니다. 그래서 구래부동명위불舊來不動名爲佛이라, 구래로 이름을 부처라 한다는 것입니다. 이렇게 나누어본 것입니다. 신부초생이라. 이것은 마지막으로 집에 돌아가서 가만히 앉아보니까 처음에 앉았던 자기 몸 태어났던 그 집이 다른 집이 아니라 바로 자기 몸이라는 것입니다. 자기 집에 들어와서 보니까 그 전에 집을 나가 돌아다니는 동안의 모든 고통은 다 없어져 버렸습니다. 처음으로 각심을 깨닫고 지각기신知覺己身하고 보니 본래 처음이고 끝이 없더라는 것입니다.

제 35 강

삼계[三界]

(생유[生有] · 본유[本有] · 사유[死有] · 중유[中有])

이제 삼계라는 말이 나오는데, 사실 삼계의 구지九地를 논할 때에 밖에 있는 의보依報는 삼유이며 정보正報는 몸입니다. 살아있는 생명 속에서 사는 생명을 삼유라 하며 그 삼유를 세분하면 25유로 삼계 25유라 합니다. 그런데 정보를 말할 때에 유는 영혼입니다. 12연기에서 애취유愛取有라고 하는 것이 있습니다. 그 유有자가 영혼이라는 소리입니다. 영혼을 인으로 볼 때 애취유는 인이 되어 삼계에서 미래에 생을 받는다고 했습니다. 유는 결정이 되어 있습니다. 결정이 되어 생사를 받는 토대가 되기 때문에 애취유가 됐다는 것입니다. 유는 다른 말로 영혼이라는 소리로 사람이 태어나는 곳, 이 육신이 태어나는 그것을 생유生有라 하고 나서 죽기까지를 본유本有라 합니다. 죽어서 49일 동안을 중유中有라 합니다. 이 유자가 음자 뜻과 같습니다. 그래서 오음五陰이라고도 하며 오온五蘊과 같습니다. 본유에 있는 동안에는 오온입니다. 이 유자가 음자가 되어 중음신이라 하며 중유라는 말입니다.

쉽게 말해서 우리가 살아가고 있는 것을 생유라 했으니 살아갈 일이 있는 영혼, 죽는 영혼, 태어나는 영혼이라는 말입니다. 중음은 중유로 구사론에서는 49일 동안 지내는 네 가지 학설이 있습니다. 세우존자와 법구존자 등은 여러 가지 설을 주장하였습니다. 칠일을 가느니, 칠일을 더 가느니, 부정이니, 49일까지 안 간다는 등의 설도 있습니다. 삼유라고 하는 것은 몸을 받는 것입니다. 삼계 속에 들어갈 적에는 유라 하고 나올 적에는 계라고 합니다. 밖으로의 세계를 법계라 합니다. 사람속에 영혼이 깃든 것은 법성이라 합니다. 그렇게 놓는 것이 다 달라요. 유와 유구에서 인에 의하여 몸을 받는 것을 과라 했습니다. 삼계에 몸뚱이를 받는 것이 과입니다. 삼계가 과란 말입니다. 이 생이나 저 생이나 나는 것은 과인데 그것은 여러 가지 짓거리를 해서 세계가 생겼다는 것입니다.

번뇌는 혹惑과 업業인데 혹은 씨앗이고 업은 거름입니

다. 혹과 업은 두 가지로 유와 유구에서 하는 것은 삼계에 나타나고 구라는 것은 꺼리로 저녁꺼리가 있다 없다는 말처럼 준비된 것이라는 뜻입니다. 구자는 꺼리를 말하므로 유구는 유꺼리로 유가 준비되어 있다는 것입니다. 그러니까 거기에 대해서 애착과 집착을 안 하는 것은 무루이지만 상은 집착하는 것입니다. 왜 집착을 합니까? 깨치지를 못하면 마음으로 이론으로 가서는 곧 치痴가 된다고 했습니다. 그러면 법계에 꽉 찬 생명을 자기 것인 줄도 모릅니다. 법계에 꽉찬 생명이 하나인데 따로 있는 줄 알고 있습니다. 그것을 모르니까 허전한 것입니다. 사람이나 벌레에게 그것은 탐욕입니다. 깨치면 이 자리는 둥근 태양과 같아서 남은 것이 없습니다. 깨치지를 못하면 치가 되어서 뜻으로는 탐과 진이 나오고 몸으로 가면 음이 되어서 살도殺盜를 하고 구업으로 가서는 망이 되어 양설 악구가 된단 말입니다. 유와 유구에 그림을 그리는 것이 인생입니다. '탐'자가 되어서 착각을 하는 것으로 업을 삼는데 무탐은 탐이 없는 것이며 다음에 무진이라는 말이 나옵니다.

고와 고구에서 고구가 무엇이지요? 고의 종자 즉 고와 고구에서 성내지 않는 것으로 성을 삼고, 진여의 대지혜를 가지고 작전하는 것으로 업을 삼는다고 했습니다. 그 밑에 내려가서 고라는 것은 삼고로 먼저 고고가 있습니다. 고고 밑에 행고가 있습니다. 행고는 구사론에서 나오는데 다 알고 있지요. 고고라는 것은 고에 고를 보탠 것입니다. 그래서 이 몸도 고이며 거기에 고를 또 올리니 고고가 되어 맨날 고가 연속되는 것입니다. 또 가만히 있는 것은 하나도 없습니다. 성한 대로 있으면 좋겠는데 늙고 병들어 죽어갑니다. 그 다음에 행고는 물 내려가듯이 자꾸 흘러가서 지금도 가만히 있지를 않습니다. 조금 전에 쉰 숨은 벌써 지나가고 조금 전에 돌던 피도 벌써 다리까지 갔습니다. 이런 것은 속히 늙습니다. 어떤 서양학자는 시계를 똑딱 따라가니 늙는 것 같아서 시계를 없앴다고 했는데 그래도 시간은 흘러갑니다. 사람들이 다 그렇습니다. 창 밖에 비가 소소하게 내리니 내 마음도 따라 소소하더라 하는 소리입니다. 다시 말해서 창에 비가 우수수하고 내리는 것이 무슨 상관입니까? 관계를 알면 그만인데 고니, 고고니, 유니, 유구니 하면서 탐 안 하면 됩니다. 또 관계를 맺지 않으면 됩니다. 여기서도 관계를 맺지 말라는 소리입니다. 그러니까 탐하는 것을 탐하지 않으면 관계가 맺어지지 않는 것입니다. 이것이 무탐입니다. 성낼 것을 성 안내면 됩니다. 또 치도 마찬가지입니다.

옛날 황룡사심이라는 스님이 방안에서 불을 안 켜고 앉아 있는데 문이 살며시 열리더니 뭐가 하나 들어오는데 머리가 없는 귀신이었습니다. 그것을 보고 하는 소리가 여무두汝無頭하니, 대가리가 없으니 여무두통자汝無頭痛者로다, 너는 머리 아플 걱정은 없겠구나 하였습니다. 다음에는 배가 없는 귀신이 들어옵니다. 윗도리 아랫도리는 있는데 중간이 없는 귀신이 들어옵니다. 그것을 보고 여무복汝無服하니, 너는 배가 없으니 여무복통자汝無服痛者로다, 너는 배 아플 걱정은 없겠구나 하였습니다. 또 여화미女花美어니, 꽃 같은 아름다운 여자가 들어옵니다. 그때 하는 소리가 여지기량유시호汝之技量有時乎니 너의 재주가 몇 가지가 되는지는 몰라도 재주 부리는 것은 다 때가 있습니다. 아지불착무궁호我之不着無窮乎라, 내가 탐착을 안 하는 것은 끝이 없더라는 것입니다. 그러자 귀신이 통곡을 하며 갔다는 이야기입니다. 여지기량은 유시어니와 아지불착我之不着은 무궁호無窮乎라 하고서 무이혹란無以惑亂오, 가죽주머니를 가지고 사람을 시험하려 들지마오 라는 소리입니다. 아지불착은 누구입니까? 진이나 탐이나 내가 관계 안 하면 내가 아니잖아요? 계는 설법하는 사람으로 어떤 사람이 선물을 가지고 왔기에 받아서 자기방 안에 들여놓으니까 자기 것이 되었습니다. 그러나 아무리 선물을 가져와도 안 받으면 내것이 아닙니다. 계도 마찬가지로 받아야 자기 것이 되지 안 받으면 계가 안 된다는 것입니다.

또 책 넷째줄에 무진無瞋, 무에無恚, 무치無痴가 있습니다. 앞에서 이사와 이치를 설명할 때 이치는 실상이고 이사는 현상이라 했습니다. 능히 아는 신信이라 그랬습니까? 글자를 해석하니 병력이라 그래요. 고고한 것을 아는 것이 병들어 모른다는 소리입니다. 병력 안에서 안다고 한 것은 능히 아는 신信이고 우치를 대체해서 작전하는 것으로 업을 삼는다고 했습니다. 둘째 장에 보면 정장이라는 것이 있습니다. 모든 정장은 그대로가 혼침인데, 정장은 수가 많습니다. 혼침을 대체하는 것은 의병입니다. 방일放逸은 번뇌의 이름입니다. 정진과는 정진의 과보입니다. 정진을 한자로 근이라 하는데 정진과 삼근에서 네 가지를 뒤쳐놓으면 삼선근三善根이 됩니다. 무탐, 무진, 무치에서 없을 '무無'자를 넣으면 삼선근이 되고, 없을 무자를 떼면 업근이 됩니다. 즉 탐진치가 되는 것입니다. 정진과 삼근은 소단수에서 번뇌를 끊고 선을 닦는 것입니다. 소단수에서 수를 닦는 것을 방해하는 것으로 수를 삼고 방일은 게으른 것이며 불방일은 게으르지 않은 것이며 게으르면 수행을 못하는 것입니다. 게으르지 않는 것이 좋은 것입니다. 소단수에 방수란 것은 막는 것으로 방일하지 말고 나쁜 것을 막는 것입니다. 저기 소단수에서 닦으라면 닦고 끊으라면 끊으니까 정진과 소단수에 끊고 닦는 데에 방해하고 닦는 것이지 수를 방해하면 안됩니다. 또 방일을 대치해서 일체 세간출제간에 선을 가져다가 충만시키는 것까지 업을 삼습니다.

상항문에서 추번뇌까지 했는데, 끝에 가면 부정이라는 말이 나오는데 선도 아니고 악도 아닌 것이 부정입니다. 좋은 것도 아니고 나쁜 것도 아닌 것이 부정입니다. 343페이지에 보면 부정의 정의를 이각이二各二라 합니다. 이것을 부정이라 하는데 부정의 심소에는 네 가지가 있습니다. 회悔와 면眠, 심尋과 사伺의 네가지이며 회와 면을 하나로 묶고 심과 사를 하나로 묶습니다. 네가지 종을 다시 회 · 면을 하나로 심 · 사를 하나로 해서 둘로 묶어 놓습니다. 사법인데 회 · 면과 심 · 사로 두 개로 나눈 것입니다. 이것은 선도 아니고 악도 아닙니다. 각자는 밑에 부정을 표시하기 위해서 그렇게 해놓은 것입니다. 344페이지 끝에 이각이라는 말이 나옵니다. 논에는 종종 이설이라는 것이 있지만 그 가운데 정의로 삼는 것은 상相과 의意로 앞에서 말한

회 · 면과 심 · 사 두 가지입니다. 위의 이는 부정의 사종을 심 · 사의 이와 회 · 면의 이로 이분을 해서 말합니다. 아래의 이는 염染과 정淨으로 통하니까 부정입니다.

그 다음 346페이지에 소의문所依門이 나옵니다. 전 육식이 어디서 나왔어요? 제 팔식 종자 가운데 근본식에서 생겼습니다. 제 육절에서 구불구전문俱不俱轉門이 나옵니다. 이 육식이 한꺼번에 일어나는가 판단하는 것인데 한꺼번에 일어난다고 판단하는 것이 호법의 주장입니다. 다시 넘겨서 350페이지에 보면 팔식이 일어나는 조건이 모두 나와 있습니다. 처음에 전육식은 간단하기 때문에 항시전恒時轉이 못됩니다. 353페이지에 보면 팔식구전八識俱轉이라는 말이 나옵니다. 거기에는 안이비설신까지는 뚝뚝 끊어집니다. 예를 들어서 눈이 항상 사진을 보고 있는 것이 아니지요? 귀도 들을 때도 있고 안 들을 때도 있지요? 냄새도 그렇지요? 전오식은 간단한 것입니다. 일어날 때가 적다는 것으로 소시전少時轉입니다. 또 의식은 여섯 가지로써 다섯 가지는 오후悟後에 가서 일어나므로 다시전多時轉이고 칠식과 팔식은 언제든지 일어나기 때문에 항시전恒時轉으로 되어 있습니다.

350페이지로 되돌아가서 도표를 보면서 눈에 대한 설명을 마무리 합시다. 눈은 아홉 가지 조건이 있어야 일어납니다. 공이라는 것은 빌 공空자로 눈과 귀는 가까이에 붙여 놓으면 안 보입니다. 이것은 공간을 두어야 합니다. 눈과 귀는 공간을 두고 알며, 코와 혓바닥은 떨어져서 아는 것으로 이중지離中知라 합니다. 가운데 띄어놓는 것인 후삼식과 몸까지는 이중지 대신 합중지合中知라고 합니다. 다시 349페이지로 넘어가서 끝에서 둘째 줄 중간쯤에 보면 안식은 구연생九緣生이라고 했습니다. 또 이식耳識은 제명팔除明八로 밝은 것이 없어도 알 수가 있습니다. 이는 명을 제하고 여덟 개의 인연이 있으면 알고 비설신은 각각 일곱 개만 있으면 됩니다. 353페이지에 도표가 있는데 그 밑에 줄을 그어놓았네요. 사삼四三이라는 것은 차례대로 아뢰야와 말나가 배당한다고 했습니다. 다시 353페이지로 돌아가서 도표를 보면 이것을 어떤 사람은 말나식이 위에 있고 아래에 아뢰야식이 있으니까 첫 번째 4을 놔두고 543이라 그랬습니다. 의식은 오연을 가지고 한다고 그랬습니다. 그 밑에 칠식은 칠연을 한다고 했습니다. 말나식을 4로 하기 쉽고 아뢰야식을 3으로 하기 쉽단 말입니다. 그것을 표로 나타낸 것입니다. 의식이 오연 말나식이 삼연 아뢰야식이 사연으로 되어 있습니다. 그것을 분명히 해야됩니다. 그렇지 않으면 거꾸로 된단 말입니다.

기멸분위문起滅分位門

지금 설명하는 것은 기멸분위문입니다. 육식에서 의식을 설명하기 전에 전오식을 얘기했고 전오식을 얘기할 적에는 과목이 무엇으로 되어 있습니까? 구불구전이라 했을 때 육식이 전부 전육식을 한 것입니다. 그런데 구불구전俱不俱轉에 가서는 전오식만 가지고 얘기했고 구불구전이나 기멸분위문은 똑같은 것입니다. 구불구전을 할 때는 전오식만 가지고 했고 제 칠식 기멸분위문에 가서는 의식만 가지고 했습니다. 그렇게 절충을 했는데 여기서 의식은 무상천에 난 것과 무심의 이정인 무상정 · 멸진정과 수면과 민절 다섯 가지를 오후에서는 무심이라 하며 기멸하지 못합니다. 아주 잠이 깊이 들었을 때 무슨 전염병이 들어 의식이 끝납니다. 이것을 앓으면 의식이 뚝 끊어질 때가 있습니다. 우리는 의식이 덮혀 마음으로 기어 다니기 때문에 행상이라 그랬습니다. 기어 다니기 때문에 안 보입니다. 예를 들어서 이렇게 누우면 산 너머 아무개 집에서 부인이 저녁밥을 해 먹고 설거지 하는 것이 보입니다. 의식이 덮혀서 병이 민절이 되면 의식이 유행을 하지 않기 때문에 직접 병든 사람을 보지 않아도 병든 사람이 눈 앞에 있는 것처럼 볼 수 있습니다. 그러면 사람들은 미쳤다고 하는 것입니다.

제 36 강

요경능변了境能變

상응수구문相應受俱門(6)

책 323페이지 다섯째 줄에 구기俱起라는 말이 나옵니다. 여기서 조금 올라가면 육식에 대한 설명이 나옵니다. 육식은 토를 달아야 합니다. 호법은 삼성이 구기한다고 하는데 난타는 '삼성 불구기설' 을 주장합니다. 그래서 삼성 구기를 주장하는 것은 호법이고 삼성 불구기를 주장하는 사람은 난타인데 난타학설에서는 육식을 삼성이라고 하지 않았습니다. 육식이라고 하면 말이 안됩니다. '육식은?' 이라고 해야 합니다. 다시 책을 앞으로 275페이지를 넘기면 '심소상응문(7)'이라는 말이 나오는데 이것이 성유식론에서는 대단히 중요시했습니다. 이것은 말하자면 심리학입니다. 일반적으로 심리를 연구하는 것을 심리학이라 합니다. 심리학은 보통 현상심리를 말하는데, 드러나는 것을 사용하는 것을 현상심리라고 합니다. 유식에서는 심리가 어떻게 일어나는 것인지 그 본질과 현상을 다 얘기하는데 일반심리학에서는 현상만 이야기합니다.

1절 능변차별문能變差別門에서는 앞의 이숙능변과 사량능변은 그 식체識體가 오직 하나였지만 제 육식인 요경능변은 식체가 종종으로 차별 된다는 것입니다. 즉 안, 이, 비, 설, 신, 의의 여섯 가지로 차별이 됩니다. 2절 자성행상문自性行相門에서는 제 육식의 성과 상을 설명하고 있습니다. 자증분과 견분이 동일하지 않기 때문에 이문으로 나누었지만 요경으로서 그 의義가 친하므로 일문으로 든 것입니다. 3절은 삼성분별문三性分別門을 설명하고 있습니다. 요경을 통하여 선善, 불선不善, 구비具非가 먼저 나타난다는 것입니다.

315페이지의 도표를 하나씩 다 가지고 있지요? 요별경식은 4절의 상응수구문相應受俱門을 보면 되겠습니다. 그래서 지난 시간에 공부한 차별유육종差別有六種도 끝났고 삼성분별문도 끝났습니다.

그리고 오늘은 육유六類을 공부할 차례인데 여섯 가지는 변행遍行, 별경別境, 선善, 번뇌煩惱, 수번뇌隨煩惱, 부정不定입니다. 51심소의 해석은 '성유식론'에서 정확하게 설명해 놓았습니다. 초의 변행은 촉등이라고 그랬습니다. 촉 하나 들고 그 밑에 넷을 등치했다는 것을 지난 시간에 배웠습니다. 변행에 나오는 대의는 제 팔식을 배울 때에 이미 다 나왔습니다. 촉의 오변행은 낱낱이 해석이 되었습니다. 별경은 욕欲, 승해勝解, 염念, 정定, 혜慧를 가리키며 변행이라는 심소는 마음만 있으면 따라다니는 것으로 두루 행합니다. 별경의 별자는 특수하다는 뜻입니다. 특별한 경우에만 일어나는 심소이기 때문에 별경이라고 합니다. 욕과 승해와 염과 정, 혜 다섯 가지는 별경이라 합니다. 식에서 반연하는 일이 같지 않기 때문에 별경입니다. 사자事字는 경계라는 말과 같은 뜻으로 '소연경所緣境이 부동不同하다' 는 말입니다. 첫째는 욕, 승해, 염, 정, 혜 소연경이 부동하므로 각각이 되는 것입니다. 승해를 내고, 생각을 하고 정, 혜 전부가 다른 것이기 때문에 별경이라고 합니다. 그렇게 되면 총설은 다 한 것입니다. 오위, 육위라고 그랬습니까? 그러니까 총설로서 심소는 변행과 별경과 선과 번뇌와 부정인데 그것이 다 선에 응한다는 말입니다.

초 변행은 앞에서 공부한 것으로 하고 차별경次別境은 계속 나오는데 책 326페이지 셋째 줄에 별경에 대한 해석이 잘 되어 있습니다. 별경 밑에 차별경次別境, 욕欲, 승해勝解, 염念, 정定, 혜慧, 소연사부동所緣事不同은 도표를 가지고 이야기 했습니다. 소연과 사에서 '사事'자는 경이라고 했는데 소연경계와는 달라서 전기불 밖에 있는 경계입니다. 사실 이것은 명언으로 명언심입니다. 하고자하는 것은 마음속에 들어 있습니다. 무엇을 하고자 하는가? 하는 마음이 일어나 '돈을 좀 가졌으면 좋겠다'하는 마음도 거기서 나오는 것입니다. 명언심을 가지고 있을 때 경계는 여섯 가지인데 그 중에 다섯 가지로 다르게 나오는 것은 밖에 경계가 다르기 때문에 속으로 다섯 가지가 생겨 나온 것입니다. 별경 밑에 욕, 승해, 염, 정, 혜 이것을 따로따로 새기는데 그 방법이 정확합니다.

욕이라는 것은 성유식론에서 심소라고 하여 따로 새긴 경우가 많습니다. 이 심소는 가흔可欣, 가염可厭, 중용中容 일체에 작용을 합니다. 소요경所樂境에 '요樂'자를 중국 사람들은 이것을 락이며 악이라고도 합니다. 악은 음악이고 락하면 즐거워하는 것입니다. 요하면 좋아한다는 뜻입니다. 요산요수樂山樂水는 지혜로운 자는 물을 좋아하고 어진 자는 산을 좋아하고 공경한다는 뜻입니다. 맹자에서도 그런 소리가 나옵니다. 소요경에 대한 설명도 앞에서 했고 희망으로 성품을 삼는다는 성용性用도 했습니다. 근勤은 정진을 말합니다. 그리고 욕하는 것은 곧 욕을 딛고 정진하는 것입니다. 가령 소욕이니까 돈을 좋아하는 사람은 돈이 저절로 안 벌어지니까 어쨌든 노력해야 됩니다. 노력을 근이라고 하는데 노력하는 것이 밑천이 되어 업을 삼는 것입니다. 책을 읽어보면 알 수 있습니다. 그래서 나는 한문으로 된 것만 새겨 나갈 것입니다. 소요경에 희망하는 것으로 성용을 삼고 노력하는 것을 바탕으로 하여 업을 삼는다고 했습니다.

승해라는 것은 승할 '승勝' 자로 좋은 것만 승해가 아니라 나쁜 것도 좋다고 생각하면 좋은 것이 됩니다. 나쁘다고 생각을 하면 안 고쳐집니다. 공산당도 이념 자체만 보면 좋은 것입니다. 부자들이 혼자 먹지말고 나눠 먹자고 하는데 그것은 아주 좋은 모양입니다. 승해라는 것은 딱 좋다는 것입니다. 갈릴레오는 지구가 둥글다고 했습니다. 망원경을 발명한 갈릴레오는 하는 일이 따로 있지만 틈만 나면 망원경을 가지고 하늘을 쳐다보니까 지구가 둥글다는 것을 알았습니다. 그런데 그 당시에는 해 뜨면 망하게 생겼단 말입니다. 그래서 갈릴레오를 잡아놓고 너는 하느님의 학설에 반대되는 소리를 하니까 사형을 시키겠다고 했습니다. 그러면서 너의 주장을 철회하면 사형을 시키지 않겠다고 합니다. 사형장까지 잡혀가게 되자 일단은 자신의 학설을 부인했지만 사형장에서 풀려나올 때에는 '그래도 지구는 돌고 돈다'고 한 그것이 승해라는 것입니다. 좋은 것이나 나쁜 것이든 간에 꼭 좋다는 것은 안 바뀝니다. 유식학설을 잘 들은 뒤에 우리의 몸이 전부 뭉쳐 깨닫지 못했던 승해가 나오면 경전을 따로 할 필요가 없습니다. 경전이 바탕이 된다고 했습니다. 승해가 나오면 무슨 소리가 나와도 바뀌지질 않습니다. 승해라는 것은 논문에서 선악 간에 결정을 해야합니다. 인정하면 다른 이에게 안 팔리는 것입니다. 그것으로 성용을 삼고 불가인전不可引轉으로 무슨 소리를 해도 유혹을 당하지 않고 의심할 수 없는 것으로 업을 삼는 것입니다.

또 증습경曾習境에 보면 증습이라는 것은 앞에서 공부했던 습관이 종자되는 이야기가 기억납니까? 일찍이 익힌 것으로 술 잘 먹는 놈, 노름 잘 하는 놈, 화투 잘 하는 놈 등이 있었습니다. 증습경에서는 염하는 마음으로 하여금 명기불망明記不忘이라. 마음으로 분명히 기록을 해서 잊어버리지 않는 것이 염입니다. 톡톡 튀어나오는 것으로 염을 생각하는 명기불망이라고 했습니다. 증습경에는 마음으로 하여금 밝게 기록을 해서 잊어버리지 않는 것을 성용이라 하며 이 성용을 바탕으로 합니다. 우리는 정定이 잘 안됩니다. 정定이라는 것은 물이 흔들거리다가 가라앉은 모양을 보고 정이라고 합니다. 흔들리는 모양을 살랑거린다고 합니다. 산란인데 빙빙 돌아다닙니다. 그러니까 천하를 빙빙 돌아다니다가 정에 이르는 것은 조용하게 됩니다. 염불을 해도 잘 안됩니다. 명기가 안됩니다. 과거때부터 종자가 바가지 모양의 해골 속에 있는데 그게 증습경입니다. 그것이 해골에 들어앉아서 요동을 하니까 잘 들리겠어요? 화두를 들어서 정에 들어가려면 과거부터 쌓아놓았던 종자를 가만히 있도록 해야 합니다. 그것이 안되니까 마치 물이 흐르는 힘에 의해서 옆에 것이 다 떠내려가 버리는 것처럼 됩니다. 관세음보살을 생각할 때도 그 세력의 업력에 밀려서 안되는 것입니다. 그래서 우리는 지혜를 얻지 못합니다. 지를 해야 하는데 '정념'인 바른 생각이 업력을 이기지 못하면 산란합니다. 생각이 업력을 이기면 정이 되는데 식을 따라 자꾸 흘러가면 지혜를 얻지 못한다고 합니다. 정신없이 책장을 넘기고 나니 기억이 안나는 것입니다. 해석이 참

좋습니다. 염念이라는 것은 정定의 바탕이 됩니다. 옆에서 유혹을 해도 당하지 않습니다. 정의 바탕이 되는 것으로 업을 삼습니다. 소관경所觀境에 마음으로 하여금 온전히 흩어지지 않는 것으로 성을 삼고 지혜의 바탕이 되는 것이 바로 정입니다.

혜라는 것은 소관경에 분별하는 것으로 성을 삼고 의심을 끊는 것으로 업을 삼는다고 했습니다. 소연사부동所緣事不同을 한번 읽어보겠습니다. 소연사부동이라는 것은 오종의 심소를 별경別境이라고 하는 소이所以를 보인 것입니다. 앞에서 말한 것처럼 소락의 경계에서 욕을 일으키고 결정의 경계에서 승해를 일으키며 훈습의 경계에서 염을 일으키며 소관의 경계에서는 정과 혜를 일으킵니다. 일으키는 소연을 달리하므로 반드시 별경에 대해서 일어나는 것이기 때문에 소연사부동이라고 했습니다. 소연사에서 사事는 경境의 뜻이라고 한 것입니다. 얼마나 해석을 잘한 것입니까? 동일한 것이 아니라 세 개가 부동한 것이기 때문에 별경이라고 이름을 붙였다는 것입니다.

선善이란 것은 누가 대신 해줄 수 있는 것이 아닙니다. 신信과 참慚과 괴愧와 무탐無貪 등 3근과 근勤과 안安과 불방일不放逸, 행사行捨, 불해不害 등 열한 가지입니다.

선에는 열한 가지가 나오는데 신信이라는 것은 실덕능實德能에 낙욕을 해서 마음을 깨끗이 하는 것으로 성을 삼고 불신不信을 대치해서 낙선樂善하는 것으로 업을 삼는 것입니다. 성용性用은 심정心淨이라고 하여 자성청정심이고 능히 상응의 심품을 청정하게 하는 것이 마치 수청주와 같다는 것입니다. 수청주는 구슬 이름인데 탁한 물에 담그면 물이 맑아지는 그런 구슬입니다. 수청주가 능히 탁수를 깨끗이 합니다. 그와 마찬가지로 다시 나가서 본체를 말할 때 실이라고 합니다. 본체에 가장 깨끗한 것이 있다면 아주 유수한 작용을 덕이라고 합니다. 실덕능의 '능能'에는 사람들이 스승을 말하고 또 보살 같은 재주를 가진 것을 덕이라고 합니다. 능은 신통치 못하여 색이 있는 것을 능이라고 그래요. 글씨 잘 쓰고 그림 잘 그리는 것은 쓸데없는 것입니다. 실체와 덕을 얻고 그 다음에 능력을 얻은 사람은 세 가지가 다 좋은 것입니다. 사람으로도 좋은 것이고 사람이 아니어도 좋습니다. 실덕능은 신의 의지처이고, 심인락욕은 신의 인과입니다. 참을 인忍자하고 인정이라고 할 때 신이 나고 낙욕하는 것으로 마음이 깨끗해지면 성을 삼아서 실신을 하는데 실신은 마음을 맑히는 성질을 가졌습니다. 마음을 맑히는 것으로 실신 있는 사람과 실신 없는 사람의 생활이 아주 다르지요. 불신을 대치하는 것으로 업을 삼는 것입니다.

참괴라는 것은 자법력自法力이라고 합니다. 자력은 속에서 나오는 힘으로 그것은 자신을 존중하고 교법을 존중하는 성용입니다. 법력이라는 것은 국가의 법률입니다. 유명한 사람 가운데서 모범될 만한 것이 법입니다. 자법력은 현인과 성인을 존경하는 것으로 성을 삼고 또 무참을 대치해서 악행을 지식하는 것으로 업을 삼는 것입니다. 또 괴라는 것은 포악한 사람을 경거하는 것으로 성을 삼고, 악행을 그치게 하는 것으로 업을 삼는다고 했습니다. 여기에서는 이렇게 새겼는데, 두 가지를 잘못하면 부끄럽게 여기는 것을 괴라고 합니다.

제 37 강

정변유식正辨唯識

석결유식釋結唯識

이제 명유식상明唯識相을 하고 광석廣釋에 들어가서 능변으로 나아가는데 이숙능변, 사량능변, 요경능변 세 가지를 했습니다. 이숙식, 사량식, 요경식이 끝나고 그 다음에 명유식상으로 나가면 정변유식이라는 것이 있습니다. 과목이 정변유식인데 오늘은 이것을 설명할 것입니다. 책 360페이지에 나오는 명능변상明能變相이라는 그 말에서 정변유식이 나옵니다. 이것은 아주 쉬운데 유식을 결론 짓는 것입니다.

360페이지 위쪽에 아법을 유가설아법이라고 했습니다.

그 뒤를 이어서 아법을 세우는데 어디에 두고 아법을 세웠느냐 하면 모든 식이 변하면 견분상분으로 변한다고 했습니다. 견분은 능연이고 상분은 소연인데 그것을 능연소연으로 유식을 석결釋結한다고 씁니다. 유식을 해설해서 맺는 다는 소리입니다. 바로 유식을 가른다 해서 제 일장이라 하고 또 유식을 해석을 해 왔는데 여기서는 유식을 결結한다고 합니다. 그러면 모든 식이 전변轉變하는데 전변한 것이 무엇입니까? 능변에서 전변한 것이 무엇입니까? 이분이 나왔었는데 견분상분이 바로 그것입니다. 견분상분이라는 말은 분별과 소분별입니다. 분별이라는 것은 능연이라는 말이며 소분별은 소연이라는 말입니다. 이것이 견분상분으로 분별과 소분별인 것입니다. 더구나 이것으로 법을 해석한 것입니다. 이것이 지금까지 설명한 것으로 유식을 해석했다고 하는 것입니다. 지금 설명하는 것은 유식을 결結하는 것입니다. 아법을 세우는 견분상분은 유가설아법을 이렇게 해석한 것을 모아놓은 것입니다. 실아실법은 그것을 말하는 것으로 견은 다 없는 것입니다. 이제는 견분상분이나 또 실아실법은 다 없는 것입니다. 그것은 모두 꿈꿀 때 나타나는 것처럼 오직 유식 일체에서 벌어지는 것으로 5위 100법 전부가 유식입니다. 간밤에 좋은 꿈이나 나쁜 꿈을 꾼 것은 전부가 꿈입니다. 이것으로 정변유식은 마치겠습니다.

그런데 361페이지 둘째 줄 끝에서 셋째 줄을 보면 상응법이라는 말이 나오는데 그것은 정변을 말하는 것입니다. 약간은 상응법에 반하는 것처럼 생각 되어지기도 합니다. 지난 시간에 공부한 능변에다 '안'자가 하나 더 붙은 것입니다. 그것처럼 생각되어지지 않는 다는 것입니다. 않는 것은 '아니다'하는 것을 생각하여 될 수도 있어서 말이 안 되는 것은 아닙니다. '않는 것은 아니지만' 하는 소리는 실제로는 아니란 소리입니다. 그래서 '않는 것은 아니다' '생각되어지지 않는 것은 아니다' '그러는가 보다' 라고 한 것입니다. 그런데 실제는 생각 될 수도 있다는 소리입니다. 생각될 수도 있다고 하기 때문에 착각하기 쉽다는 소리입니다. 그래서 저것이 된다는 소리가 아니고, 그래 될 수도 있지만 실제로는 그런 것이 아니다는 이야기입니다.

365페이지에 '구난의九難義'란 말이 나옵니다. 아홉 개의 난을 시설하여 시험삼아 묻고 세간인근世間隣近의 예를 든 것입니다. 인근은 이웃 린隣자이며 근자는 가까울 근近자 입니다. 인근이라 할 때 구난의九難義라는 것은 아홉 가지 어려운 문제를 질문하는 것입니다. 아홉 가지를 문란하는 것을 말하는 것입니다. 그런데 인근은 비유라고 했지만 사실은 이것이 본문보다 더 어렵다고 봅니다. 아홉 가지 질문이 대단히 복잡해집니다.

통석방난通釋放難

383페이지를 봅시다. 통석방난에서는 유식을 설명할 때 석결이라 했습니다. 유식에 대한 문제가 많습니다. 지금 여기에 있는 여러 분도 의심스러운 것이 많을 것입니다. 우리가 이 유식이란 것을 참으로 알고 다독거렸는데 허깨비라고 하니 좀 허탈하지 않아요? 그런데 여기도 많은 문제가 있습니다.

첫번 째 이치에 어긋난다는 소리로 식 뿐이고 경계가 없다면 인식할 것이 없다는 것입니다. 식 뿐이고 경계가 없다면 우선 나쁘고 좋은 것이 없을 것입니다. 두 가지가 나오는데 '피의식소변' 설과 '종종의 방난' 입니다. 식 뿐으로 바깥에 좋고 나쁜 것의 산하대지가 없다면 첫째 생사에 유전할 때 나쁜 것을 보고 거슬려 업을 짓고 그 결과로 생사를 받는 것입니다. 만법에 경계가 없다는 것은 사람들이 업을 지을 수 없고 호불호가 생기지 않는다는 것입니다. 그러면 식 뿐이고 경계가 없다면 심법이 존재할 수가 없습니다. 이 마음이 저 밖에 있는 경계들을 보고 좋고 나쁘구나 해서 업을 짓는 것입니다. 좋은 것은 하고 싶고 나쁜 것은 싫어하니까 어떤 심법이나 경계가 없다면 절대 마음이 생길 수가 없는 것입니다.

둘째 유정들이 상속할 수 없다는 것입니다. 식 뿐입니다. 심법 생기에 대한 난이 문란을 일으켰다는 말인데 그것을 해석하면 일체종식이 이와 같이 변하여 전전력을 키웠던 까닭입니다. 피피분별생彼彼分別生이라. 이것도 대단히 복잡한 것입니다. 일체식이라는 것은 제 팔 아뢰야식입니다. 아뢰야식 속에는 종자가 들어와 있습니다. 이숙하는 식 뿐이라는 것은 이제 견분 밖에 없고 상분이 없는 것입니다. 식 속에는 견분종자도 있고 상분종자도 있습니다. 예를 들어서 이것을 마이크라고 아는 것은 견분입니다. 마이크 모양대로 이속에 들어가는 것을 상분이라 합니다. 애초에 훈성할 적에 견분 상분은 했습니다. 다 들어갔는데 마음이라고 한 것은 상분이 없는 줄 알고 한 소리입니다. 일체종에서 현행이 될 때는 상분이라는 어떤 것과 견분이라는 무엇이 달라야만 합니다. 그러면 일체 종식을 이와 같이 변하게 하는 것은 복수를 하는 것입니다. 견분상분이 거꾸로 자꾸 식만 변하니까 상분도 있고 견분도 있어 전전력이 있으며 피피분별이라는 분별이 생긴다는 것입니다. 피피라는 것은 복수이며 '난다' 하는 것을 대답해 놓은 것으로 아주 자세하게 설명되어 있습니다.

그 다음에 유정이 상속하기 어렵다는 것을 보면 여러 가지 사종들이 생겨 제업습기諸業習氣와 이취습기二取習氣를 막는 까닭이 됩니다. 제업습기가 갖춤을 막기 때문에 이취습기가 있는 한 다시 제업습기가 생깁니다. 이취습기에서 이취라 함은 즉 견분이고 소취는 상분이란 말입니다. 그리고 두 가지 종자가 무기로 이해되어 아뢰야로 가서 잔뜩 쌓이게 됩니다. 내가 이루는 것은 언제든지 청구로써 빈자리가 없습니다. 한 군데도 빈 곳이 없습니다. 아래 '하下'자를 쓰고는 언제든지 종자가 많이 들어 있습니다. 그런데 무기로 되어 있기 때문에 그 놈을 톡 쳐서 일어나게 하는 것은 업종자입니다. 이것은 구체적으로 이야기하기가 어렵습니다. 그러면 종자는 무기에 붙어서 미래지까지 상속을 하고 있지만 우리의 몸을 막아 주는 것은 업종자에 달렸습니다. 업종자를 톡 하고 쳐보니 무기종자가 일어납니다. 그러면 업종자의 세력에 따라서 즉 치는 도수에 따라서 세게 치면 이취종자가 더 많아집니다. 이취종자가 많아지니까 세게 친 것이 가라앉으면 조금만 해도 됩니다. 그래서 업종자의 세력에 따라서 이 세상에서 장수하는 사람도 나오고 단명하는 사람도 나오는 것입니다. 모든 제업습기와 이취습기에서 제업종자는 선악 종자이고, 이취종자는 곧 견분상분을 뜻합니다. 취의 정도에 따라서 이 세상에서 장수도 하고 단명도 합니다. 그러니까 질질 끄는 몸뚱이라도 이취, 제업습기의 도수로 받은 것이 100년을 가든 70년을 가든지 다 해버립니다. 또 이취제업은 얼마든지 상속할 수 있습니다. 또 뒤에서 다시 치면 일어난단 말입니다. 그래서 재미가 있는 한 또 여기서 일어날 수가 있습니다. 이제 이취를 어기는 것은 다 했습니다.

심법생기연유心法生起緣由와 유정상속연유有情相續緣由에서 이취습기만 부처님 경전에서 그냥 식일 뿐이고, 여기서는 삼종자성을 불성不成한다는 것의 내용입니다. 그럼 삼종을 지우고 삼성을 세우면 세 가지라는 소리입니다. 또 삼무성이 불성할 때 만약 삼성이 성립된다면 삼무성은 성립되지 않는다는 이야기입니다. 그러니까 반야경이 삼무성을 주장하는 것이라면 여기서는 삼성을 주장하고 있는 것입니다. 삼종자성이니까 처음에 그것이 들어가서는 전변이 됩니다. 전변轉變은 변계소집성, 의타기성, 원성실성입니다. 이것은 앞에서 이야기를 했지만 여기서 주장하는 것은 유식에서만 잘 하는 세계입니다. 그런데 우리가 지금 까지 이야기 한 인생관, 우주관을 세계관이라고도 합니다. 이 세상에 태어나서 보니까 몸이 어디로 가는지 모릅니다. 이 몸에 대한 해부를 자꾸 하는 것을 인연관이라고 하지요. 커다란 그릇에 몸이 담겨 있습니다. 하늘과 땅의 큰 그릇에 내가 담겨 있습니다. 유정무정이 담겨 있는데 그것을 기세간이라 합니다. 기세간器世間이라고도 하고 기세계라고도 하는데 여러 가지가 있습니다. 사람은 기세간이라는 커다란 그릇에 담겨 있어요. 그리고 세상에 있는 배추 같은 것은 다 물러가라고 합니다. 내가 나무 같은 것을 쓰고 먹으면서 살고 있습니다. 또 그것은 우리가 사용을 하는 그릇인 대접과 사발 모양의 물건은 우리가 대접과 사발 쓰듯이 사용하는 것입니다. 기세간이란 형상과 소리가 담겨 있는 천지를 말합니다. 또 그 속에 들어있는 물건을 우리가 밤낮으로 사용하면서 살기 때문에 그릇 사용하듯이 하고 있습니다. 그래서 두 가지를 알게 됩니다. 기세간을 전부 따를 때에 5위 100법으로 나눕니다. 유위 · 무위로 나누기도 합니다. 또 선 · 악 · 무기 삼성으로 나누기도 하고, 유무로 나누기도 하는데 유무로 나누는 것이 종교적으로 가깝습니다. 종교적으로 나누게 해야지 세상을 나누는 방법으로 원성실성만 보아서는 안 된다는 것입니다. 앞에서 보았듯이 원성실성, 의타기성, 변계소집성으로 이것들을 잘 하면 되겠습니다.

삼종자성三種自性

원성실성은 본성의 본체라고 하는데 실성이라고도 합니다. 본체라고 하는 것은 앞에서 이야기 한 원자는 공간 어디든지 퍼져 있어서 돌 속이나 사람 속이나 이 세상에 있는 물건에는 다 있는 것입니다. 구사론의 업감연기業感緣起에는 시간과 공간이 있다고 합니다. 업감연기에는 물질이 있다고 했습니다. 이 세상에 있는 나무를 부수고 또 부수어 최소의 알갱이가 된 것을 원자라고 합니다. 유물론자는 물질을 부수어 가루를 만듭니다. 칡을 갈면 칡가루가 되고 돌을 갈면 돌가루가 되고 나무를 쪼개면 나무가루가 됩니다. 기체인 공기도 가루가 됩니다. 여러 분의 눈에 보이지 않는다고 없는 것이 아닙니다. 여러 분이 봉투에 공기를 잔뜩 담아서 봉투의 앞뒤를 막아버리면 그 속에는 무엇이 들었겠어요? 자동차의 타이어 속에는 공기가 들어있어 무거운

짐을 싣고 가도 내려앉지 않습니다.

분자라는 소리도 들어보았지요. 고무호스 속에도 공기가 들어있습니다. 또 여러 분이 봉투에 바람을 불어넣어 앞뒤를 막으면 봉투를 만든 분자는 가늘고 가벼워 눈에 안 보이지만 봉투 속에 있는 분자는 더 굵기 때문에 밖으로 나올 수가 없습니다. 그런 공기의 분자는 기체지만 고무분자 보다 굵기 때문에 고무 속에 공기가 다 빠져도 달아나지 않는 것입니다. 그래서 이 세상에 있는 모든 물건을 부수면 가루가 되는데 그 가루를 부수고 부수어 더 이상 부술 수 없는 것을 극미極微라고 합니다. 극미가 어떻게 이루어지는지 우리 눈에는 보이지 않습니다. 아침에 창문을 열면 햇살이 들어옵니다. 문에 바늘 구멍을 뚫어 놓으면 그것을 통해 햇살이 들어옵니다. 극미는 바늘 구멍을 통하여 들어오는 햇살의 11만 6천 700백 49분의 1입니다. 문 구멍에 대면 보이는 것입니다. 극미라는 것은 우리 눈에 보일리도 없고 소변도 안 되는 것입니다. 이것이 구사론의 이론대로라면 극미가 뭉쳐서 사방에 놓고, 중간에 놓고, 위 아래에 놓으면 일곱 군데가 됩니다. 일곱 군데가 모인다고 했는데 처음에 일곱 개는 칠진수로 이루어집니다. 인터넷은 이진수로 이루어져 있고, 우리는 십진법을 사용합니다. 열 가지로 나누어 사람들은 생일을 해마다 해 먹습니다. 사람이 죽었을 때도 칠 일을 일곱 번을 하면 49일이 됩니다. 49재의 풍습이 이렇게 생긴 것입니다. 극미에 가면 극미보다도 더 작은 놈이 있습니다. 극미와 뭉쳐 벽돌을 이어 시멘트로 쌓은 것처럼 그 물질의 분자가 합치는 빨간 벽돌이 시멘트 벽돌보다 작습니다. 시멘트 벽돌보다 작은 빨간 벽돌은 빨간색 그 하나가 분자로 친다면 빨간 분자에서는 그 사이 물질을 합쳐도 압축이 안된다는 것입니다. 이 세상에는 분자와 분자가 합쳐서 모두 떠 있는 것입니다. 이 우주 전체가 큰 분자, 작은 분자로 이루어져 있습니다. 집을 분자로 하면 아무래도 집과 집은 크니까 압축해도 사이 공간이 콩가루보다는 클 것입니다. 콩가루가 되면 가루입니다.

그래서 우주 전체를 감싸고 있는 것은 요즘 말로 하면 에테르라고 합니다. 에테르는 물질의 분자를 빼면 사이가 마치 젓가락에 나무가 붙은 것으로 보이지만 다 얼기미(채) 모양으로 그 사이에 있는 것입니다. 분자나 원자 주위에는 전자가 돌고 있습니다. 세상이 터져 하늘 위로 200리 올라가면 공기가 여기보다 약합니다. 지구에 가까울 수록 공기는 눌려서 무거우며 위로 올라 갈수록 가벼워집니다. 약하지만 서로 연결되어 있는 것이지 떨어져 있는 것은 하나도 없습니다. 우주정류장을 만들어서 지구는 지구대로 다니면 다른 항성이나 혹성에도 저절로 탄력이 있습니다. 입자에서 당기고 지구가 당기고 목성에서 당겨 그 중간 쯤에 가면 사방에서 자기 쪽으로 당기겠지요. 그것을 공간에 두면 정거장이 되는 것입니다. 여기도 안 가고 저기도 안 가는 그것이 우주 정거장이라는 것입니다. 이쪽에서 안 당기고 저쪽에서도 당기지 않으면 우주 정거장이 되는데 움직이지 않으니까 그대로 있는 것입니다. 거기에서 비행기도 만들고 잠수함도 만듭니다. 정거장이니까요. 물질만 가지고 보면 분자와 분자가 연결되어 있는 것이 에테르의 속성입니다. 공기는 아무리 떨어지게 해도 떨어지지 않는 것입니다. 불을 지펴서 태워 봐도 허공은 타는 것이 아닙니다. 아무리 불이 나도 허공은 그대로 있습니다. 또 허공의 공기를 한 바가지 떠 가지고 이 자리에다 가져놓아도 공기는 뻥 뚫려 있는 것이 아닙니다. 그렇게 하면 금방 섞여 하나가 되어 서로의 자리가 미미합니다. 이것은 내가 만들 수도 없습니다. 만약 허공이 갈라져서 공간이 생긴다면 마음자리라는 허공이 생길 수 있는 것입니다.

돈에 욕심을 내고 망상하고 남을 미워하는 것을 배웠습니다. 다른 사람이 하는 짓만 봐도 애착할 것이 하나도 없습니다. 무엇을 애착합니까?

원성실성圓成實性은 원자가 에테르 모양으로 사람이나 물건에 다 들어있는 것입니다. 에테르가 근본이 되는 마음자리는 어디에 있는지 알 수 없는 것처럼 원자는 그렇게 된 것입니다. 중국 사람들은 가운데 '중中'자를 어디든지 들어간다는 뜻으로 표현합니다. 입으로 공기를 집어넣는 것이 번거롭지요? 사람들이 말을 줄여 답답한 것이 있으면 불성이란 공기를 집어넣으면 되겠지요. 공기가 빠져 없으면 찌부러져서 모양이 볼품이 없어지고 가난하기 짝이 없습니다. 그냥 이렇게 된 까닭은 부서져서 그렇습니다. 처음에는 공기가 가득차서 모양이 좋았습니다. 그러므로 처음은 부유만득富有萬得이라. 부유만득 그것이 원圓입니다. 성成이라는 것은 일어났다 꺼졌다하는 생멸입니다. 그것이 시간적으로 연속되면 성이라고 합니다. 무엇을 가져다가 보태면 되는 것이 아니라 우리의 생명을 가지고 육신을 보태는 것입니다. 육신을 생명이라고 하는 것은 밥을 먹고 살아간다는 뜻입니다. 생명의 본질은 밥알을 보태서 되는 자리가 아닙니다. 또 이 자리는 옷을 입혔다고 해서 따뜻해지는 자리도 아닙니다. 본래부터 그렇게 되어 있는 것을 잊어버리고 이렇게 자아와 실제가 굴러가도 꿈과 같은 것인지를 모르는 것입니다. 한심스럽게 이렇게 앉아서 도를 닦는다고 되는 것이 아닙니다. 십 년을 앉아서 마음 성을 끊으니 그 아버지가 하는 소리를 아들이 또 그대로 합니다. 그 자리를 보호하는 방법을 몰라서야 되겠어요? 원성실성 그것은 어디를 가도 허위가 없다는 것을 이야기하는 것입니다. 어려워서 그것을 진여라고 합니다.

진여는 진짜를 하는 것으로 진眞이라고 합니다. 방 밖이나 방 안에서도 똑 같은 것입니다. TV에서 우동 광고 하는 것을 보니까 우동 맛이 마냥 진하다 합니다. 맛이 얼마나 진하면 으하하하 웃으면서 울면서 진하다고 하느냐 말입니다. 허위로 거짓말을 하는데 무엇 때문에 거짓말을 하고 도둑질을 합니까? 이런 엉뚱한 짓을 하면서 이 자리에 오면 만사가 다 고만해집니다. 그렇게 목마르도록 급할 것 없습니다. 원성실성은 꽉 차 있는데 인연은 할 때는 이것이 인연이 됩니다. 바로 '인'자 하나 더 넣어도 되는 것입니다. 원성실성의 인은 맞지 않습니다. 원성실성이 인인데 거기다가 무슨 단청을 합니까? 나무색 그대로 있는 서까래나 기둥에 붉은 색으로 단청을 해놓으면 달라지게 됩니다. 그러면 훈훈한 나뭇가지에다가 단청을 해놓으면 오색이 붙어 버리잖아요. 이것은 인연을 가지고 원성실성을 덮은 것입니다.

인연은 무엇 때문에 생깁니까? 깨닫지 못한 것이 껍질이 되어 거기에다가 누룽지가 누른 것처럼 되는 것입니다. 어른들의 담뱃대에 니코틴이 끼는 것처럼 한 대 먹고 두 대 먹고 해서 니코틴이 꽉 끼는 것과 같은 것입니다. 그것이 우리의 본성자리를 니코틴으로 덮은 것입니다. 니코틴이 덮인 것을 진짜로 아는데 그것은 진짜가 아니라 오온입니다. 그것이 원성실성을 덮은 것입니다. 그 아래로 무부무기 유부무기를 덮는 것입니다. 이것이 의타기성인 것입니다. 육근만 가지고 되는 것이 아니라 근본을 알아야 합니다. 이 원성실성은 원래가 하나인데 거기다가 수정으로 단청을 하니까 욕심이 여러 가지 생겼습니다. 그래서 덮은 것입니다. 그 단청이란 것은 나무속까지 베인 것이 아닙니다. 그것만 보는 것이 의타기성입니다. 단청하기 전의 것을 보고 원성실성이라 합니다. 안 보이니까 의타기성이 됩니다. 의타기성은 인연소생법인데 덮혀서 모르니까 법계소집성이 되는 것입니다. 의타기성이 인연소생법에 팔려서 일어나며, 변계소집성은 인간에게 안 떨어진다는 소리로 근본 원성실성은 알고 보니까 색에 팔리는 것이 아닙니다.

새끼줄을 꼬아 삼맥기를 만드는 것입니다. 새끼로 만든 새끼줄에서 원성실성은 본질이니까 새끼가 됩니다. 새끼줄을 뽑는 인연은 새끼입니다. 이상하게 새끼를 잘못보아 뱀으로 보인 것입니다. 그게 말이 되는 소리입니까? 여기서 새끼줄을 뱀으로 본 것은 변계소집성입니다. 변계소집성에서 변계소집은 주변 계탁과 섞어 놓았습니다. 이러쿵 저러쿵 따지는 망상의 꼬리를 물고 자꾸 연상이 되는 것입니다.

재미있는 이야기를 할테니까 잘 들어보세요. 옛날 중국에 악강이라는 사람이 있었습니다. 이 사람이 어떤 바보를 사랑했습니다. 달밤에 술도 같이 먹고 노래도 같이 부르면서 잘 지냈습니다. 이렇게 악강이가 매일 찾아오기를 일 년이 넘었습니다. 그런데 그 바보가 병이 들었다는 것입니다. 지난 해 악강이 주는 술을 먹고 병이 난 것입니다. 술을 어디서 마셨냐 하니까 마루에 앉아서 마셨는데 그 때 술잔에 뱀이 하나 들어 있었는데 그걸 함께 마셨다는 것입니다. 그래서 그만 병이 들었습니다. 술을 마실 때 함께 마신 뱀이 폐도 파 먹고 간도 파 먹을 것이라는 걱정에 그만 자리에서 일어나지도 못하게 된 것입니다. 그런 진중한 병이 우울증이 되어서 죽어가게 된 것입니다. 그래서 마을 이장이 바보를 불러와서 '그대는 어디서 술을 마셨느냐?'고 하니 저기 마루에 앉아서 술을 마셨다는 것입니다. 그 마루에 앉아서 다시 술을 한 잔 받으라고 합니다.

제 38 강

삼종자성 三種自性

그런데 자세히 보니 뱀 같은 것이 술잔 아래로 쏙 빠지는 것입니다. 그러니까 술잔에 어린 그림자를 뱀으로 알았던 것입니다. 천장을 쳐다보니까 활이 하나 걸려 있었습니다. 활에 용이 그려져 있는데 그것이 술잔에 비칠 때 뱀으로 보였던 것입니다. 활에 그린 용의 그림자가 뱀으로 보인 것입니다. 그 자리에서 용의 그림자를 땅바닥에 깔아버리자 뱀이 일어나지를 못했는데 그 이야기를 듣고는 눈으로 확인한 그 바보는 병이 다 나아버린 것입니다. 노끈을 노끈으로 알면 의타기성이고 노끈을 뱀으로 알고 일으키는 생각은 변계소집성입니다.

원성실성을 알고 나면 의타기성이 인연으로 된 것은 뱀

같은 모양으로 실물이 아닌 것입니다. 실물이 아니고 헛것이란 말인데 허망한 생각으로 몸이 시들어서 죽게 된 것입니다. 아뢰야식에서 보면 허망한 생각이지 이것이 어찌 뱀입니까? 몸을 생명이라 하는데 몸은 생명이 아닙니다. 자그마한 오온의 그것을 가지고 자기라고 가장을 한 것입니다. 허망한 생각에서 생긴 삼라만상이 실상인 것처럼 보이듯이 뱀의 그림자를 보고 실물로 알고 병이 난 것입니다. 활줄을 보고 뱀이라고 착각한 것입니다. 원래 몸 속에 하나가 있다고 생각하는 것은 이것이 흙인 줄 알고 있으면서 하나가 자꾸 따로 있다고 생각합니다. 내 소유를 따로 가지고 있는 것은 없습니다.

마치 맑은 공기가 하나의 기운으로 들어왔기 때문에 공기 속에서는 기압이 하나이기에 맑은 공기뿐입니다. 이것이 청정법신인 것입니다. 기압이 잘못되면 흰 구름이 떠 다니는 것입니다. 고기압이 잘못되었을 때 구름이 되었지만 고도가 달라져 기압이 달라지면 평지에서처럼 구름이 없어져버립니다. 그래서 '생야일편부운기生也一片浮雲起 사야일편부운멸死也一片浮雲滅'이라. 이것은 어떤 기운이 떠서 상황에 따라 구름이 되었다 없어졌다 하는 것입니다. 즉 어떤 기압에서는 구름이 생겼다가 또 기압이 달라지면 구름이 없어지는 것입니다. 기압의 차이에 의해서 생명이 일어나면 생야일편부운기입니다. 부운기에서 구름이 일어났습니다. 허공자체는 구름이 생길 때 구름을 따라가서 된 적은 한 번도 없습니다. 구름이 이쪽으로 흘러가다 저쪽으로 휙 돌아가서 이쪽으로 되돌아오는 것도 아닙니다.

그래서 서장에서 아리따운 여인이 성동격서聲東擊西를 합니다. 동쪽을 불러서 서쪽에 있다고 하는 것을 요즘은 내가 서쪽에서 왔더니 나중에는 동이다하는 소리입니다. 그 사람이 착각을 해서 동쪽을 서쪽이라고 하는데 동이 바뀌어 서쪽이 되는 일은 없습니다. 또 깨달은 후 동으로 바로 설 때에 서쪽이 변했던 것이 도로 동이 되는 것도 아닙니다. 그러니까 이것은 그림자일 뿐입니다. 진여는 변화를 안 한다는 것입니다. 진여는 변화를 하지 않고 이 마음이 변화를 한다는 뜻입니다. 이 사람들이 무엇을 주장하든지 진여는 언제든지 그냥 있습니다. 중생이 되어서 벌레의 몸으로 봤던 것을 사람이 되어서 그 사람을 변하게 하는 것이 아니란 말입니다. 그런 것은 업으로 당긴다는 뜻입니다.

다시 본문에 가서 들어봅시다. 변계소집성은 결국 노끈인 줄 모르고 뱀으로 알고 착각을 하여 병 들었던 사람이 그것이 뱀이 아닌 것을 아는 순간 병이 다 나아버린 것입니다. 병원에 갈 것도 없이 뱀이 아닌 것을 알고서 그 자리에서 병이 다 나아버렸습니다. 심화心化가 돈성頓成이라, 병이 있던 것이 다 빠져나가버렸습니다. 변계소집임을 아는 순간 그 자리에서 병이 다 나아버렸습니다. 변계소집을 이해하는데 있어 십대 논사가 제 각기 의견을 달리 했습니다. 옛날에는 나름대로 바램이 많은 것이 죄가 되어 오래 갔었습니다. 자꾸 토론으로 자기가 옳다는 것입니다. 토론이 계속되고 논쟁이 계속 되면 그것이 지옥입니다. 이론이 많기 때문에 같은 결론에 도달하는 것은 어렵습니다. 이론이 많기 때문에 통석방난입니다.

삼종자성三種自性

책 404페이지에 보면 변계소집성과 의타기성에 대해서 다른 학설은 놔두고 호법의 학설을 가지고 얘기한 것입니다. 다른 것은 복잡해서 여러분이 들으면 아주 머리 아픕니다. 변계소집은 삼종변계라. 변계소집성을 세 가지로 이야기 합니다. 능변계能遍計, 소변계所遍計, 변계소집계遍計所執計입니다. 변계 가운데 소변계와 능변계가 있으며 이것은 변계소집을 하는 것입니다. 우선 소변계, 능변계, 변계소집성에 관한 글은 놔두고 글의 내용에서 안혜가 변계라고 하였습니다. 406페이지에 안혜와 호법을 설명한 도표가 있는데 변계가 육근 밖으로 새어나오는 것이 번뇌입니다. 다른 말로 표현하면 번뇌란 말입니다. 그래서 팔식을 통해서 안혜安惠는 틀리기 때문에 전오식도 변계가 되고 제 팔식도 변계가 있다는 것입니다. 전부 허물이 있는 것으로 본 것이 아니라 호법은 전오식하고 제 팔식은 허물이 없다는 것입니다. 그리고 일단 허물은 칠식하고 육식 밖에 없다는 것입니다. 도표에서 안혜는 아집, 법집이라 했습니다. 분별기무명이 되어 전오식하고 제 육식, 제 칠식이 있을 때에는 전부 허물이 있다는 것입니다. 분별구생이라 하는 것은 어떻게 된 것입니까? 분별기는 이 세상에 몸을 받아 삿된 스승과 삿된 벗을 만나면 물이 드는 것을 분별혹이라 합니다. 구생혹俱生惑에는 전생부터 가져나온 것이 있어요. 이 몸이 날 때부터 가지고 나온 것이 있습니다. 그것을 구생혹俱生惑이라 합니다. 이 공부 처음 하던 날 내가 얘기했지요? 나는 이 세상에 와서 초등학교 때 선생님한테 배운 것이 잘못되어 평생 동안 가져간 것이 있습니다. 바로 금생에서 습이 된 분별혹입니다. 초등학교 때 선생님한테 들은 소리가 분별혹이 되어 지금도 하루 8시간 씩 자고 있습니다. 지금도 기분이 좋아서 조금이라도 잠을 덜 자면 아주 찜찜해요. 이 몸 받은 다음에도 전생부터 지닌 혹이 있다면 대단한 것입니다. 독기가 보통이 아닌 구생혹을 가지고 있습니다. 전생부터 노래 잘 부르는 애들이 있지요. 어린 것이 노래하는 것을 알고 노래에 따라서 춤을 추기 시작합니다. 가르쳐 주지도 않았는데 알아서 합니다. 그것이 구생혹인데 한번 물이 들으면 바꾸기가 어렵습니다. 난 이런 얘기를 신도한테 종종 합니다. 여기 와서는 이런 얘기를 할 처지는 못되지만 자기가 경험하지 않은 것은 꿈을 꿔도 되지 않습니다. 남자는 어디를 가던지 아기 낳는 꿈은 꾸지 않습니다. 우리의 업 속에 든 것이 없어서 아기 낳는 꿈은 안꾸는 것입니다.

이런 이야기는 하지 않았던가요? 사람이 죽어 살이 다 벗겨지면 어떤 것이 여자 시체인지 남자 시체인지 모릅니다. 여자는 죽어서 뼈다귀와 살이 다 빠져버립니다. 여자는 물에 빠졌을 때 위로 엎어져 떠내려 갑니다. 그렇다면 저 나무와 바위 같은 것은 밑을 자르고 양쪽을 자르고 가운데 속만 해서 두 개씩 잘라 놓으면 어느 쪽이 위인지 아래인지 모르지요? 그러나 아는 법이 있습니다. 어떻게 아느냐 하면 물에 띄워 보면 안다는 것입니다. 나무도 여자가 떠내려가는 것처럼 되는 것입니다. 본래 위로 갔던 그 성질은 나무가 되어 썩더라도 위로 갔던 성질은 변하지 않기 때문에 물에 담가보면 안다는 것입니다. 이러하니 수행을 하여 성불하기 전 단계인 비상비비상천까지 가야하는 것입니다. 그래야 이 업이 제대로 벗겨진단 말입니다. 여간해서 되는 것이 아니란 말입니다.

자 다시 책 404페이지를 보세요. 호법의 학설로 보면 유피피변계由彼彼徧計를 능변계라고 합니다. 또 변계가 현상으로 나타나는 것을 변계소집성이라고 합니다. 그것을 변계소집성으로 보는 것입니다. 이것을 삼종변계라고 하는데 변계란 것은 마음은 능변계이고 소변계는 능변계로 판단을 하면 그 가운데에서 생겨나는 것입니다. 쉽게 말하면 나무 끝 부분을 쳤을 때 나무 끝 부분은 소변계입니다. 그러면 나무 끝을 보고 변계라 하고 나무 끝을 못보고 다른 것으로 알아버리면 그것을 사견이라 합니다. 정견을 바로 보는 것과 바로 못보는 것은 상관이 있습니다. 외도 학설과 부처님 학설 사이에 빠진다는 것입니다. 부처님 학설만이 옳다고 보는 사람의 눈은 능변계이고 또 나무 끝 부분은 소변계로 되어 있습니다. 그것은 태양이 있으면 바로 보이는데 태양이 없어지면 어두워 못보는 것입니다. 나무 끝 부분에서 도깨비가 나왔다 혹은 귀신이다 했을 때 나무 끝의 그림이 소변계이고 보는 것은 사람이 하기 때문에 능변계입니다. 그 착각으로 나무 끝 부분을 귀신으로 본다면 귀신이 그곳에서 나와 있습니다. 그것을 소변계라 그래요. 변계해서 나온 것입니다. 변계가 없는 사람이 보면 나무 끝 부분을 귀신으로 보지 않습니다. 그러니까 귀신은 소변계로 안보이는 것입니다. 볼 때에 그릇되게 본 것을 변계라 하는데 이것이 바로 번뇌입니다. 번뇌가 있고 없고 상관없이 나오는 변계는 소변계이고 보는 것은 능변계이고 보고 착각해서 그릇된 것이 나타나는 것은 변계소집성입니다. 이것이 유피피변계입니다. 이것은 능변계인 것이 한 가지가 아니라 피피 두 가지를 중첩으로 해서 이러쿵 저러쿵 변계하는 것이 소변계입니다. 나무니 불이니 하는 여러 가지 종종물을 변계라 하는데 잘못 보던지 잘 보던지 이 변계소집성은 알고 보면 자성이 없는 것입니다. 그것은 본데 없는 것입니다. 자성이 없는 것을 우리는 있는 것으로 알고 있어요. 자성은 무소유라 합니다.

의타기자성은 분별연소생이라고 하고 또 의타기를 내놓은 말은 의타기성인 것입니다. 의타기, 인연소생, 인연법으로 엉켜서 무엇이 있는 것처럼 보입니다. 단청법 즉 단청이 자기자성을 분별연의 소생이라 하는 것은 의타기를 내

놓은 그것이 전부 분별연으로 만드는 것입니다. 이렇게 되면 능생법에다 이름을 지은 것입니다. 그 다음에 의타기자성에서 분별까지 나와 버리면 자성분별은 소생법인 것입니다. 의타기를 나타낸 분별까지가 인연의 소생법입니다. 유피피변계由彼彼遍計 변계종종물遍計種種物 차변계소집此遍計所執 자성무소유自性無所有까지는 변계소집의 상을 내세운 것이고 의타기자성을 분별연 소생이라 함은 의타기의 모양을 해석한 것으로 상을 해석한 것이며, 원성실은 어피於彼에 상원리전성常遠離前性입니다. 이래서 원성실은 변계소집성과 같기도 하고 다르기도 한 것입니다. 원성실성이 변계소집성 가운데 있어 묻히는 것입니다. 의타기성은 원성실성을 덮는 인연입니다. 원성실성은 어피於彼라고 그랬지요. 의타기성은 원성실성을 덮고 있습니다. 원성실성은 의타기성에 덮인 인연입니다. 단청과 마찬가지로 원성실성은 어피하는 것이 항상 과거나 현재나 미래의 의타기성에 덮여 있기 때문입니다. 원성실성은 멀리 의타기성을 떠난 성질입니다. 그런데 문제는 유부무기有覆無記에는 의타기성이 하나만 있어도 되는데 대답하는 사람은 세 가지가 있어야 설명이 된단 말입니다. 원성실성은 의타기성을 항상 떠나 있습니다. 전의 성질은 단청처럼 알록달록 덮어 놓은 것이고 뒤의 놈은 떠난 성질로 본성입니다.

그렇다면 원설성과 의타기성의 체는 무엇입니까? 원성실성은 본질이고 의타기성은 현상입니다. 사진을 찍는 현상입니다. 현상은 본래 사람과 본질에서 사진이 되는 것으로 다른 것도 아니고 같은 것도 아니라 불일불이라고 합니다. 그 사진이 바로 본질의 현상이기 때문에, 또 그 형상이 사진이기 때문에 둘이 아닙니다. 사진은 사진이고 사람은 사람입니다. 하나도 아니고 둘도 아닙니다. 그래서 사진은 무상한 것으로 의타기성에서 변계소집성을 떼내면 원성실성이 됩니다. 단청을 떼어내듯이 항상 단청을 떠나 있습니다. 단청을 할 때나 하지 않았을 때나 항상 떠나 있는 자리입니다. 그런 까닭으로 의타로 원성실성과 의타기성의 관계를 이야기한다고 했습니다. 의타로 더불어 나타나는 것은 의타기성이고 의타를 떠나 나타나는 것은 원성실성입니다. 그러니까 본질과 현상의 관계를 말한다면 원성은 사람, 의타는 사진과 마찬가지로 다르다고 할 수가 없습니다. 사람과 그 사람의 사진이기 때문에 다르지 않습니다. 하나는 사진이고 하나는 실물이므로 다르지도 않으며 같지도 않습니다. 비유하면 무상등성無常等性과 같은 것입니다.

이 물건을 해석할 때에 자상이라는 것이 있습니다. 자상,

즉 모양이 다 다릅니다. 책상은 책상모양, 사람은 사람모양으로 개체의 각각 모양을 자상이라 그래요. 분필은 분필의 성질을 가지고 있고 사람은 사람의 성질, 돌은 돌 성질을 갖고 있는 것을 자상이라 합니다. 그럼 이 자상과 저 자상을 합하면 공상共相이라 합니다. 사람이나 짐승 등 모양이 있는 것은 무상하여 없어집니다. 모양 있는 것은 전부 무상해서 없어지는 것을 공상이라 합니다. 원성실성과 의타기성은 자상과 공상이 같습니다. 책은 변하고 마음도 변하므로 생기필멸生起必滅입니다. 뚝배기와 같습니다. 사람도 뚝배기처럼 만들어지기 때문에 없어진다는 것입니다. 의타기성은 자상으로 말한 것이고 원성실성은 공상으로 말한 것입니다. 공상과 자상의 관계가 같다는 것입니다. 그래서 불일불이不一不二한 것입니다. 비불견차피非不見此彼라. 원성실성은 시간적으로 변하지 않습니다. 우리가 원성실성을 모르면 무상하다는 것을 볼 수 없습니다. 원성실성은 볼 '견'자를 두 번 보지요. 비불견차피라. 이것을 보지 않고는 저것을 보지 못한다는 것입니다. 원성실성을 보지 않고는 의타기성이 무상한 줄을 보지 못한다는 말입니다. 원성실성의 불생불멸하는 도리를 모르고서는 겉으로 나타나는 의타기성이 무상한 줄을 모릅니다. 근본지로 의타기성을 아는 것이 원성실성입니다.

임상과 해부를 해도 선생이 있어야 하는데 모양이 없는 마음 공부를 하면서 어떻게 선생 없이 되겠습니까? 그리고 공부가 익어 깨치고 나서도 선생에게 인가를 받아야 합니다.

411페이지를 펴 보십시오. 제법에 이름한다는 것입니다. 416페이지를 보면 도표가 나오는데 잘 된 도표입니다. 대총상설에 보면 정유이무情有理無라, 정으로는 있지만 이치로는 없는 것입니다. 착각으로 존재하는 의타기성은 가유입니다. 인연이 있어 가아가 생기므로 생긴 것은 가유입니다. 의타기성은 이것을 가지고 가정을 하는 것입니다. 중생들이 법에는 없지만 착각하는 것이 있어서 오해를 한 것입니다. 호법이 가유란 것은 가유한 법체는 있는데 거기에 법이 아닌 이름을 믿거나 가히 마음으로 집착할 만한 가집성, 가명성 그런 것은 없다고 했습니다. 의타기성에 가면 한쪽은 가법, 실법으로 원성실성은 의타기성 속에 덮여 있으니까 속은 실이고 겉은 거짓이라는 말입니다. 그래서 갈라 놓은 것입니다. 의타기성이 삼종무자성이라는 것을 설명했는데 반야경에서는 모두 없다고 했기 때문에 유식무경唯識無境이라 하면 부처님 학설에 반역하는 것입니다. 지금 하는 것은 표면으로 표전해서 설립하고 차전으로 삼종무자성을 설립한 것입니다.

제 39 강

명유식위 明唯識位

삼종무성三種無性

지난 시간에는 삼성을 공부했습니다. 삼성은 앞에서 이야기했고 차전으로 반야사상에서 제법개공이라 했는데 이것을 삼무성이라고 했습니다. 삼무성의 변계소집성, 의타기성, 원성실성을 총설로 상相, 생生, 승의勝義의 삼성을 공적空的인 입장에서 의지하여 삼무성을 세웠다고 했습니다. 반야사상을 본 틀로 보아야 합니다. 이것이 고불밀의설故佛密意說 일체법무성一切法無性입니다. 삼성이 변계소집성과 원성실성과 의타기성에 의거해서 반야사상으로 삼무성을 세웠습니다. 부처님은 반야경에서 육근, 육경,

육식이 없다고 했습니다. 삼무성은 반야경설입니다. 원성실성이 있어야만 된다는 것입니다. 그래서 처음이 상무성相無性으로 변계소집성에 의해 세워진 것입니다. 변계소생법은 인연소생법이니까 무라는 말입니다. 차무자연성次無自然性이라는 것은 인연법으로 생겼지만 저절로 된 것이 없다는 말입니다. 후유원리전後由遠離前 뒤에는 소집아법성所執我法性으로 원성실성입니다.

이제까지는 유식상을 이야기 했습니다. 특히 유식상 저 꼭대기에서 유식을 밝힌 것입니다. 이후에 유식상으로 이야기 한 것은 앞에서 배웠던 승의무성勝義無性입니다. 승의무성의 승의라는 두 글자에서 승자는 '수승하다' 입니다. 즉 수승한 지혜로 알 뿐 증지소지證智所知요. 무루지는 수승한 지로 이는 객관적인 것입니다. 이 뒤에는 무루를 이야기 한 것으로 무루지입니다. 무루지는 수승한 지智로 이는 객관으로 부분을 이야기 하며, 법은 전체를 이야기하는 것입니다. 지智는 앞에서 아법을 설명할 때 아법을 여의면 나오는 성질로 공이라 했습니다. 아공 법공을 하면 아뢰야식의 실제가 없어집니다. 그 없는 속에 아가 들었고 법이 들었습니다. 아와 법이 함께 공하여 무루지는 아공 법공의 소현진여입니다. 아와 법이 공하여 무루인데 현상에서 아집

법집의 두 가지가 덮쳐 달이 나타나는 것입니다.

명유식성明唯識性

옛날 어떤 사람이 강가에 가니까 만경창파의 물결이 치니 백로가 나타나고 파도가 고요하여 무파無波하니 청산이 나타나더라는 것입니다. 물결이 고요해지니 만경이 나타나 청산이 푸르더라는 것인데 파도가 그치고 구름이 걷히는 바람에 청산이 나타난 것입니다. 비가 그치니 무루지라. 아집 법집이 공한 것이 반야경설이고 유식종지로 나아가면 반야경지가 나가고 법화경에 가서 법체가 드러나는 것입니다. 아집 법집이 공하여 나타난 바 진여를 아직 이야기하지 못했습니다. 법화경에서 드러납니다. 겉으로 드러나는 것을 현상이라 했습니다. 유식상은 현상입니다. 명유식성은 유식성을 밝히는 것으로 제법은 성이며 드러난 것입니다. 유식성은 가라앉은 다음에 나타나는 것입니다. 진여가 그대로 나타난 것이며 항상 여여하게 나타나는 것입니다. 상여기성고常如其性故로, 그런 까닭에 상여기성으로 만물에 유식성을 이야기 한 것이 맺어진 것입니다.

명유식위明唯識位

유식성은 실상을 통하여 진여로 들어가야 하는데 어떻게 다리를 건널 수 있습니까? 사다리로 올라가야 건널 수 있는 것입니까? 이것이 자량입니다. 자량위는 삼현三賢을 이야기하는 것입니다. 삼현은 십신十信, 십주十住, 십행十行을 자량이라고 합니다. 먼 길을 떠나려면 도시락을 싸야 하는데 이것이 자량입니다. 여기서는 그 이름을 해탈이라 하는데 삼현에서는 초지에 들어가면 그것이 증으로 유식성이 됩니다. 삼현에서는 유식성에 들어가지 못하고 자량위에 들어가면 비로소 유식성에 들어간 것입니다. 초지에 가야 정기유식성正起唯識性입니다. 내지乃至라는 것입니다. 내지는 십신에서 발심해서 가행위에 들어가기 전을 말합니다. 내지는 십신에서 발심하여 식을 일으켜 유식성에 주하기를 구하지 못하는 것은 바로 유식성에 주하려고 애를 쓰기 전입니다. 이것은 미기未起라 하는데 가행위에서는 구주求住를 합니다. 내지는 가행위에 못 들어갑니다.

가행위는 내지에 아닐'미未'자가 들어있어서 주하려고 애쓰는 단계입니다. '미'자가 들어가지 못하는 것은 이취二取가 섞이기 때문입니다. 이취만 하는 것이 아니라 이취를 취하는 것입니다. 견분한 능취, 상분한 소취, 실법으로 생존하는 것, 또 이취를 취하는 것이 능취 · 소취 · 견분 · 상분입니다. 이것은 곧 법으로 다 놓아야 합니다. 이취를 취하는 것이 집착입니다. 거의 자량위까지는 내지 주하려고 애쓰지 못하는 것으로 그것은 이취가 섞여 요달하지 못하는 것입니다. 가행위에 가서는 쉽지만 초지에 들어가면 이지가 명합해서 그림자하고 형상이 합해지는 것입니다. 가행위에는 아직도 이지가 명합이 안되지만 거기에 들어가기 전에는 전칠식이 팔식입니다. 토해놓은 본질은 5위 100법입니다. 자기 식으로 하는 것입니다.

여기까지는 바로 직접으로 진여를 관여하지 못합니다. 진여는 눈이 사진을 찍어서 인식하는 것입니다. 진여인 본상을 관여하지 못하고 사진 찍어서 알게 하는 것입니다. 그래서 현전립소물現前立少物은 현전에 작은 사물을 건립하는 것입니다. 그림자 찍힌 것을 소물이라 하여 진여와 직접 명합하는 것입니다. 그림자를 찍지 않고 반연하는 것입니다. 현전에서 소물을 세워서 그림자를 진여로 보니까 참 진여로 보지 못한 것입니다. 사진보고 진여라고 하는 것입니다. 중매를 할 때 먼저 사진보고 하는데 실물은 아직 보지 못한 상태입니다. 사진을 보고 알지요. 그것을 현전에 소물을 세워서 유식하게 하는 것으로 사진을 가지고 진짜라 하여 소득이 있으면 진여에 합하지 못합니다. 아직 생각이 남아서 무소득이 안되고 유소득이 되는 것으로 가행위까지는 유식이 주가 되지 못한 것입니다. 정에 주하는 것이 아닙니다.

통달위에 가면 이지명합二智冥合이라, 능증지의 지와 소연지의 이가 한 덩어리가 되어 버립니다. 능증지에서 밝은 지혜가 나타나는 지와 소연할 때 소연지를 말하며 이 때 지는 진여를 말하는 것입니다. 무루지가 소연의 열반자리에서 보리가 열반을 대하는 것입니다. 소연에 가서는 지혜가 도무지 소득이 없습니다. 소득이 없으면 비로소 유식이 주가 되어 능취 소취가 떠나는 까닭입니다.

수습위修習位에서 초지에 들어가면 무루지가 진여자리로 등극합니다. 저 밑에서 무득이 되는 것입니다. 능취 소취가 없어지니까 삐딱해서 그림자가 나타나는 것입니다. 보리와 열반이 한 덩이가 되면 비로소 그림자가 없어집니다. 그림자가 아니라 무득입니다. 무소득입니다. 범부의 지혜로는 생각할 수 없고 그 자리에 가 봐야 아는 것입니다. 스스로 맛을 봐야 아는 것입니다. 스스로 체험하는 것이지 옆 사람이 생각하거나 할 수 있는 것이 아닙니다. 그것은 무득의 출세간지입니다. 능취 소취를 여읜 까닭으로 전의轉依

를 지은 것입니다. 의타기성을 여의어 식을 없애 버리므로 전의라 합니다. 여기에서 수습위를 설명하면 모여 있는 것이 나타나는 것입니다. 법성게에서는 행이라 했습니다.

수인을 닦는 것이 행입니다. 인을 닦는 것이 진수로써 그 가운데 귀가수분득자량歸家隨分得資糧이라, '귀가에 분수를 따라 자량을 얻는도다'입니다. 여기에는 초지에서부터 십지까지 다 들었습니다. 불, 부사의 세간지와 출세간지 등 그 속에 초지에서부터 십지까지 가는 것이 다 들어있습니다. 초지에서 이지로 나갈 때 떠돌아다니다가 동거하는 것입니다. 성덕은 지나가는 바람에 하나씩 사다리로 올라간다면 아래층에서 올라가는 것만큼 보입니다. 성덕은 진수에서 수가 위로 한 층 올라가는 것입니다. 성덕은 비는 것입니다. 후일구의 진수라고 해서 나가면서 십지를 닦는 것입니다. 이다라니무진보以多羅尼無盡寶라. 바로 성덕이 되는 것입니다.

십지를 지나면 정각正覺이라고 합니다. 묘각妙覺은 졸업장 받는 것과 같습니다. 6학년 수업을 마친 것은 정각이라 합니다. 묘각을 하려고 하니까 궁좌실제중도상窮坐實際中道床에 다 간 것입니다. 온 것도 없고 간 것도 없습니다. 정각은 늘 하는 것으로 초지에서 견도가 되는 것입니다. 그 자리에 가보니까 처음 그 집이 아닙니다. 고향을 떠나기 전의 그 집입니다. 모르는 사람이 보면 유식이 다르고 참선이 다르지만 아는 사람은 유식이나 참선은 같은 것입니다.

구경위究竟位에 가면 승행을 닦고 번뇌장과 소지장을 모두 끊어 보리와 열반의 2과를 증득합니다. 이것이 바로 무루이며 계이며 부사의이며 선이며 견입니다. 또한 안락이며 해탈입니다. 이제는 어딜 가서라도 '유식 강의를 들었습니다.'라고 답할 자격이 있습니다. 이것이 명유식위이며 자지법성自知法性이라고 합니다.

다시 책장을 넘겨 461페이지에 통달위에 대해서 약시어소연若時於所緣 지도무소득智都無所得 이시주유식爾時住唯識 이이취상고離二取相故라 했습니다. 이 위의 보살이 초지의 입심入心에 의지해서 무루의 정각을 발득하여 진여를 체득한다는 것입니다. 다시 475페이지를 보면 번뇌장과 소지장의 이장二障을 끊어서 그 능단에 나가기 위함인데 결국에는 뭉개버립니다. 결코 무분별지보다 여법한 것이 아닙니다. 무분별지는 남고 여법이 없다는 소리가 아니란 말입니다.

다시 494페이지 가운데 도표에 보면 위에서 서술한 삼신이 나옵니다. 불신佛身을 자성신自性身, 수용신受用身, 변화신變化身으로 나눈 것입니다. 불의 소변은 무루에 한하지만, 유정의 소변은 무루지의 발득 여하에 의해서 유루가 되기도 하고 무루가 되기도 합니다. 삼신 가운데 수용신을 자自, 타他로 나누어 사신四身이 되며 또한 사토四土가 되는 것입니다. 자성신이 사는 법성토, 수용신이 사는 자수용토와 타수용토, 변화신이 사는 변화토가 그것입니다. 사지란 수류응기隨流應機라 하는데 본문에서 수류응기라 한 것을 그냥 써도 되는데 유를 닫고 기를 응한다는 소리입니다. 즉 수류응기를 새긴 말입니다. 유를 따라 하지 말고 유를 닫고 기에 응해서 새긴 것입니다. 유를 닫고 기에 응해서 한 가지를 해야 합니다. 따라하면 떨어져버립니다. 그래서 따라 하면 한 가지인데 이것은 둘로 하는 것입니다. 이것은 류를 따라하면 한 가지가 되는 것입니다. 본문에서 수류응기라는 것은 곧 따르면 한 가지이고 따르지 못하면 두 가지가 된다는 것입니다. 이제 본문을 회향해야 하는데 이것을 이해하는 것은 여기에 주저앉으라는 소리가 아닙니다. 유식은 목적지에 가는 응용물입니다. 우리가 비행기를 타고 미국을 가면 비행기에서 내려야 되지, 계속 비행기를 타고 앉아 있으면 안됩니다. 유식을 보고 앉아 있으라는 것이 아닙니다. 유식은 깨달음으로 가는 도구일 뿐입니다.

제 40 강

어떤 놈이 송장을 끌고 왔느냐?

제암스님이 '어떤 놈이 송장을 끌고왔느냐?' 고 물었습니다. 그런데 자꾸 딴소리를 하니까 옆에 나이 많은 비구니가 그런 소리 하면 안된다고 합니다. '이것이 무엇인가?' 하는 것을 찾아야 되는데, 즉 '몸뚱이 끌고 온 놈이 누구인가?' 하는 것을 찾아야 되는데 나이가 많은 비구니가 자꾸 꾸지람을 하는 것입니다. 그런데 이 속에는 분명히 무엇이 하나 들어앉아 있어서 끌고 온 놈이 누구냐? 하는 것입니다. 그것으로 인하여 밝은 곳을 보고 도를 깨치고 그것으로 인해서 알아차리라는 소리입니다. 그것이 밑천이 되는 것은 절대로 아닙니다. 법성을 깨닫게 하는 방법으로 유식을 하는 것이지 저쪽으로 가게 하는 무슨 법이 있는 것은 아닙니다.

지난 시간에 얘기했지만 화두를 들어 저쪽으로 가게 하는 것과 마찬가지로 유식도 저쪽으로 가게 하는 방법일 뿐입니다. 그러니까 석가모니는 동쪽 하늘에 뜬 별을 보고 깨쳤지만 동산스님은 발로 돌을 차서 깨쳤고 용암스님은 산골짜기를 올라가다가 분홍빛 복숭아꽃을 보고 견성했습니다. 장경스님은 문 앞이 밝은 것을 보고 견성했습니다. 그 밝은 것이 견성하는데 꼭 필요한 것은 아닙니다. 어떤 농부가 일을 하다보니 산에서 토끼 한 마리가 내려와서 왔다갔다 하다가 농부의 밭에서 죽었습니다. 농부는 밭을 매다가 난데없이 토끼를 얻었단 말입니다. 이것은 토끼를 잡는 것과는 다릅니다. 나무 아래서 또 토끼가 죽기를 기다립니다. 그런다고 토끼가 죽겠습니까? 토끼가 밭에 와서 죽는 것도 줄탁동시啐啄同時가 되어야 하는 것입니다. 이렇듯이 밝은 것으로 인해서, 또 복숭아꽃을 보고, 돌을 차서 견성하게 된 것도 모두 줄탁동시의 인연으로 이루어진 것입니다. 그것이 견성하는데 우연한 인연으로 꼭 그렇게 만든 것은 아닙니다. 돌을 차서 견성하면 돌을 차 보세요. 견성이 됩니까? 그것과 마찬가지로 참선한다고 앉아 있으면 공부가 되는 것은 아닙니다. 그래서 우리는 종자를 비워야 됩니다.

내 이야기를 한번 들어보십시오. 백장스님의 제자가 스

님 밑에서 공부하다가 백장스님이 돌아가시니까 위산스님의 제자가 되어 공부를 했는데 이름이 향엄이라고 합니다. 이 사람은 똑똑해서 담아놓은 것이 많아요. 그저 온갖 것을 한량없이 쌓아놓은 것을 종자라고 하지요. 이 사람의 분별심은 다른 사람들보다 더 했던 모양입니다. 하루는 위산스님이 '너 한마디 일러보라'하니까 향엄스님은 100가지 대답을 합니다. 그러나 위산스님은 '아니다'라고 합니다. '맞는 소리가 아니다, 깬 소리가 아니다'라는 것입니다. 그래서 향엄스님은 화가 나서 내가 여기까지 알기 위해 얼마나 세상을 돌아다니고 공부를 했는데 전부 다 틀렸다고 합니까? 하면서 '스님이 날 위해서 한마디 일러주십시오.' 라고 합니다. 그래도 한 마디 일러주지 않는 것입니다. 내가 일러주면 내 것이지 너의 것이 되겠느냐? 합니다. 그러자 향엄스님은 자신의 물건을 모두 불살라 버리고 남양 충북사로 가서 토굴을 지어놓고 공부를 했습니다. 공부를 하면서 밥도 먹고 얼굴도 씻어야 하고 마당도 쓸어야 했었습니다. 하루는 마당을 쓸다가 빗자루에 돌이 하나 걸려서 돌을 치운다고 던졌는데 건너 편에 있는 대나무에 탁 부딪치자 그 소리에 깨쳐버렸습니다. 이것은 부처님께서 별 보고 깨친 것과 같이 깨친 것입니다. 깨치고 나니 시원합니다. 거기서 위산스님이 계시는 곳까지는 수백 리나 됩니다. 그래서 위산스님 계시는 쪽으로 향을 피우고 절을 했습니다. 그때 만약 위산스님이 나한테 한마디 설명을 해주었다면 깨치지를 못했을 것입니다. 이 설명을 잘못 들으면 공부에 큰 방해가 됩니다. 그때 일러줬다면 지금의 내가 있을 수가 없는 것입니다. 은혜에 감사하며 향을 피우고 수백 리 밖에서 절을 했던 것입니다.

그런데 여러분은 이것을 담아가지고도 못씁니다. 견성하는 데는 그런 것이 아닙니다. 어제 공부할 때 얘기했잖아요? 복숭아 속에서 꽃 향기가 나온 것과 같다고 그랬습니다. 우리가 공부를 하는데 번뇌망상으로 성불하는 것이 아닙니다. 번뇌를 없애려고 공부를 하는 것인데 실제로 번뇌망상은 유에서 무로 나가는 것이 아닙니다. 유에서 무로 나간다고 생각하면 그건 복숭아에서 풀이 나온 것과 마찬가지입니다. 산은 산이고 물은 물입니다. 그렇게 되면 위산스님이 매우 섭섭하지요. 그렇게 유전하는 것이 아니라고 그랬습니다. 그러니까 유에서 어쩌다가 뒤집으면 무가 되는데 무릇 매화와 마찬가지입니다. 복숭아와 매화나무는 비슷합니다. 억지소리로 비슷하다는 것입니다. 비슷하다는 것이지 꼭 같은 것은 아닙니다. 어쨌든 안 가르쳐주니까 혼자서 애를 쓰다가 돌이 나무에 탁 부딪친 소리에 깨친 것입니다. 탁 부딪치고 깨친 뒤에 이런 소리가 나옵니다. 즉 빗자루에 부딪친 돌이 대나무에 가서 탁 부딪치니 일경망소지一境忘所知라. 그전의 분별망상이 싹 가셨습니다. 그 자리를 보면 정주유식에 가서 실제로 들어가면 소지가 없어집니다. 일경망소지로 알고 있었던 것이 다 분별망상의 종자로 없어진다는 것입니다. 종자에서 자꾸 나오던 것이 술술 망소지忘所知가 됩니다. 문수보살을 모시고 있던 선재동자가 저 남방에서 문수가 되어 미륵보살한테 가서 내가 온 힘을 다해서 여기까지 왔으니까 마지막으로 가르쳐달라고 했습니다. 그러자 미륵보살이 손가락으로 튕기는 순간 오면서 그렇게 고생했던 것이 어디로 가고 없어집니다. 그런 생각을 하면 다시 가서 해오라고 합니다. 그렇게 고생해서 온 것이지만 마지막에 그러면 또 가서 배워야 합니다. 그러니까 앞에서 근본지로 이치를 알고 후득지로 사를 다 한다는 것이 그렇게 되는 것입니다.

한번 탁 부딪치니 없어졌는데 다시 닦거나 할 것이 없습니다. 다시 닦고 다지면 가짜라고 합니다. 보이질 않기 때문에 그럴 필요가 없습니다. 그냥 있어도 항상 본래면목입니다. 절대로 변변찮은 곳에 떨어지지 않습니다. 그렇게 되니까 하는 일마다 자취가 없습니다. 어디까지는 눈으로 보고 귀에 듣는 그놈이 자꾸 막힐 때 그때 저절로 무심이 되어버리니까 처처멸處處滅이라. 하는 일마다 자취가 없습니다. 정말 마땅히 주하는 곳이 없어져 마음가는대로 무심이 됩니다.

그런데 아뢰야식이 하는 짓이 청색백색靑色白色밖의 일이라. 우리가 다 아는 저 사람을 대단한 사람이라고 칭찬을 해주는 것입니다. 칭찬 해주는 것 자체가 멀쩡해야 됩니다. 우리 몸은 청정한 무엇인가가 들어있는 것이 아니라 전부 지저분한 기운으로 뭉쳐 있습니다. 번뇌망상 종자와 식의 뭉치가 이 속에 없다는 것을 가르치는 것이 유식입니다.

충청도 제암스님 얘기를 했는데 잘못하면 그것이 인망미진因妄未盡하기 쉬워요. 이 속에 무엇이 들어서 그러는 줄 압니다. 이것은 습기인 줄 모르고 끄집어내어 쓰면 번뇌망상이 되고 사무처서 없어지면 허물이 안됩니다. 임제종에서 인망미진하지 않고 잘 깨달은 사람은 그렇게 되지만 깨닫지 못한 사람은 잘못 가르치게 됩니다. 이 속에 들어있는 것이 아니라 우주에 가득한 진여법성이 이것을 통해 나오는 것입니다. 이 속에 들었다가 나오는 것이 아닙니다. 어떤 사람이 생각하는 것을 입으로 말하기 전에 소리로 들어앉았다가 나오는 것이 아닙니다. 미리부터 소리가 들어앉은 것이 아니라 이것은 번뇌망상의 습기인 것입니다. 그래서 우주에 가득찬 청정한 기운이 자극을 받으면 저절로 나오고 바라를 치면 바로 바라소리가 나오는 것입니다. 종을 치면 종소리가 나오고 전부 만물을 통해서 나오는 것입니다. 그러면 우주에 꽉 찬 것이 사방을 통해서 나오는데, 사람의 말은 사람의 기운으로 나오고 종을 치면 종소리가 나고 벌레는 벌레소리가 나고 사람은 사람소리가 나는데 이것이 하나를 통해서 나오는 것입니다. 사람은 사람습기가 뭉쳤고, 벌레는 벌레습기가 뭉쳤는데 습기를 통해서 벌레는 벌레소리 사람은 사람소리가 나오는 것입니다. 그것은 하나지 절대로 낱낱으로 나오는 것이 아닙니다. 그래서 부처님은 만물에 실존하는 것이 없다고 설명하는 것입니다. 이것을 잘 깨달은 사람이 부처님입니다. 그런데 못 깨달은 사람들도 부처님의 가르침으로 인해서 깨달음에 다다를 수가 있습니다.

예를 들어서 '이 몸뚱이 끌고 다니는 이 놈이 누구인가?' 하면서 기회를 주는 것입니다. 화두가 전부 그렇게 된 것입니다. 따로 법이 있는 것으로 알면 안됩니다. 한 가지 방편으로 화두가 되면 그렇게 되는 것입니다. 분필 속에는 분필

가루 뿐이고 콩속에는 콩가루 뿐이지 다른 것이 없습니다. 나라는 것이 있는 것이 아니라 사실은 습기에 젖어서 그것 때문에 마음을 먹고, 마음이 행동했던 그림자인 것입니다. 그림자만 있으면 재미가 없습니다. 아집이라는 것은 거기에서 나오는데 이것은 즉 내가 잘 그린 그림자와 같다는 것입니다. 사람이나 벌레가 다 그렇습니다. 이것은 마음에 찌든 흔적이고 이 몸뚱이는 그림자입니다. 그림자는 사람을 대표할 수 없습니다. 이것은 사람이 마음으로 업으로 지어낸 한 작품일 뿐입니다. 작품을 가지고 그 사람을 대표할 수는 없잖아요? 잘 그려진 그림이 그 사람을 대표할 수는 없습니다. 마음이 만들어낸 그림자인 것입니다. 조각을 잘하는 어떤 사람이 비둘기 100마리를 조각 했습니다. 그것은 실제로 100마리가 나무에 앉아 있는 것이 아닙니다. 분명히 비둘기가 없는데 비둘기가 있다고 하면 거짓말이지요. 아무리 화가가 비둘기를 그리고 조각가가 만들어 놓아도 만든 작품에는 혼이 들어있지 않습니다. 이와 같이 여러분의 몸은 작품일 뿐입니다. 벌레 몸이나 사람 몸이나 공화사와 마찬가지로 마음의 작품입니다. 그것을 모르고 자꾸 무엇이 있다고 하면 거짓말이 됩니다. 이것을 깨우치면 큰 소득이 있을 것이고 깨우치지 못하면 내가 이제 까지 한 강의가 헛일이 되고 여러분도 헛일을 한 것입니다. 이것을 알아야 됩니다. 속에 있는 것, 즉 우리는 덮여 있어서 작용을 할 줄 모르지만 깨친 자들은 속에 있으면서 작용을 할 줄 압니다.

글자라면 견줄 바가 없을 만큼 많이 아는 사람이 무업스님입니다. 그런데 무업스님이 다른 글자는 다 아는데 '직심시불直心是佛'은 모르겠다는 것입니다. 그래서 직심시불에 집착을 하는 것입니다. '네가 모르겠다는 그 마음이 직심이며 그 마음이 직심시불이다.' 라고 합니다. 모르는 그 글자를 쓸 줄을 몰라서 그렇지 아는 사람이 쓰는거나 모르는 사람이 쓰지 못하는 그 글자는 같은 것입니다. 그 글자가 두 가지가 아니라 알면 쓰고 모르면 못쓰는 것입니다. 아는 사람은 불조, 부처님, 도사이고 모르는 사람은 우리 범부들입니다. 우리 밑으로는 벌레 같은 류가 있습니다. 어떤 사람이 돈을 많이 벌어서 장롱 속에 넣어두었는데 잊어버렸습니다. 잊어버렸으니 쓸 줄도 모르고 못씁니다. 장농 속에 있는 것을 아는 날에는 쓰는 것입니다. 그것을 아는 사람은 쓰는 것입니다. 원성실성도 마찬가지입니다. 알아야 쓰는데 우리는 잊어버리고 모르는 것입니다. 그래서 무업스님이 직심시불을 도무지 모르겠다 하니 '네가 알지 못한 그 마음이 바로 직심시불이다.' 하는 것입니다. 그것이 마음입니다. 또 다른 말을 하면서 '조사서래의祖師西來意, 어떤 것이 조사가 서쪽으로 온 뜻입니까?' 라고 한 제자가 묻습니다. '내가 머리가 아파서 모르니 내일 오면 가르쳐 준다.'고 하니 제자가 속아 넘어갑니다. 가는 놈이 미친 놈이지 갈 것도 없는데 말입니다. 그 자리에서 판단을 해야하는데 저 문앞에 나가니까 '젊은 수좌여!'하고 부르는 것입니다. 그러면 그 자리에서 뒤돌아보는 놈을 옛날 조사가 하는 대로 한 차례 때려 정신이 들게 하는 것입니다.

종신용기從身用器, 이것은 몸에 맞추어서 쓴다는 것인데 유미능진자有未能盡者요, 능히 다하지 못하는 자가 있다는 뜻입니다. 주자의 글인데 참 좋은 말입니다. 이것은 누구한테 주는 것도 아니고 사용해도 닳는 것이 아닙니다. 그래서 불성과 다를 것이 없어요. 알면 쓰는 것으로 알아야 됩니다.

유식을 제대로 공부하고 나면 법성이 몸에 하나씩 들었다는 생각이 잘못되었음을 알 수가 있습니다. 부처님은 깨침으로 이것을 증명하였습니다. 이것이 아니면 무엇인가 또 있을 것입니다. 그것은 우주에 꽉 차서 허공이 생기기 전 그 자리에 있는 것입니다. 그 자리가 나한테서 지금도 나오고 있습니다. 밑의 꼬리뼈 속에 들어서 작용을 합니다. 저 날아다니는 새는 날개 속에 그 기운이 사무쳐 있습니다. 그것은 사람이 써도 나오고 벌레에게서도 나오는데 모두 하나입니다. 그 자리를 끌어당겨서 쓰지 못하고 자신들의 망상에 묻혀서 살면 범부가 됩니다. 있든지 없든지 내버려 두고 알맹이를 쓸 줄 아는 것이 유식공부인 것입니다. 그런데 유식 강의를 제대로 하려면 한 달 가지고는 모자랍니다. 지금 내 나이가 84살인데 앞으로는 이런 얘기를 못해요. 어쩌면 이것이 내 평생에 마지막 강의일 것이라고 생각하면서 임했습니다. 또 내가 직지사 중암에 들어앉자 있으면 아는 사람이 자꾸 찾아옵니다. 그래서 어디 토굴 하나를 지어서 비켜갈 생각이오. 이 다음에는 날 만나러 오면 만날 수가 없습니다. 내가 살아서 쉬는 이 숨이 오늘 밤에 끝날지 내일까지 갈지는 모르는 일입니다. 사람의 일은 모르는 것 아닙니까? 그러니 여러분은 이 몸을 가지고 있을 때 열심히 공부를 해야 됩니다. 이것이 헛된 몸뚱이라도 이 몸을 통해서 공부를 해야 하고 이 몸으로 수행을 해야지 이 몸을 놓치면 공부하기 어렵습니다. 사람 몸을 가졌으니까 이런 강의를 듣는 것이지 만약에 우리가 미끄러져서 벌레가 되었다면, 이런 생각을 하면서 강원에서 스님 강의를 들을 수 있겠어요? 즐거운 마음으로 공부해야 하는 것입니다.

이번 강의는 오늘로써 마쳤지만 직지사에서 이렇게 좋은 강당을 지원해주었습니다. 이 강당을 주지스님이 지원해 주었기 때문에 이렇게 공부하게 된 것입니다. 나도 한몫했지만 이 장소를 제공한 주지스님의 공이 큽니다. 그리고 이번에 강의를 주최한 것은 명심회 스님들인데 그 스님들의 공도 참으로 큽니다. 그 스님들이 자신의 돈으로 이 책을 출판한 것입니다. 책뿐 아니라 여러 가지로 마음을 많이 썼습니다. 어쨌든 부처님 말씀을 여러분이 잘 알아듣도록 무진 애를 썼습니다. 마지막으로 강의에 참석한 모든 스님의 노력에 박수 한번 칩시다. 일주일 이상 여기서 변변찮은 말을 들어준 것에 대단히 감사합니다. 열심히 공부하시기 바랍니다. 유식을 통하여 불교를 조금이라도 알았으면 하는 마음입니다.

별 책

유식唯識 30송

제 팔식 이숙능변異熟能變

제 칠식 사량능변思量能變

제 육식 요경능변了境能變

유식唯識 30송 조직과 구조

유식과 법성게

유식 30송

유식 1송

유가설아법 由假說我法　　유종종상전 有種種相轉
피의식소변 彼依識所變　　차능변유삼 此能變唯三

허망된 것에 의거해서 자아와 법이 있다고 말하니, 자아와 법의 갖가지 모습들이 생겨난다. 그것들의 식이 전변된 것에 의지한다. 이 능변식能變識은 오직 세 종류이다.

유식 2송

위이숙사량 謂異熟思量　　급료별경식 及了別境識
초아뢰야식 初阿賴耶識　　이숙일체종 異熟一切種

이숙식異熟識과 사량식思量識 및 요별경식了別境識을 말한다. 첫 번째 능변식은 아뢰야식이고 이숙식이며, 일체 종자식이다.

유식 3송

불가지집수 不可知執受　　처료상여촉 處了常與觸
작의수상사 作意受想思　　상응유사수 相應唯捨受

집수執受와 기세간과 요별작용을 감지하기 어렵다. 항상 촉觸, 작의作意, 수受, 상想, 사思의 심소心所와 상응한다. 오직 사수捨受이다.

유식 4송

시무부무기 是無覆無記　　촉등역여시 觸等亦如是
항전여폭류 恒轉如瀑流　　아라한위사 阿羅漢位捨

이것은 무부무기성이니 촉 등도 역시 그러하다. 항상 유전流轉하는 것이 폭포수와 같다. 아라한 위에서 버려져 없어진다.

유식 5송

차제이능변 次第二能變　　시식명말나 是識名末那
의피전연피 依彼轉緣彼　　사량위성상 思量爲性相

다음은 제 2능변이다. 이 식은 말나식이라고 이름하나니 그것(아뢰아식)에 의지해서 유전하고 그것을 반연한다. 사량하는 것은 자성과 행상行相으로 삼는다.

유식 6송

사번뇌상구 四煩惱常俱　　위아치아견 謂我癡我見
병아만아애 并我慢我愛　　급여촉등구 及餘觸等俱

네 가지 번뇌와 항상 함께하니 곧 아치와 아견과 아울러 아만과 아애이다. 또한 다른 촉 등과도 함께 한다.

유식 7송

유부무기섭 有覆無記攝　　수소생소계 隨所生所繫
아라한멸정 阿羅漢滅定　　출세도무유 出世道無有

유부무기에 포섭된다. 생겨난 것에 따라서 매인다. 아라한과 멸진정과 출세도에서는 말나식이 존재하지 않는다.

유식 8송

차제삼능변 次第三能變　　차별유육종 差別有六種

료경위성상 了境爲性相　　　　　선불선구비 善不善俱非

다음 제3능변은 구별하면 여섯 종류가 있으니 대상을 요별하는 것을 자성과 행상으로 삼는다. 삼성의 성품은 선과 불선과 무기이다.

유식 9송

차심소편행 此心所遍行　　　　　별경선번뇌 別境善煩惱

수번뇌부정 隨煩惱不定　　　　　계삼수상응 계三受相應

이것의 심소는 변행. 별경, 선, 번뇌. 수번뇌, 부정의 심소이다. 모두 세 가지 감수작용과 상응한다.

유식 10송

초변행촉등 初遍行觸等　　　　　차별경위욕 次別境謂欲

승해념정혜 勝解念定慧　　　　　소연사부동 所緣事不同

처음의 변행심소는 촉 등이다. 다음의 별경심소는 욕구, 승해, 기억, 집중, 혜의 심소이니, 인식대상의 자체가 같지 않다.

유식 11송

선위신참괴 善謂信慚愧　　　　　무탐등삼근 無貪等三根

근안불방일 勤安不放逸　　　　　행사급불해 行捨及不害

선심소는 믿음, 참, 괴와 무탐 등 세 가지 선근과 정진, 경안, 불방일과 행사 및 불해이다.

유식 12송

번뇌위탐진 煩惱謂貪瞋　　　　　치만의악견 癡慢疑惡見

수번뇌위분 隨煩惱謂忿　　　　　한부뇌질간 恨覆惱嫉慳

번뇌심소는 탐욕, 성냄, 어리석음, 거만, 의심, 악견이다. 수번뇌심소는 분노, 고뇌, 질투, 인색과

유식 13송

광첨여해교 誑諂與害憍　　무참급무괴 無慚及無愧

도거여혼침 掉擧與惛沈　　불신병해태 不信并懈怠

속임, 아첨과 해, 방자함, 무참과 무괴, 들뜸과 혼침, 불신 아울러 게으름

유식 14송

방일급실념 放逸及失念　　산란부정지 散亂不正知부정위

회면 不定謂悔眠　　심사이각이 尋伺二各二

방일 및 실념 산란, 부정지이다. 부정심소는 뉘우침, 수면, 심구, 사찰이니 둘에 각각 둘이 있다.

유식 15송

의지근본식 依止根本識　　오식수연현 五識隨緣現

혹구혹불구 或俱或不俱　　여도파의수 如濤波依水

근본식이 의지하나니 오식은 연에 따라 일어난다. 어느 때는 함께하고 어느 때는 함께 하지 않나니 파도가 물에 의지하는 것과 같다.

유식 16송

의식상현기 意識常現起　　제생무상천 除生無想天

급무심이정 及無心二定　　수면여민절 睡眠與悶絶

의식은 항상 일어난다. 무상천에 태어나는 것 및 무심의 두 선정과 잠잘 때와 기절했을 때는 제외된다.

유식 17송

시제식전변 是諸識轉變　　분별소분별 分別所分別

유차피개무 由此彼皆無　　고일체유식 故一切唯識

이 모든 식이 전변하여 분별(견분)과 분별되는 것(상분)이다. 이것에 의지하여 그것(실아실법)은 모두 존재하지 않는다. 따라서 일체는 오직 식뿐이다.

유식 18송

유일체종식 由一切種識　　여시여시변 如是如是變
이전전력고 以展轉力故　　피피분별생 彼彼分別生

일체 종자식이 이렇게 전변함에 의거해서 전전하는 세력 때문에 그들 분별이 생겨난다.

유식 19송

유제업습기 由諸業習氣　　이취습기구 二取習氣俱
전이숙기진 前異熟旣盡　　부생여이숙 復生餘異熟

모든 업의 습기와 이취의 습기와 함께 함으로써 이전의 이숙식이 이미 멸하면 다시 다른 이숙식을 생겨나게 한다.

유식 20송

유피피변계 由彼彼遍計　　편계종종물 遍計種種物
편계소집 此遍計所執　　자성무소유 自性無所有

그들 두루 계탁함에 의해서 갖가지 사물을 두루 계탁한다. 이 변계소집의 자성은 실재하지 않는다.

유식 21송

의타기자성 依他起自性　　분별연소생 分別緣所生
원성실어피 圓成實於彼　　상원리전성 常遠離前性

의타기자성의 분별은 연에서 생겨난 것이다. 원성실자성은 그것에 있어서 항상 앞의 것을 멀리 떠난 자성이다.

유식 22송

고차여의타 故此與依他　　　비이비불이 非異非不異
여무상등성 如無常等性　　　비불견차피 非不見此彼

그러므로 이것은 의타기자성과 다른 것도 아니고 다르지 않은 것도 아니다. 무상 등의 성품과 같은 것이다. 이것(원성실성)을 보지 않고서는 그것(의타기성)은 보이지 않는다.

유식 23송

즉의차삼성 卽依此三性　　　입피삼무성 立彼三無性
고불밀의설 故佛密意說　　　일체법무성 一切法無性

곧 이 세 가지 자성에 의거해서 그 세 가지 무자성을 건립한다. 그러므로 부처님께서 밀의로써 모든 법은 자성이 없다고 말씀하셨다.

유식 24송

초즉상무성 初卽相無性　　　차무자연성 此無自然性
후유원리전 後由遠離前　　　소집아법성 所執我法性

처음의 것(변계소집성)에서는 곧 상무자성을 말하고 다음의 것(의타기성)에서는 무자연성을 말한다. 나중의 것(원성실성)에서는 앞(변계소집성)에서의 집착된 자아와 법을 멀리 떠난 것에 의거하는 자성을 말한다.

유식 25송

차제법승의 此諸法勝義　　　역즉시진여 亦卽是眞如
상여기성고 常如其性故　　　즉유식실성 卽唯識實性

이것은 모든 법의 승의이며 또한 곧 진여이다. 상주하고 평등한 것이면서 그것의 자성이기 때문에 곧 유식의 참다운 성품이다.

유식 26송

내지미기식 乃至未起識　　구주유식성 求住唯識性
어이취수면 於二取隨眠　　유미능복멸 猶未能伏滅

이에 식을 일으켜서 유식의 성품에 안주하기를 구하지 않는데 이르기까지는 이취의 수면에 대해서 아직 조복하고 단멸할 수 없다.

유식 27송

현전립소물 現前立少物　　위시유식성 謂是唯識性
이유소득고 以有所得故　　비실주유식 非實住唯識

현전에 작은 사물을 건립하여 유식의 성품이라고 말하면 얻은 바가 있기 때문에 진실로 유식의 성품에 안주하는 것이 아니다.

유식 28송

약시어소연 若時於所緣　　지도무소득 智都無所得
이시주유식 爾時住唯識　　리이취상고 離二取相故

어느 때에 인식대상에 대해서 지혜가 전혀 얻는 바가 없게 된다. 그 때에 유식의 성품에 안주하나니 이취의 모습을 떠났기 때문이다.

유식 29송

무득불사의 無得不思議　　시출세간지 是出世間智
사이추중고 捨二麤重故　　변증득전의 便證得轉依

얻은 바가 없고 사량 분별할 수 없으며 이는 출세간의 지혜이다. 두 가지 추중을 버리기 때문에 문득 전의를 증득한다.

유식 30송

차즉무루계 此卽無漏界　　불사의선상 不思議善常
안락해탈신 安樂解脫身　　대모니명법 大牟尼名法

이것(보리와 열반)은 곧 무루의 세계이고 생각으로 헤아릴 수 없으며, 선이고, 상주하는 것이며, 안락하고, 해탈신이며, 대모니이니, 이를 법신이라 이름 한다.

제 팔식 이숙능변異熟能變

1. 삼상문三相門(8)
2. 소연행상문所緣行相門(8)
3. 심소상응문心所相應門(8)
4. 오수상응문五受相應門(8)
5. 삼성분별문三性分別門(8)
6. 심소예동문心所例同門(8)
7. 인과비유문因果譬喩門(8)
8. 복단위차문伏斷位次門(8)

제 칠식 사량능변思量能變

1. 거체출명문擧體出名門(7)
2. 소의문所依門(7)
3. 소연문所緣門(7)
4. 자성행상문自性行相門(7)
5. 심소상응문心所相應門(7)
6. 삼성분별문三性分別門(7)
7. 계계분별문界繫分別門(7)
8. 기멸분위문起滅分位門(7)

제 육식 요경능변了境能變

1. 능변차별문能變差別門(6)
2. 자성행상문自性行相門(6)
3. 삼성분별문三性分別門(6)
4. 상응수구문相應受俱門(6)
5. 소의문所依門(6)
6. 구불구전문俱不俱轉門(6)
7. 기멸분위문起滅分位門(6)

유식 30송 조직과 구조

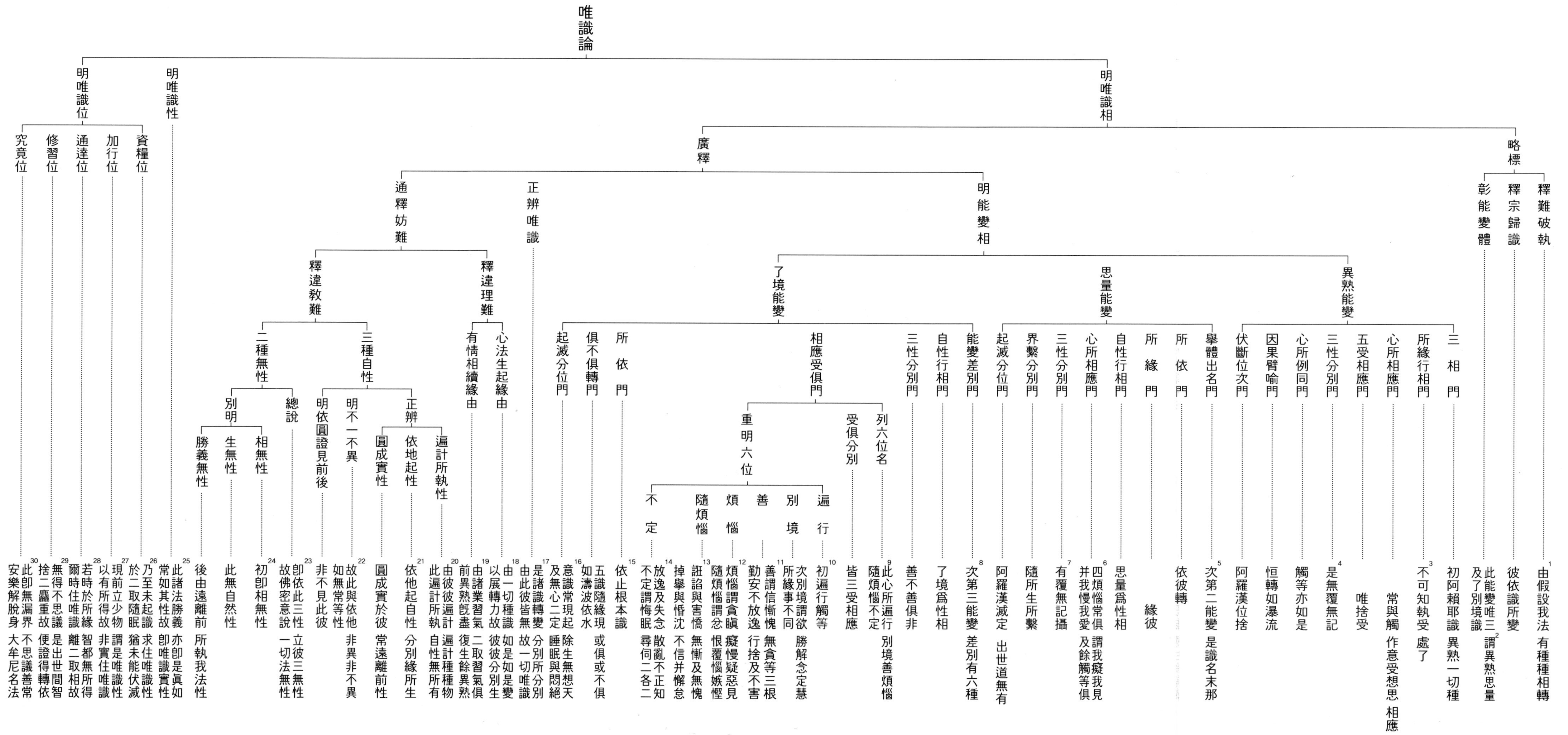

- 唯識論
  - 明唯識相
    - 略標
      - 釋難破執 …… 1 由假說我法 有種種相轉
      - 釋宗歸識 …… 彼依識所變
      - 彰能變體 …… 此能變唯三 2 謂異熟思量 及了別境識
    - 廣釋
      - 明能變相
        - 異熟能變
          - 三相門 …… 初阿賴耶識 異熟一切種
          - 所緣行相門 …… 3 不可知執受 處了
          - 心所相應門 …… 常與觸 作意受想思 相應
          - 五受相應門 …… 唯捨受
          - 三性分別門 …… 4 是無覆無記
          - 心所例同門 …… 觸等亦如是
          - 因果譬喩門 …… 恒轉如瀑流
          - 伏斷位次門 …… 阿羅漢位捨
        - 思量能變
          - 擧體出名門 …… 5 次第二能變 是識名末那
          - 所依門 …… 依彼轉
          - 所緣門 …… 緣彼
          - 自性行相門 …… 思量爲性相
          - 心所相應門 …… 6 四煩惱常俱 謂我癡我見 并我慢我愛 及餘觸等俱
          - 三性分別門 …… 7 有覆無記攝
          - 界繫分別門 …… 隨所生所繫
          - 起滅分位門 …… 阿羅漢滅定 出世道無有
        - 了境能變
          - 能變差別門 …… 8 次第三能變 差別有六種
          - 自性行相門 …… 了境爲性相
          - 三性分別門 …… 善不善俱非
          - 相應受俱門
            - 列六位名 …… 9 此心所遍行 別境善煩惱 隨煩惱不定
            - 受俱分別 …… 皆三受相應
            - 重明六位
              - 遍行 …… 10 初遍行觸等
              - 別境 …… 次別境謂欲 勝解念定慧 所緣事不同
              - 善 …… 11 善謂信慚愧 無貪等三根 勤安不放逸 行捨及不害
              - 煩惱 …… 12 煩惱謂貪瞋 癡慢疑惡見
              - 隨煩惱 …… 隨煩惱謂忿 恨覆惱嫉慳 13 誑諂與害憍 無慚及無愧 掉擧與惛沈 不信并懈怠 14 放逸及失念 散亂不正知
              - 不定 …… 不定謂悔眠 尋伺二各二
          - 所依門 …… 15 依止根本識
          - 俱不俱轉門 …… 五識隨緣現 或俱或不俱 如濤波依水
          - 起滅分位門 …… 16 意識常現起 除生無想天 及無心二定 睡眠與悶絕
      - 正辨唯識 …… 17 是諸識轉變 分別所分別 由此彼皆無 故一切唯識
      - 通釋妨難
        - 釋違理難
          - 心法生起緣由 …… 18 由一切種識 如是如是變 以展轉力故 彼彼分別生
          - 有情相續緣由 …… 19 由諸業習氣 二取習氣俱 前異熟旣盡 復生餘異熟
        - 釋違敎難
          - 三種自性
            - 正辨
              - 遍計所執性 …… 20 由彼彼遍計 遍計種種物 此遍計所執 自性無所有
              - 依地起性 …… 21 依他起自性 分別緣所生
              - 圓成實性 …… 圓成實於彼 常遠離前性
            - 明不一不異 …… 22 故此與依他 非異非不異 如無常等性
            - 明依圓證見前後 …… 非不見此彼
          - 二種無性
            - 總說 …… 23 卽依此三性 立彼三無性 故佛密意說 一切法無性
            - 別明
              - 相無性 …… 24 初卽相無性
              - 生無性 …… 此無自然性
              - 勝義無性 …… 後由遠離前 所執我法性
  - 明唯識性 …… 25 此諸法勝義 亦卽是眞如 常如其性故 卽唯識實性
  - 明唯識位
    - 資糧位 …… 26 乃至未起識 求住唯識性 於二取隨眠 猶未能伏滅
    - 加行位 …… 27 現前立少物 謂是唯識性 以有所得故 非實住唯識
    - 通達位 …… 28 若時於所緣 智都無所得 爾時住唯識 離二取相故
    - 修習位 …… 29 無得不思議 是出世間智 捨二麤重故 便證得轉依
    - 究竟位 …… 30 此卽無漏界 不思議善常 安樂解脫身 大牟尼名法

유식과 법성계

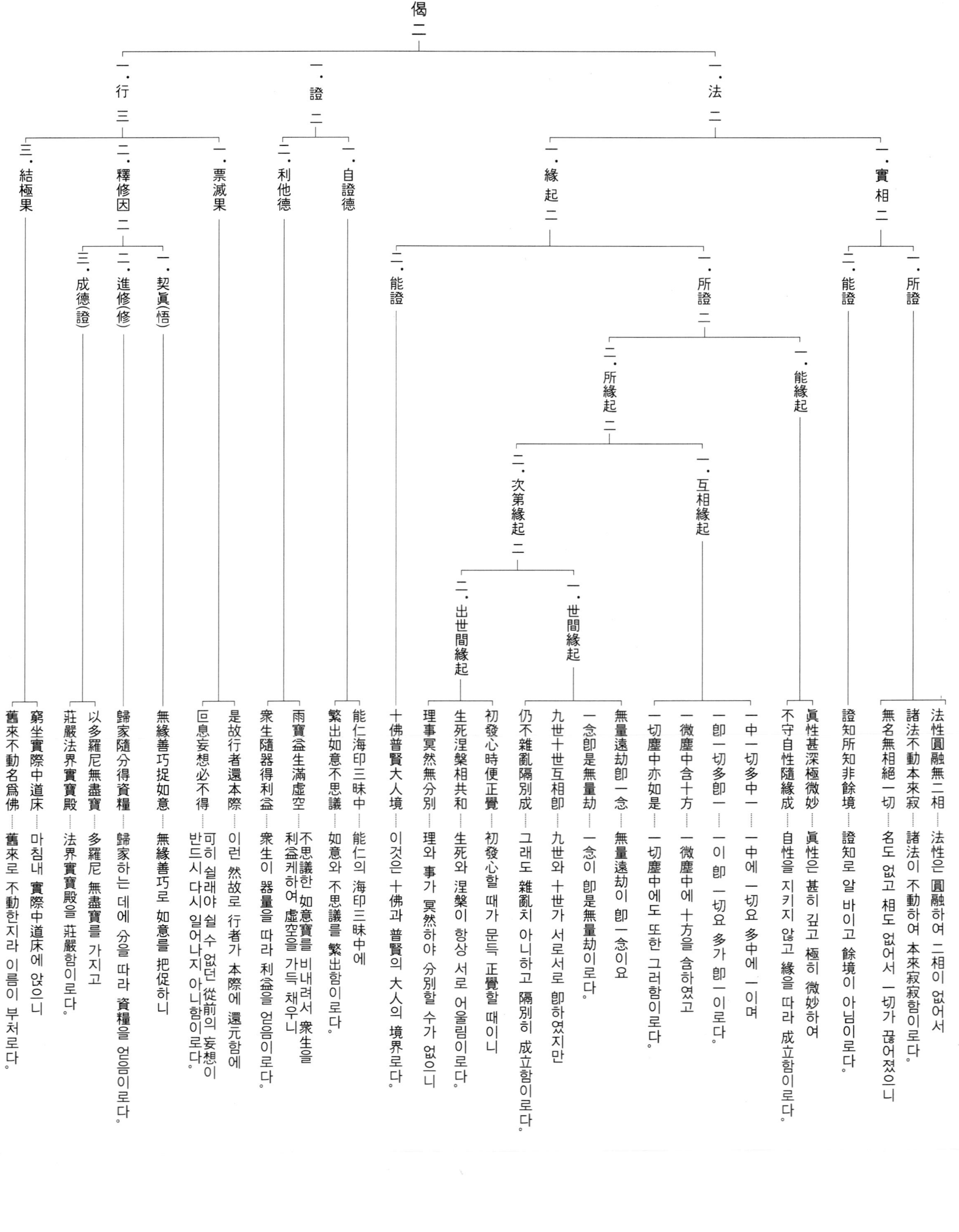

法性偈二
- 一. 法二
  - 一. 實相二
    - 一. 所證
      - 法性圓融無二相……法性은 圓融하여 二相이 없어서
      - 諸法不動本來寂……諸法이 不動하여 本來寂寂함이로다。
      - 無名無相絶一切……名도 없고 相도 없어서 一切가 끊어졌으니
    - 二. 能證
      - 證知所知非餘境……證知로 알 바이고 餘境이 아님이로다。
  - 二. 緣起二
    - 一. 所證二
      - 一. 能緣起
        - 眞性甚深極微妙……眞性은 甚히 깊고 極히 微妙하여
        - 不守自性隨緣成……自性을 지키지 않고 緣을 따라 成立함이로다。
      - 二. 所緣起二
        - 一. 互相緣起
          - 一中一切多中一……一中에 一切요 多中에 一이며
          - 一卽一切多卽一……一이 卽 一切요 多가 卽一이로다。
          - 一微塵中含十方……一微塵中에 十方을 含하였고
          - 一切塵中亦如是……一切塵中에도 또한 그러함이로다。
        - 二. 次第緣起二
          - 一. 世間緣起
            - 無量遠劫卽一念……無量遠劫이 卽一念이요
            - 一念卽是無量劫……一念이 卽是無量劫이로다。
            - 九世十世互相卽……九世와 十世가 서로서로 卽하였지만
            - 仍不雜亂隔別成……그래도 雜亂치 아니하고 隔別히 成立함이로다。
          - 二. 出世間緣起
            - 初發心時便正覺……初發心할 때가 문득 正覺할 때이니
            - 生死涅槃相共和……生死와 涅槃이 항상 서로 어울림이로다。
            - 理事冥然無分別……理와 事가 冥然하야 分別할 수가 없으니
    - 二. 能證
      - 十佛普賢大人境……이것은 十佛과 普賢의 大人의 境界로다。
- 二. 證二
  - 一. 自證德
    - 能仁海印三昧中……能仁의 海印三昧中에
    - 繁出如意不思議……如意와 不思議를 繁出함이로다。
  - 二. 利他德
    - 雨寶益生滿虛空……不思議한 如意寶를 비내려서 衆生을 利益케하여 虛空을 가득 채우니
    - 衆生隨器得利益……衆生이 器量을 따라 利益을 얻음이로다。
- 三. 行三
  - 一. 票滅果
    - 是故行者還本際……이런 然故로 行者가 本際에 還元함에
    - 叵息妄想必不得……可히 쉴래야 쉴 수 없던 從前의 妄想이 반드시 다시 일어나지 아니함이로다。
  - 二. 釋修因二
    - 一. 契眞(悟)
      - 無緣善巧捉如意……無緣善巧로 如意를 把捉하니
    - 二. 進修(修)
      - 歸家隨分得資糧……歸家하는 데에 分을 따라 資糧을 얻음이로다。
    - 三. 成德(證)
      - 以多羅尼無盡寶……多羅尼 無盡寶를 가지고
      - 莊嚴法界實寶殿……法界實寶殿을 莊嚴함이로다。
  - 三. 結極果
    - 窮坐實際中道床……마침내 實際中道床에 앉으니
    - 舊來不動名爲佛……舊來로 不動한지라 이름이 부처로다。

정명淨名 **김성규**

저서로는 고등학교시절부터 관심사였던 자연과학과 불교의 접목을 시도하여 불교의 연기론과 물리학의 상대론을 접목시킨 〈불교적 깨달음과 과학적 깨달음〉을 1990년에 처음 세상에 내 놓았으며,
불교우화 백유경을 현대적 감각으로 해설한 〈부처가되는 100가지 방법〉,
불교의 진수인 선불교에 대한 화두여행 〈화두〉,
불교에 대한 이해를 불교사적으로 살펴본 〈이것이 불교다〉,
불교경전중 최대의 관심을 모으고 잇는 금강경에 대한 해설서 〈마음은 보석〉,
우리말로 알기 쉽게 번역한 〈묘법연화경〉, 〈우리말 유마경〉이 있으며,
과학과 불교의 접목 에세이 〈 과학속의 불교, 불교속의 과학〉,
과학적이며 선적으로 알기 쉽게 해설한 〈반야심경 강의〉 등이 있다.
부처님이 깨친 연기에 대한 내용과 체계와 구조를 설명한 〈부처님이 깨친 연기를 이야기하다〉가 있으며, 2600년 불교사를 이해하기 쉽게 정리한 〈2600년 불교의 역사〉, 대승불교의 가장 중심경전인 금강경에 대한 성립과 바른 이해를 위한 해설서인 〈금강경 강의〉, 부처님의 일생과 사상을 다룬 〈부처님〉, 불교 의식의 꽃 〈천수경강의〉가 있다.
또한 2년 동안 대구불교방송에서 강의한 내용을 정리한 불교대특강(CD 108개 포함)이 있다.
21세기 새로운 불교 수행 공동체 〈통섭불교원〉 원장으로 있으며,
영남대학교 의과대학 교수로 재직중이다.

관응스님의 유식특강

초판인쇄 불기 2557년(2013년) 9월 1일
초판발행 불기 2557년(2013년) 9월 10일

엮은이 김성규
발행인 이상숙
발행처 도서출판 이사금

대구시 수성구 시지동 262
전화 053)794-6226
팩스 053)624-3599

등록 1991년 1월 23일 제6-32호

정가 35,000원

ISBN 978-89-86830-08-8